高等职业院校
公共课教材

应用文写作

第二版

王芳 刘萍 主　编
胡艺 邓宇 副主编

化学工业出版社
·北京·

内容简介

本书以党的二十大精神为指引，根据高等职业教育人才培养要求编写，注重能力培养，体现职业教育特点，同时兼顾人文素养的提升。全书编排成九个模块，每个模块下设若干任务，基本以一个文种的学习作为一个任务。各任务之下设置五个板块：1．"任务设置"，设计情境化的来自现实的典型写作任务，驱使和引领学生学习探究；2．"知识探究"，介绍文种常识，包括概念、特点、作用、种类等；3．"范文示例"，给出典型例文并附上简析；4．"写作指南"，介绍必要的写作知识，包括格式及内容、写作注意事项、相近文种的比较等；5．"技能实训"，对应开头设置的任务，要求学生完成，并酌情增设另外的练习题，强化写作实践。本教材将任务的实施与社会实践相结合，既体现了应用文的实用性，又增添了生动趣味性，激发学生探究的兴趣，引导和驱使学生在实践中运用所学知识和技能，写出具有实效的应用文书。

本书可作为高职高专院校、成人高校及其他同等水平院校的公共基础课教材，也可作为社会各类人员学习应用文写作的参考书。

图书在版编目（CIP）数据

应用文写作／王芳，刘萍主编；胡艺，邓宇副主编．—2版．—北京：化学工业出版社，2023.9（2025.2重印）
高等职业院校公共课教材
ISBN 978-7-122-43929-1

Ⅰ．①应… Ⅱ．①王… ②刘… ③胡… ④邓… Ⅲ．①汉语-应用文-写作-高等职业教育-教材 Ⅳ．①H152.3

中国国家版本馆CIP数据核字（2023）第141166号

责任编辑：窦 臻 林 媛　　　　　　装帧设计：王晓宇
责任校对：宋 玮

出版发行：化学工业出版社（北京市东城区青年湖南街13号　邮政编码100011）
印　　装：高教社（天津）印务有限公司
787mm×1092mm　1/16　印张16¾　字数413千字　2025年2月北京第2版第3次印刷

购书咨询：010-64518888　　　　　　售后服务：010-64518899
网　　址：http://www.cip.com.cn
凡购买本书，如有缺损质量问题，本社销售中心负责调换。

定　价：46.00元　　　　　　　　　　　　　　　　　　版权所有　违者必究

前言 PREFACE

《应用文写作》第一版针对学生实际，充分体现教材的实用性，较好发挥了写作与训练的指导作用。为了适应时代的发展和社会的进步，我们经过多年教学实践，根据教材使用情况，并吸纳读者建议，对第一版教材进行了修订，以期使本课程的教学效果和学生的实际能力得到更好的提升。第二版教材有以下几方面特点。

一、坚持能力本位

第二版教材保留了第一版教材能力本位的优点，注重培养学生写作能力和解决实际问题的能力，并使他们具备自我学习、团队合作等能力。采用任务驱动教学模式，学生在任务的引领下，对学习资源进行积极主动的运用，展开探究和合作学习，完成任务，培养能力。

二、贯彻落实党的二十大精神

体现党的二十大报告中"办好人民满意的教育""广泛践行社会主义核心价值观"等精神，落实立德树人根本任务，在第一版教材注重学生人文素养的基础上，强化了课程思政。在教学内容和写作实践中加强了道德、法律、职业规划、创新创业等方面的引导，旨在增进学生对政策法律的了解，使之树立求真务实、严谨认真的做人与做文态度，具备正确积极的人生观、价值观，提升其职业素养，培养创新精神和竞争意识。

教材针对现实生活中出现的问题设置学习任务，引导学生通过学习与思考寻求解决办法，培养他们发现问题和解决问题的能力，落实党的二十大报告关于"坚持问题导向"的精神。

三、更新部分内容

1.吸纳学科新成果，更新了部分写作理论知识。

2.修改与现行法律及政策规定不符的内容。例如《中华人民共和国民法典》自2021年

1月1日起施行，我们按新法规对教材中相关内容进行了修改。

3.对部分例文进行修改与替换，力求做到与时俱进，并与行业和职业相关联，使学生不仅提升写作能力，同时也初步了解职场规则和精神。

4.调整部分习题内容，使习题设计更有针对性和氛围感，切合当今学习生活工作场景。

四、规范语言文字使用

在附录中增加了《标点符号用法》《出版物上数字用法》，以加强学生对语言文字规范使用重要性的认识，引导其规范使用语言文字。

本教材由重庆化工职业学院王芳和刘萍担任主编。重庆商务职业学院胡艺和重庆化工职业学院邓宇担任副主编。组织协调、修订方案设计、全书的校对修改和统稿工作由王芳负责。参加编写的人员还有：重庆化工职业学院彭文伶、杨雯钤、尹初曦，重庆建筑工程职业学院霍浩，重庆航天职业技术学院李忆远。

本教材在修订过程中参考了许多相关资料，在此对这些资料的编著者表示衷心感谢！化学工业出版社为本书提供了大力支持，在此谨表谢意。由于作者水平和经验所限，教材必然还有不足和疏漏之处，敬请广大师生和读者批评指正。

编　者

2023年4月

第一版前言

应用写作是关于应用文理论学习和写作训练的课程，它使学生具备工作、学习与生活中必需的写作能力，并有助于学生专业发展和综合素质的提升，为学生的可持续发展打下基础。我们在长期的教学实践中，不断吸收职业教育发展的新思路新信息，进行了不懈的探索、实践与改革，编写成这本教材。

一、本书特色

1. 能力本位、素质提升，既突出职业教育特色，又兼顾人文修养

课程学习目标包含知识目标、能力目标和人文素质目标，体现了能力与素养并重的指导思想。

第一，注重培养学生写作能力和解决问题的实际能力，并使他们具备自我学习、交流合作等能力。本教材采用任务驱动教学模式，学生在任务的引领下，通过对学习资源的积极主动应用，进行探究和合作学习，完成任务，培养能力。

第二，注重学生人文素养的提升。学习目标中对人文素养做了明确要求，教学中应注重人文渗透，使学生客观正确地认识社会和自己，树立求真务实、严谨认真的态度，培养其创新精神、竞争意识。

2. 面向社会，紧跟时代，贴近职业，凸显实用性和应用性

本书所编入的文种，均是我们根据多年教学实践经验，针对高职高专学生实际情况，并广泛调研社会和各类基层单位需求，结合时代发展情况精选的最常用的文种。除了传统的基本文种外，还增设了当今使用广泛而频繁的电子邮件、手机短信、微博等。本教材的任务设计和典型例文，贴近社会与学生实际，也便于教师在教学中的引导和学生的领会。

二、本书框架

本书采用模块结构，任务驱动的编写模式。全书编排成九个模块，每个模块下设若干任

务,除第一、第二模块外,基本以一个文种的学习作为一个任务。各任务之下按照学生认知规律设置五个板块:任务设置、知识探究、范文示例、写作指南、技能实训。各板块间联系紧密,层层推进。最后的技能实训对应开头的任务设置,首尾呼应,体现学习过程的完整性、严密性。

  本教材由重庆化工职业学院王芳和刘萍担任主编。组织协调、提纲设计、全书的修改和统稿工作由王芳负责。各模块作者分别是:第一模块,胡艺(重庆商务职业学院);第二、第三模块,王芳;第四模块,刘萍、王芳、胡艺;第五模块,刘萍、霍莽原(重庆化工职业学院);第六模块,邓宇(重庆化工职业学院);第七模块,霍浩(重庆建筑工程职业学院);第八模块,李忆远(重庆航天职业技术学院)、胡艺、邓宇;第九模块,霍莽原、李忆远、胡艺。

  本教材在编写过程中,借鉴和参考了大量相关教材、报刊、网络资料等,其中少数例文因被多次转载,无从查找出处,故未标明作者,在此对相关作者和各类媒体表示衷心的感谢和诚挚的敬意!同时,我们还得到不少专家与同行的指点与帮助,本书的编辑也付出了很多心血,在此一并表示感谢和敬意!由于我们水平所限,本书难免有很多不足的地方,敬请同行和使用本书的老师与同学提出宝贵意见。

编 者

2014 年 10 月

目录 CONTENTS

模块一　认识应用文　001

| 任务一　应用文概述 | 002 | 任务三　应用文的形式要素 | 008 |
| 任务二　应用文的内容要素 | 005 | | |

模块二　认识公文　015

| 任务一　公文概述 | 016 | 任务三　公文格式 | 024 |
| 任务二　公文规范 | 019 | | |

模块三　党政公文　029

| 任务一　通知 | 030 | 任务三　请示 | 045 |
| 任务二　报告 | 039 | 任务四　函 | 051 |

模块四　事务文书　057

任务一　条据	058	任务五　申请书	077
任务二　电子邮件	065	任务六　计划	081
任务三　微博	069	任务七　总结	086
任务四　启事	072	任务八　述职报告	094

模块五　社交礼仪文书　　101

| 任务一　请柬　邀请书 | 102 | 任务三　欢迎词　欢送词　答谢词 | 113 |
| 任务二　感谢信　贺信 | 108 | 任务四　演讲稿 | 118 |

模块六　求职文书　　123

| 任务一　求职信 | 124 | 任务二　个人简历 | 128 |

模块七　经济文书　　133

| 任务一　合同 | 134 | 任务三　策划书 | 157 |
| 任务二　市场调查报告 | 147 | | |

模块八　科技文书　　171

任务一　产品说明书	172	任务四　毕业论文	187
任务二　科技实验报告	177	任务五　毕业设计报告	194
任务三　实习报告	181		

模块九　法律文书　　203

| 任务一　起诉状 | 204 | 任务三　授权委托书 | 213 |
| 任务二　答辩状 | 209 | | |

附录　　217

附录一　《党政机关公文处理工作条例》　　217

附录二　《党政机关公文格式》（GB/T 9704—2012）　　223

附录三　《标点符号用法》（GB/T 15834—2011）（摘录）　　241

附录四　《出版物上数字用法》（GB/T 15835—2011）（摘录）　　253

参考文献　　258

模块一
认识应用文

现代文体按其目的和功能分两大类，一类是用于阅读、欣赏的文学类文体，一类是用于解决工作、学习、生活中实际问题的实用类文体。应用文是一种实用文体，是为了处理公务和个人私务而写的文章，是日常生活中必不可少的工具。应用文写作水平，很大程度上反映了管理部门或单位处理日常工作的质量和效能，也是衡量个人解决问题能力高低的重要标准之一。要写好应用文需具备一定的政策理论修养、业务知识修养、调查研究能力、信息处理能力、辞章建构能力和把握读者心理的能力。

学习目标

一、知识目标

理解应用文的概念、作用、种类，熟悉其特点。
熟悉应用文的内容要素和形式要素。

二、能力目标

认识到应用文的本质特点——实用性，初步掌握应用文程式性的具体表现方式，能将应用文与文学作品进行区别。

三、素质目标

树立求真务实的应用文写作文风。

任务一　应用文概述

任务设置

9月的校园,新华职业学院迎来了大一新生。同学们怀着兴奋与好奇的心情踏入大学校门,看到课程表中的"应用文写作"这门课,大家议论开了:"应用文写作,这是作文课吧?我高中作文最好了!""进了职业学院,还要学习写作文,有什么用处呢?"那么,让我们一起来认识应用文吧!

知识探究

一、应用文的概念

应用文是党政机关、企事业单位、社会团体或个人在工作、学习和生活中用于处理事务、沟通关系的具有直接效用和一定惯用格式的文书。

二、应用文的特点

1. 实用性

应用文写作最直接的动因是客观生活的需要,包括管理的需要、处理事务的需要、人际交流的需要等。应用文的写作目的,是为了解决现实问题。

应用文的使用范围非常广泛,几乎涉及各个领域、各个部门、各个阶层、每个人。例如,科研单位的人员,需要用学术论文;政府机关工作,需要用公文;企业经营,需要用合同;打官司,需要用诉状;私人间借钱,需要用借条或欠条;礼仪活动要写请柬、祝贺信、贺电……相对于其他文体来说,应用文的使用频率要高得多,许多人可以一辈子不写小说、剧本、诗歌、散文,但他在工作、学习、生活中却免不了要写应用文。

应用文总是与现实生活和具体的工作事务联系在一起,讲求实际效用是它最本质的特征。应用文内容求实用,不尚空谈,不允许有丝毫的夸张或虚构;形式求得体,不求新奇,语言平实,不尚浮华和修饰。

2. 真实性

应用文的真实性首先体现在方针、政策的真实性和事实的真实性上;其次,体现在写作态度要端正、实在,材料要准确无误、符合实际,措施办法要切实可行。

3. 程式性

应用文一般具有惯用的写作格式，其结构、语言等都带有一定的规定性和惯用性，有一套为内容服务的相应体式。其固定的格式：一是人们在长期使用中逐步形成并为社会所公认和接受的，是"约定俗成"的，如计划、总结、申请书的格式；二是由法规所确认的，是"法定使成"，如公文的格式。程式性是提高应用文写作质量和行文效率，增强权威性和约束力的重要保证。

4. 时效性

应用文的时效性包括时代性、及时性、作用时间的有限性三层含义。所谓时代性，是说它要与现实紧密结合，紧跟时代，适应时代的变化与需求。所谓及时性，是说应用文为解决实际问题、及时传递信息、应对突发事件而作，需要及时写作、及时办理，否则会影响作用的发挥，贻误时机，甚至带来重大损失。所谓作用时间的有限性，是说它只在一定时期内产生直接作用，写作目的实现了，其直接效用就会随之消失，文本就变成了档案材料。

三、应用文的作用

1. 规范和约束作用

国家立法机关制定的各种法律、法规，行政机关的条例，各企业事业单位制定的规章、制度等等都要通过应用文来颁布。这些法律文书、规章制度具有约束力，不得违反，违者将会受到相应的处罚。应用文的规范和约束作用，在加强社会主义法制，维护社会秩序的稳定方面，发挥着重要作用。

2. 指挥和管理作用

应用文是实施指挥和管理的重要工具，特别是应用文中的公文，"肩负着记录与传递社会管理信息的基本使命，起着使全社会及其各种组织与成员有序运行的纽带、规范和关键作用。"一个国家，要进行有序的管理就必须有从上而下的政令，国家传达政令、统一思想、规范行为必须通过应用文上传下达，如上级机关发布的命令、决议、决定、通知、意见等，下级机关对此必须遵照执行，或根据本地区的实际情况参照执行。而下级机关所作的请示、报告、总结等，则应及时反映基层的各种情况，为上级机关提供正确决策和指导工作的依据。

3. 宣传和教育作用

党和政府经常通过公文，向有关单位和人民群众广泛宣传党和国家的路线、方针、政策，宣传单位的典型经验和个人的先进事迹等，以统一思想和行动，教育广大干部群众，指导并推动各项工作开展。发布法规规章性文书，则起着宣传法规、教育人民、警示规范人们的行为和打击罪犯的作用。各级企事业单位也可以通过宣传类应用文使自己树立良好的社会形象，赢得社会的信任与支持。

4. 沟通和协调作用

党政机关、社会团体、企事业单位等社会合法组织处理公务时必须使用公文，如上级机关可以通过命令、批复等下达指示，下级机关可以通过报告、请示等报请有关事情。企事业单位和人民群众可以通过各种事务文书如书信、启事等来沟通思想、传递信息、加强联系。专业文书中，公关礼仪文书能起到沟通感情、促进协调、共同发展的作用；广告类文书可以起到传播信息、服务公众的作用；合同类经济文书，可以起到协调关系、保障当事人双方利益的作用。

模块一　认识应用文

5.凭证和依据作用

应用文的凭证依据作用，在不同的文种中有着程度不同的表现。有些应用文可直接作为某种证明和依据，如证明信、介绍信，可以证明某种情况，某人身份、职务、资格和赋予他的任务等。合同、协议等经过双方签订的文件，是证实双方许诺的责任和享有权利的凭证。而公文是单位、团体开展公务活动、履行职责的依据。

应用文不仅有现实的作用，而且还是真实的历史记录。大部分文种在宣传政策、指导工作、规范行为、沟通信息的同时，也具有便于检查、监督的凭证和依据作用，一旦阅办完毕，便需立卷归档，以便查考，或作为文献资料供后人参考。

四、应用文的种类

随着社会的发展和科学技术的进步，人们的社会活动领域不断拓宽，应用文的使用范围日益广泛，新的文体不断涌现。应用文的分类目前尚难统一，本书将应用文分为通用文书和专用文书两大类。

1.通用文书

通用文书是人们在办公或办事中普遍使用的应用文，主要有法定公文和事务文书等。法定公文指《党政机关公文处理条例》规定的15种公文文种，如决定、通告、通知、报告、请示、批复、函等。事务文书包括公文类和个人类事务文书。公务类常见的有计划、总结、述职报告、调查报告、简报等；个人类有书信、日记等。

2.专用文书

专用文书是指具有一定专业性或专门用途的应用文，主要包括：传播类，如新闻、广告等；经济类，如合同、市场调查报告、经济活动分析报告等；科技类，如说明书、科技实验报告、学术论文、毕业论文等；法律类，如起诉状、答辩状、公证书等；社交礼仪类，如请柬、感谢信、欢迎词等。

五、学习应用文写作的方法

应用文写作是综合性的实践活动，要不断提高应用文写作能力，需要做到以下几点。

1.理论联系实际，以理论指导实践活动

应用文写作是一门实用性很强的学科，要注意打好以下几方面的基础：一是政治思想理论基础，二是文化知识基础，三是业务工作基础。多学习党和国家的方针和政策，培养运用理论分析和解决问题的能力。认真学习和掌握应用文写作理论，用它来指导自己的实践活动。要在理解基本理论、基本原则的同时，深入实际，调查研究，收集第一手材料，结合实际情况进行写作活动。

2.多写多练

将应用文知识转化为写作能力，主要依靠有目的、有计划的写作训练。必须重视训练，不要怕麻烦，要多练习。写作训练，一要注意练习基本功，二要注意练习具体文种的写法。

3.要注重语言方面的修养

应用文作为一种实用文体，要做到平实、简洁、严谨。要讲求语法，注重逻辑的严密，用语要准确，以一当十，文从字顺，符合体式规范。要认真学习、深入体会应用文的语言要求，力求使自己的语言符合应用文的要求。

技能实训

一、从本书中选择一篇应用文，对照本课所学知识，体会其特点。

二、从本书中选择一篇应用文，自选一篇文学作品，比较二者有何区别。

任务二　应用文的内容要素

任务设置

在任务一里，同学们初步认识了应用文，明白了应用文重实用的特点和平实的风格、较为固定的程式性写法，也许会产生这样的疑问：那还不简单吗？照着模板，填写就行了，还有必要学习吗？从事写作教学多年的李老师告诉大家："应用文的种类很多，不同的文种有一些不同的格式与要求。更重要的是如何精准地选择材料、组织内容，表达主旨，更好地解决实际问题，这可是大有学问的呢！"为此，我们需要熟悉应用文的内容要素——主旨与材料。

知识探究

一、应用文的主旨

1. 主旨的含义

主旨是通过文章内容所表达的核心思想、主要意图或者观点主张。例如传达政策、发布法规、周知事项、说明事物、阐述道理、汇报工作、请示问题、交流经验等，这些意图反映在写作上，就形成了一篇应用文的基本精神或基本思想。这种精神或思想，就是应用文的主旨。应用文的主旨是客观的社会生活与作者主观思想及意图相结合的产物，是通过写入文章的全部材料所表达的基本精神或基本思想。

主旨是全篇的灵魂，是衡量写作成功与否的主要依据，也是决定一篇应用文价值的首要因素。主旨是统帅，居于统领地位，它决定和制约着文体的选择、材料的取舍、结构的安排、语言和表达方式的运用等。

2. 应用文主旨的要求

正确、鲜明、集中，是对应用文主旨的基本要求，也是确立应用文主旨的原则。

正确，就是内容要反映客观实际，符合事物发展的规律或本质，符合党和国家的路线、方针、政策。鲜明，就是作者的基本思想和态度观点要直接表现出来，态度明确，赞扬什么、反对什么，旗帜鲜明。集中是说应用文的主旨应单一，一个中心贯穿全文。

3.提炼主旨的要求

应用文是主客观相结合的产物。提炼主旨，首先要占有丰富翔实的材料，材料是产生主旨的现实土壤和客观依据，材料匮乏或者失真，无法提炼出正确深刻的主旨。其次是要以正确的思想理论为依据，包括正确的政治理论、党和国家的方针政策、科学发展观指导下的当地发展的指导思想等等。没有正确的理论作为主旨的思想内核，也不能产生正确深刻的主旨。最后要运用科学的方法分析提炼主旨，要在充分调查研究的基础上，以求真务实的态度辨证地分析研讨相关材料，然后确立主旨。

二、应用文的材料

（一）材料的含义

广义的材料：作者为着一定的写作目的，在日常生活中搜集到的生活现象和文字资料。狭义的材料：写进文章中用来支撑和表现主旨的事实现象和理论依据。

（二）材料工作的内容

材料工作分为四个环节：搜集、鉴别、选择、使用。

1.材料的搜集

搜集材料一般有以下三条途径。

① 在现实生活的具体实践中观察、体验，直接获取亲身经历的材料。这类材料属于直接的第一手材料，作者的感受一般都比较深刻，获取这类材料关键是要注意平时的积累。

② 根据文章写作的需要，对既定对象进行调查、采访，有目的、有计划地搜集材料。这类材料属于间接的第一手材料，获取这类材料要善于发现和鉴别。

③ 通过书刊、档案以及计算机网络等，从文献资料和网上信息资源中查阅材料。

搜集材料要注意三点：一是要尽可能地丰富和详尽，最大限度地占有材料，为鉴别和选择打下基础；二是要有一定的范围和方向，不能盲目地、漫无边际地寻找；三是对搜集的材料要及时分类整理，作好材料笔记和材料卡片。

2.材料的鉴别

对材料的鉴别，就是判断材料的真伪，分析材料的性质，估量材料的意义与作用。鉴别真实性，要考虑两方面的因素：一方面是材料的客观真实性，事件是否发生，问题是否存在，数据是否准确等等；另一方面，看材料是否具备本质的真实。因为就某些个别现象而言，虽然事情是存在的，数字是真实的，但放在整体之中衡量，这些偶然的、个别的真实现象不能反映整体面貌和内在本质，不典型，也不能代表本质真实。

3.材料的选择

选择材料，就是在鉴别的基础上对材料进行选择，把准备写进文章的材料挑选出来。一般遵循以下原则。

（1）要围绕主旨 即主旨统帅材料，根据表现主旨的需要来决定材料的取舍。

（2）要真实准确 所选材料，要符合客观实际，可靠无误，不弄虚作假。

（3）要典型 应用文的目的或者是具有普遍的指导意义，或者是通过个别的工作揭示一般的规律，或者是对普遍存在的问题提出主张和见解，只有选择那些具有代表性的典型材料才能揭示事物的本质，从而有力地支持主旨。

（4）要生动新颖　材料一定要新，避免使用过时陈旧的材料。选择生动鲜活的材料，文章才能具有感染力和说服力。

4.材料的使用

使用材料是在吃透材料的基础上灵活运用，切忌拘泥呆板，要想方设法使材料活脱灵动，避免简单机械的照搬。

首先，要努力发掘材料本身的深刻意义，仔细研究材料与主旨的关系，使材料最大限度地发挥揭示事物本质的作用，做到小中见大，平中见奇。

其次，仔细地增删取舍，使详略疏密得当。对表现主旨起主要作用的，或事件内涵深刻，具有广泛意义的要详写；属于次要的、烘托性的材料，或概括性的材料可略写。什么材料用在哪里要斟酌，因为可能几个材料都是为同一个问题准备的，用哪个都可以，或者不同角度的几个问题都需要同一材料，所以要仔细研究，做好调整安排，把材料用在最合适的地方。

最后，要安排好顺序，先写什么，后写什么，要按照逻辑顺序合理安排，使杂乱无序的材料成为有序的信息系统。

三、主旨与材料的关系

主旨蕴涵于材料之中，反过来，一旦主旨确立，又统帅材料，对材料进行抉择和限制。主旨与材料是问题的两个方面：主旨是文章的"灵魂"，材料是文章的"血肉"。主旨与材料结合好了，文章的生命就有活力，就有生机；如果结合不好，就不能形成一个浑然的整体，文章的生命就干瘪，就没有生气。只有二者统一和谐，相辅相成，才能构成一篇好的文章。处理好主旨与材料的关系，是任何一种文体写作中首要的，也是最重要的问题。

技能实训

一、什么是应用文的主旨？应用文主旨的要求是什么？如何提炼主旨？
二、如何选择、使用材料？
三、应用文主旨和材料的关系如何？
四、分析下文主旨的表达效果：

前进乡人民政府关于抗旱救灾的请示

××县人民政府：

因连晴高温，我乡受灾严重，大量农田干涸，群众的生产和生活遇到很大的困难，需要支援。

特此请示，望批准。

前进乡人民政府
2022年8月4日

任务三　应用文的形式要素

任务设置

当我们选择好材料，确立了主旨，又该怎样组织安排材料，运用得体的语言进行写作，以恰当地表达主旨呢？好的主旨和适当的材料还需要适当的形式来表达与展示，否则无法达到预期效果、实现写作目的。这就需要同学们熟悉应用文的形式要素——结构、语言、表达方式。

知识探究

一、应用文的结构

结构是指文章内部的组织和构造，是作者按照主旨的需要，对材料所进行的有机组合和编排，又称谋篇布局。

如果说主旨是文章的"灵魂"，材料是文章的"血肉"，那么，结构就是文章的"骨骼"。有了坚实匀称的骨骼，血肉与灵魂才有所依附，主旨、材料和结构三者有机结合，文章才能构成一个完美的生命。

（一）应用文结构的特点

规范性。应用文体的文章一般都有相对稳定的结构模式，要熟练地掌握这些格式要求，根据不同的文种使用相应的格式。尤其是法定公文和法律文书，具有法定的权威性，对格式的要求更为严格。

条理性。应用文的条理性指的是其段落层次、过渡与照应、开头与结尾等均应严谨有序，充分反映出客观事物的逻辑规律和作者的理性思路。

（二）应用文结构的原则

1.服从表现主旨的需要

主旨是作者的写作目的和意图的体现，结构必须服从主旨的需要，为表现主旨、突出主旨服务。

2.根据客观事物的内在发展规律和人们认识事物的规律来安排结构

应用文是对现实生活、客观事物的反映，客观事物有其发展的规律，人们对它的认识也遵循一定的规律。

3. 适应不同文体的要求

文体不同，结构的样式和要求也会不同，可根据不同文体选择恰当的文本模式。应用文模式包括权威机构颁发的法定模式和实践中自发仿照、约定俗成的习惯模式。

应用文的文本由"凭""事""断""析"等要素组成。"凭"是行文的根据或述事的缘由；"事"是报告、公布、陈述的事项或事实；"断"是结论或某种要求；"析"是对"事"和"断"的分析与解释。常用的模式有："凭—事—断"式，主要用于公文、事务文书等文体；"断—事—析"式，常用于诉状文书等；"事—析—断"式，多用于调查报告、经济活动分析报告等文体。

（三）应用文结构的要素

应用文结构要素有标题、开头、结尾、主体部分的层次与段落、过渡与照应等。

1. 标题

应用文标题不仅要求充分体现主题，而且还有一定的规范要求，这与文学作品形式多样、灵活多变的标题有着明显的不同。拟定标题的要求：一是要贴切，就是标题能概括文章，文章切合主题；二是要简洁，即用最少的文字，概括全文的内容，做到言简意赅。应用文的标题大致有以下四种形式。

（1）公文式标题　这类标题由文章制发者、主要内容（事由、事项）、文种名称三大部分构成，在制发者与事由之间常用"关于"这一介词连接，如《全国人民代表大会常务委员会关于维护互联网安全的决定》《国务院关于进一步促进中小企业发展的意见》。

公文、部分法规规章文书以及部分事务文书如调查报告、计划、总结等常用此类标题。

（2）新闻式标题　此类标题又可分为单标题和双标题两种形式。

单标题有的直接提出文章主题，如《小商品也要高质量》；有的概述主要内容或陈述主要事实，如《积极财政政策仍将持续至少两到三年的时间》；有的在标题中提出问题，如《"人情债"何时了》。

双标题由正题和副题组成，其中正题点明主旨、揭示意义，副题则对正题起补充说明作用，标明内容范围和文种，如《靠名牌赢得市场——关于深圳市飞亚达（集团）股份有限公司的调查》《与时俱进，开拓创新，再创佳绩——××职业学院二〇二二年度工作总结》。

简报、调查报告、总结、述职报告等事务文书常用新闻式标题。

（3）论文式标题　这类标题或表达文章的观点或点明所论述的范围，如《核心竞争力——企业制胜的根本》《凌峰县农村劳动力转移的调查与思考》。学术论文和部分调查报告等常用此类标题。

（4）文种式标题　以文种名称为标题，如《民事起诉状》《寻人启事》《房屋租赁合同》《感谢信》《申请书》等。诉状类文书、启事、合同、部分礼仪文书等常用此类标题。

2. 开头

开头应当点题或揭示应用文的内容走向，并领起下文。应用文的性质与特点，决定了其开头必须直截了当、开门见山、简洁明了。应用文常用的开头方式有以下几种。

（1）缘由式　以交代写作缘由开头，这是应用文开头最常见的写法。具体来说有以下四种模式。

①原因式。开头交代发文原因或写作起因、事项缘由等，常用"由于……""鉴于……""因为……"等句式表达。

② 目的式。以陈述发文的目的、意义等作为开头的方式，常用"为""为了"等介词领起下文。

③ 依据式。开头引用上级指示精神或有关法律法规，常以"根据""按照""遵照"等词语领起下文。

④ 综合式。将上述开头方式合并使用，使行文理由更充分，意义更清楚。

缘由式开头使用很广泛，通告、通知、意见、请示、计划、招标书、投标书、规章文书等文种常采用这种方式。

（2）引据式　亦称引述式，指引述来文来函关键内容（一般是引述标题、来文时间、发文字号等）作为开头，表明写作意图。这种写法常用于公文中的函、批复等回复性文章。

（3）概述式　指围绕主题概括叙述有关情况或背景的开头方式。报告、会议纪要、总结、述职报告、调查报告等文种常常采用这种开头方式。

（4）结论式　把所谈论问题的结论放在前面，开头做出评价，提出总体看法，然后再进行叙述或分析，说明产生这个结论的事实和依据。总结、可行性分析报告、市场调查报告等都可采用这种方式。

（5）提问式　开头提出问题，以引出下文。这种开头方式能引起读者的注意和思考。常见于调查报告、学术论文的写作。

（6）问候祝贺式　社交礼仪文书常用此开头。

3.结尾

应用文结尾的功能是强化主题、明确任务，以达到预期的应用目的。应用文的结尾要求自然、有力，言尽意尽，不留"余味"。常用的结尾方式有以下几种。

（1）模式套语式　采用模式化的惯用语作结，它们语义明确、用法固定，如通知、通告、批复结尾常用模式语"特此××"。

（2）期求式　表达愿望请求的结尾方式。常用于公文的上行文或平行文，如请示的结尾通常是"当否，请批示""以上内容如无不妥，请批准"；函的结尾常用"专此函达，请予函复""可否，请函复"等。

（3）执行要求式　在结尾处向下级提出贯彻执行要求。公文中的下行文常采用这种结尾方式，如"请认真执行""请遵照执行""请参照执行"。

（4）希望号召式　在结尾部分展望未来、发出号召、提出希望、鼓舞斗志。这种方式常用于决定、通报、计划、总结、贺信等文种。

（5）总结强调式　运用简洁明了的语言，概括全文内容，加深读者的印象。总结、调查报告、学术论文等篇幅较长、内容较多的文种常用这种结尾方式。

（6）建议式　针对设定的目标、产生的问题提出意见和建议。

（7）结论式　对文中的主要问题加以归纳、总结，得出观点或结论。

（8）说明式　对与主体内容有关的问题或事项作补充交代、说明。如公文结尾交待施行日期、执行范围、传达对象、与该文规定不符的原有规定如何处置等；论文结尾处说明尚未解决而应另作讨论的问题。

此外，也有的文章没有专门的结尾，事尽言止，自然收尾。

4.主体部分的层次与段落

（1）层次　层次指文章思想内容表现的次序。层次在内容上有相对独立性，但层次之间又有意义和结构上的连贯性。安排层次主要依文章的内容和性质而定。一篇文章的层次是否完整、清楚、合乎逻辑，直接关系到主题的表达，并影响读者对文章内容的理解。

应用文层次安排的常见方式有以下几种。

① 总分式。指各个层次之间表现为先"总"后"分"，或先"分"后"总"的结构形式。有些篇幅较长的文章如报告、总结、调查报告、会议纪要等则常采用"总、分、总"的综合形式。

② 并列式。指各个层次之间的逻辑关系互为并列的结构形式，如合同、意向书、招标书、投标书等文种常用这种方式。

③ 递进式。指各个层次之间由浅入深、层层深入的结构形式，如意见、报告、通报、议案、经济活动分析报告等文体就常按递进关系安排层次。

④ 因果式。指各个层次之间按前因后果或前果后因顺序安排的结构形式，如请示等文种。

⑤ 时序式。指以时间先后为顺序，按照事物的发生、发展、变化过程安排层次的方式，常用于报告、总结、会议纪要、市场调查报告等。

（2）段落 段落指文中能够表达一个完整意思而又相对独立的基本构成单位，是在行文中，由于转折、间歇及强调等情况而自然形成的分隔、停顿。习惯上称作"自然段"。分段的目的，在于使文章表达条理化，把作者的思路和文章内容清晰、有序地表现出来，同时使文章有间隙、有停顿。

（3）应用文的文面形态 应用文的文面形态有以下几种。

① 小标题式。篇幅较长、内容涉及方面多的应用文，一般运用小标题醒目地标出若干观点或内容范围。各小标题应属同一逻辑层次，语言要简洁，力求字数相近、句式接近、整齐均衡。

② 标序式。即用数字标出主体内容的层次。使用条件与小标题式接近，一般是在条理分明，但难以提炼恰当小标题的情况下运用。

③ 条目式。又称条款式、条文式，即用分条列项的形式安排结构。规章制度、计划以及公文的事项部分、合同与协议的条款部分常采用这种结构形式。它的好处是条理清晰，醒目，便于识别与执行。

④ 独段与分段式。内容简单的文章，往往无需小标题、标序和条目，一气贯通或分段表述。

⑤ 表格式。这是应用文所特有的一种文面形态。表格式通常有两种情况：一是由职能部门、管理部门或其他单位，事先印制好表格式的规范文本，将有关内容分项列出，留出空白，让使用者按规定填写。如申请专利、商标的文书，合同、税务征管文书，财务会计文书，大都采用这种形式。二是根据写作目的与需要，临时制作的表格式文书，将有关数据编制成表格。

5.过渡与照应

过渡是文章上下内容、段落之间的衔接、转换。在行文中需要从一个意思转到另一个意思，从一个段落进入到另一个段落时，如果没有衔接的文字，文章就会显得突然，意脉也不会贯通。过渡的作用是承上启下，使文章脉络畅通，完整严谨。应用文常用的过渡方式有以下几种。

① 过渡词。如"因此""总之""由此可见""综上所述""既然""那么""尽管""但是"等。

② 过渡句。如"现将有关事项通知如下""现就××问题请示如下"等。

③ 过渡段。以一个独立的自然段来承转过渡。

照应是文章前后内容的关照与呼应。它的作用是使所表达的内容首尾圆合，前后连贯，使文章成为一个有机的整体，脉络清晰，结构严密，也能帮助读者更好地理解内容的发展。应用文常用的照应方式有以下几种。

① 文题照应。包括文章内容与标题照应、文章主题与标题照应、文章开头与标题照应、文章结尾与标题照应等。

② 首尾照应。指文章开头与结尾照应，如总结、述职报告、市场调查报告等常采用这种方式。

③ 行文前后照应。指围绕主题，在行文中所作的照应。

二、应用文的语言

（一）应用文的语言特点

1. 通用性的书面语体

应用文以书面语为主，使用得到全社会认同的通用语体；不采用个性化语言、方言俚语以及超常规的句式和生僻字词；一般不用口头语，慎用外来语汇。为了表达庄重、简洁，应用文中尚保留使用相当数量的文言词汇，如"兹""拟""尚""悉""谨""予以""责成""业经""承蒙"等等所指明确的文言词语。这些文言词语的使用，使应用文语言更具书面语特征。

2. 沿用模式化语词和句式

应用文常用的模式化词语和句式见表1-1。

表1-1 应用文常用的模式化词语和句式

用语名称	用途	常用模式化语词和句式
领起语	用于文章开端或段落起首部位，表缘由、发语	"由于""鉴于""为了""根据""依据""遵照""按照""兹有""欣悉（闻）""惊悉（闻）"
引据用语	用于复文作为依据的用语	"悉""收悉"
承启衔接语	段落层次之间承上启下的过渡语	"为此""有鉴于此""特……如下""现就……如下""现将……如下""综上所述""总之"
结尾用语	用于应用文结尾，表收束	上行："当否，请批示""可否，请指示""如无不妥，请批准""特此报告""以上报告，请审核" 平行："特此函达，望函复""函复为盼""专此函复""特此函复" 下行："特此通知""此复""请贯彻执行""希遵照执行"
称谓用语	表第一、第二、第三人称称谓	第一人称："本""我""我们"；第二人称："贵""你""你们"；第三人称："该""他""他们"
表态用语	表明态度	"同意""原则同意""暂缓施行""禁止""不得"

3. 合理运用书面辅助语言

由于应用文写作具有实用性、行业性等特点，因此在其语言体系中，经常使用书面辅助语言，以替代、补充文字语言，从而使应用文的表述更为直观、简明。图形、表格、符号、公式等是应用文中最常见的书面辅助语言。

（二）应用文语言运用的基本要求

应用文是解决实际问题、处理具体事务的工具，务实是其基本特点，其语言运用应遵循准确、简洁、朴实、得体的基本要求。

1. 准确

这是对应用文语言的最基本也是最高的要求，有人称之为应用文语言的"第一要求"。要实现这一要求，首先应做到概念准确、把握分寸，要认真辨析词义，精选中心词，用准限定修饰语；其次，句子要合乎语法、逻辑，数据、图示要准确无误，人名、地名、引文要准确。

2. 简洁

应用文语言要求文字简短，表述直截了当，言简意赅，力避烦琐累赘。适当运用专用词语、惯用语和尚具活力的文言词语，是求得语言简洁的可行的途径。

3. 朴实

应用文用语应平实质朴，浅近通俗，不大肆渲染，不堆砌辞藻，忌华丽雕琢，避免生僻词句。

4. 得体

应用文都有特定的功用和特定的读者对象，因此，写作时应根据行文目的、接受对象选择相应的语体、语气。只有语言得体，才能收到预期表达效果。

三、应用文的表达方式

表达方式通常有五种，即叙述、描写、说明、议论、抒情。由于受文体特点和写作目的的制约，应用文书语言的表达方式主要为叙述、说明和议论，很少使用描写、抒情。

1. 叙述

叙述人称分为第一人称（我、我们、本）、第二人称（你、你们、贵）、第三人称（他、他们、该，或直呼其名）。

叙述方式，也与一般文章相同，分为顺叙、倒叙、插叙、补叙等。应用文的叙述以顺叙为主，一般采用概括叙述，极少具体、详细的叙述。

2. 说明

说明，即阐释和解说，是用简明而准确的文字对事物的性质、状态、特点、功能、成因等进行介绍、解释的表达方式。在应用文中，说明成分较重，主要用于界定概念、点明主旨、列举数据、引述资料、交代情况等。常用的说明方法有定义法、诠释法、分类法、引用法、比较法、举例法、数据及图表法等。

3. 议论

议论就是对写作对象进行分析、作出判断、表明观点和态度的表达方式。应用文常用论证方法有例证法、对比法、引证法、因果法、喻证法、归谬法。

应用文中的议论类文体如毕业论文等，需要对论题提供翔实的论据，进行严密的论证，提出正确、深刻、新颖的论点，因而不仅以议论为主要表达方式，而且要完整地运用这一方式。而其他应用文，主要用事实说话，议论则是叙述、说明的补充手段，处于辅助地位。其议论特点是以正面议论为主，旗帜鲜明地表明观点，重论点、论据，常减省论证过程，且多与其他表达方式结合使用，如夹叙夹议。

技能实训

一、指出以下标题、开头、结尾方式各是什么？

1. 标题

（1）电子商务中消费者权益保护问题研究

（2）挖潜增效大有可为——××物业公司开展全员节约活动情况总结

（3）××集团关于做好销售工作的通知

2. 开头

（1）在激烈的市场竞争中，一个企业制胜的根本是什么？为什么有的企业能长盛不衰，有的企业只能成功一时，而有的企业却连一点成功的机会都没有？笔者一直为这些问题感到困惑。

（2）贵校喜迎50年校庆，我校谨向贵校全校师生员工致以最诚挚、最热烈的祝贺！

（3）国家发展改革委《关于报送〈新时代洞庭湖生态经济区规划〉（送审稿）的请示》（发改地区〔2022〕1654号）收悉。现批复如下……

（4）医改信息报送工作对于掌握医改进展、促进经验交流、加强宏观指导、支撑科学决策及做好医改宣传等起着十分重要的作用。为及时掌握全省医改工作最新进展和动态，发现并挖掘好经验、好做法、好典型，加强交流，凝聚共识，促进完善政策措施，推动医改工作的深入开展，现就进一步加强医改信息报送工作通知如下……

3. 结尾

（1）基于上述几点认识，我们认为税利分流是深化企业改革的基本方面，有必要扩大税利分流办法的试点面。

（2）灾区的党政军民在抗震救灾中，万众一心，团结奋斗，取得了全面胜利，充分展示了中国人民的力量和精神风貌。

（3）希望各设站单位充分发挥博士后研究人员的作用，积极做好高层次人才的培养工作，为推动我国博士后事业健康稳定的发展做出贡献。

（4）本通告自发布之日起生效。

二、请指出下面这则应用文中存在的错误并改正

2019年7月6日深夜，乌云密布，雷声隆隆，大雨倾盆而下，刹那间，我乡被一片汪洋吞没。接连几天如注的暴雨，淹没了田野，冲毁了村庄和工厂，交通、通讯、电力一度中断。这百年不遇的特大洪涝灾害，给我乡造成了不可估量的损失。看着这一片破败的景象，乡亲们痛心疾首。为了将灾害造成的损失降低到最低限度，乡党委、政府采取了果断措施，动员全乡广大干部群众自力更生、艰苦奋斗，尽快恢复生产、重建家园……现急需资金救灾，望县政府一定要支持我们，让我们度过这个难关啊！

模块二
认识公文

公文是应用文中重要的一类，公文的处理和制作必须依照以下两个文件的要求：中共中央办公厅、国务院办公厅2012年4月16日发布、2012年7月1日起正式实施的《党政机关公文处理工作条例》（以下简称《条例》）；国家质量监督检验检疫总局、国家标准化管理委员会2012年6月29日发布、2012年7月1日起正式实施的《党政机关公文格式》（以下简称《格式》）。这一个法规性文件和一个国家标准，是各级党政机关必须遵循的公文处理准则，企事业单位、人民团体制发正式公文时也应参照执行。

一、知识目标

了解公文的概念、作用、制作格式。
熟悉公文的特点、种类、行文规则、语言规范。

二、能力目标

能理解公文的特点、公文语言的要求。
掌握常用公文的适用范围，能理解不同公文文种的区别。
掌握公文主体部分的格式项目。

三、素质目标

充分认识到公文的法定性、权威性，培养严谨认真的态度，树立严格执行公文规范的意识。

任务一　公文概述

任务设置

西川职业学院大三学生文媛媛顶岗实习来到鑫达公司技术部任文员，协助办公室老员工李英的工作。文媛媛很勤快，每天早早地来到单位，打扫整理办公室，工作也很认真，大家都挺喜欢她。她向李英学习写作公文，李英告诉她公文写作是一件郑重的事，一定要严肃认真，不能有半点随意和马虎。要写公文，首先得好好认识一下公文。

知识探究

一、公文概念

认识公文需弄清公文概念的广义和狭义之分。

广义的公文指公务文书，是党政机关、企事业单位、社会团体等社会合法组织在处理公务时形成和使用的各类文书，包括法定公文和其他机关应用文（如规章文书以及计划、总结、简报、调查报告等事务文书）。

狭义的公文指法定公文，是国家法定机关或组织制发的用以处理公务的具有特定效力和规范格式的一种应用文书，主要指《党政机关公文处理工作条例》颁定的15种党政机关公文。

本书所讲述的公文是狭义公文。

《条例》规定：党政机关公文是党政机关实施领导、履行职能、处理公务的具有特定效力和规范体式的文书，是传达贯彻党和国家方针政策，公布法规和规章，指导、布置和商洽工作，请示和答复问题，报告、通报和交流情况等的重要工具。

二、公文的特点

1.法定性

公文的法定性主要体现为三点：一是公文的作者必须是法定的作者，即依照法律和有关规定及一定的组织程序成立并具有法定职权的社会合法组织——党政机关、企事业单位、社会团体。公文的作者是发出公文的组织，而不是指通常意义上的撰稿人。公文有时也以领导者个人的名义发文，但却是代表他所在的机关，也是法定的作者，应冠以机关的名称与职务，如"中华人民共和国主席令"。二是社会合法组织均拥有法定的职能和权限范围，在此职权范围内制发的公文，其效用具有同该组织职权相一致的法定性。三是公文的制发必须按照法定程序才能生效。

2.权威性

公文在法定的时间、空间范围对于受文对象具有强制力和约束力——强制阅读、强制办理或强制答复等执行效力。

3.规范性

公文的内容必须符合党和国家的法律、法规、方针、政策及有关规定；公文的格式、语言表达、行文程序等也均须遵循统一规定和要求，不能标新立异。

4.时效性

公文时效性的表现有三点：一是公文的制作应紧密联系社会现实和形势发展，顺应时代变化，契合时代要求；二是公文要写得及时、发得及时、办得及时，拖延则难以发挥其应有作用甚至贻误工作；三是公文只在一定时间范围内具有直接效用。

三、公文的作用

1.指挥和指导作用

党和国家的各级领导机关，可以通过制发公文来部署各项工作，传达本机关的决策和意见，对下级机关或部门的工作进行具体的领导与指导。例如，党中央、国务院通过它所制发的各项决议、决定等重要公文，阐明重大方针政策、战略措施和工作步骤，用以领导和指导各个地区、各条战线的工作。

2.行为规范作用

公文可用于发布法规与规章，这类公文是一定范围内人们行动的准则或行为的规范，一旦制发生效，就具有明显的规范和约束作用，社会组织或个人都必须遵照执行，不可违反。它使国家各项管理活动有法可依，有规可循，对于维护正常的社会秩序、安定社会生活，保障人民的合法权益有着极其重要的作用。

3.宣传教育作用

机关、单位、团体常常利用公文，正确引导舆论，宣传形势、政策，提出任务，以教育干部和群众，提高认识，统一思想，推动工作。党政领导机关常在报刊、网络等传媒上发布一些文件，或者迅速地、直接地向基层群众传达一些重要文件，都是为了达到宣传教育的目的。

4.联系协调作用

机关、单位、团体联系公务、沟通信息有多种渠道，但公文是其中重要的、主要的渠道。无论是同一系统的，或者是不同系统的各级各类机关、团体、单位，都经常利用公文互相联系有关事宜，商洽工作，协同处理问题。而在信息工作越来越重要的当今社会，机关、单位、团体常凭借它互通情况、交流经验、取长补短、促进工作开展，凭借它向领导、向上级反映民情、社会动态和其他重要情况，使下情上达，为领导决策提供信息。

5. 凭据记载作用

公文是执行公务、安排工作、解决问题、办文办事的依据，也是公务活动的真实记录和单位工作的历史见证。不少公文在其现实效用消失后，仍具有历史效用、档案效用。

四、公文的分类

《条例》颁定的党政机关公文有决议、决定、命令（令）、公报、公告、通告、意见、通知、通报、报告、请示、批复、议案、函、纪要共15种。

（一）决议。适用于会议讨论通过的重大决策事项。

（二）决定。适用于对重要事项作出决策和部署、奖惩有关单位和人员、变更或者撤销下级机关不适当的决定事项。

（三）命令（令）。适用于公布行政法规和规章、宣布施行重大强制性措施、批准授予和晋升衔级、嘉奖有关单位和人员。

（四）公报。适用于公布重要决定或者重大事项。

（五）公告。适用于向国内外宣布重要事项或者法定事项。

（六）通告。适用于在一定范围内公布应当遵守或者周知的事项。

（七）意见。适用于对重要问题提出见解和处理办法。

（八）通知。适用于发布、传达要求下级机关执行和有关单位周知或者执行的事项，批转、转发公文。

（九）通报。适用于表彰先进、批评错误、传达重要精神和告知重要情况。

（十）报告。适用于向上级机关汇报工作、反映情况，回复上级机关的询问。

（十一）请示。适用于向上级机关请求指示、批准。

（十二）批复。适用于答复下级机关请示事项。

（十三）议案。适用于各级人民政府按照法律程序向同级人民代表大会或者人民代表大会常务委员会提请审议事项。

（十四）函。适用于不相隶属机关之间商洽工作、询问和答复问题、请求批准和答复审批事项。

（十五）纪要。适用于记载会议主要情况和议定事项。

上述公文按不同的标准大致可以分为以下几类。

1. 按发文机关所属组织系统分

（1）党的机关公文　由党的机关发布的公文属党的机关公文。《条例》规定的公文文种，除议案之外，党的机关均可使用，共14种。

（2）行政机关公文　由行政机关发布的公文属行政机关公文。《条例》规定的所有公文，行政机关均可使用，共15种。

2. 按行文方向分

（1）上行文　上行文是下级组织向上级组织报送的公文，其典型文种是报告、请示。意见有时也可上行。

（2）下行文　下行文是上级组织向下级组织发送的公文，主要有命令（令）、决定、决议、通知、批复等。公告、通告、纪要也多为下行文，意见有时也可下行。

（3）平行文　平行文是向平级或不相隶属组织传递的公文，主要有函和议案。意见、纪要有时也可平行。

此外，还有一类发布范围广泛，可以向社会公布的公文称为泛行文，其受文者并非下级或不限于下级，而是广大范围（国内外）或一定范围的所有组织和人员，如公告、通告等就往往带有泛行的性质。

3.按涉密程度分

按涉密程度分，公文有普通公文和涉密公文。涉密公文的保密级别可分为绝密、机密、秘密。

4.按处理时限分

按公文送达和办理的时限要求分，公文有平件、急件两大类。紧急程度又分为特急、加急。电报本身就是急件，其紧急程度分为"特提""特急""加急""平急"。

技能实训

一、广义和狭义的公文概念分别是什么？本书所讲述的是哪一种？

二、公文的特点有哪些？

三、15种党政公文的名称和适用范围分别是什么？党政公文按行文方向可分为哪几类？

任务二　公文规范

任务设置

鑫达公司技术部人手不够，想要增加一名工作人员。此外他们还要安装一个安全管理系统，预计造价为20万元人民币，请公司拨款。技术部需要向公司发文请求同意。由于负责起草文件的老员工李英生病住院了，技术部赵主任把拟稿任务交给了在技术部顶岗实习的大学生文媛媛。文媛媛写出了《鑫达公司技术部关于增加人员并拨款安装安全管理系统的报告》，赵主任接过文件一看，告诉她说："这份文件不符合公文规范，从标题来看，就有两个错误……"这份文件有什么错误呢？请同学们学习了公文规范以后，再做回答。

知识探究

公文规范是指公文工作中约定俗成的惯例和明文规定的标准。具体而言，主要指《条例》中的有关规定和《格式》中的有关标准，以及人们在长期公文实践中总结出的一些被公认的原则，它是我国现行公文处理工作应遵循的准则。

模块二　认识公文　019

一、公文文种规范

公文的文种名称是根据制发公文的目的、制发机关的权限以及收发文机关之间的行文关系确定的。公文名称不同，所起的作用也不同，不可乱用和混用，否则就会妨碍收文机关对文件意图的准确理解，影响公文的及时处理和解决问题的效力，达不到制发公文的目的，甚至会打乱机关之间的正常工作秩序。

（一）正确选用公文文种

1.根据制发公文的目的选用文种

不同的公文有不同的效用，行文目的不同，所使用的文种也不相同。比如"请示"和"报告"的选用，"报告"用于向上级机关汇报工作、反映情况，回复上级机关的询问，其目的是下情上达、陈述情况，不要求答复。而"请示"是就某一事项请求上级机关指示、批准，其目的是得到答复。因此，在选用时，凡是陈述情况、汇报工作，不要求批复的文件应选用"报告"，凡要求上级批复的文件，应选用"请示"。

2.根据发文组织的级别权限来选用文种

不同的公文对发文机关的级别权限要求不一样，选用的文种应和其制发机关的级别和权限相适应。比如公告与通告。公告适用于向国内外宣布重要事项或者法定事项，通常由国家高层领导机关或立法机关发布，其他组织按照法律法规公布广为周知的法定事项时也可以使用公告，如《中华人民共和国国家发展和改革委员会公告》《北京市人民代表大会常务委员会公告》。而通告适用于在一定范围内公布应当遵守或者周知的事项，各级机关、团体、企事业单位都可以在自己的职权范围内发布，如《××市供电局关于×××区域停电的通告》《×××关于××路段禁行的通告》。可见，二者在发文机关的级别、告知范围的广狭以及事项的性质或重要程度上都有明显区别，不能混淆，使用中尤其要注意避免公告的滥用。

3.根据收文和发文组织之间的工作关系选用文种

收文和发文组织之间的工作关系主要是指机关的组织系统、隶属关系和职权范围。不同的关系，文种的选用是不同的。如果是向下属组织行文，可选用"决定""通知""通报""纪要"等下行文种；如果是向上级机关行文，则主要选用"请示""报告"等上行文种；如果是向平级和不相隶属机关行文时，主要使用平行文"函"。

4.根据文种的适用范围选用文种

根据《条例》的规定，每一文种都有独立的作用和功能，不同的目的要求、行文内容应与文种的适用范围相符合。如通知适用于发布、传达要求下级机关执行和有关单位周知或者执行的事项，批转、转发公文。通告适用于在一定范围内公布应当遵守或者周知的事项。

当需要向下级行文告知事项时，多选用"通知"，若是面向社会公众或有关方面，则选用"通告"为宜。

（二）当前存在的文种混乱现象

1.错用文种

错用文种指法定公文不同文种间的混淆错用。在工作实践中，由于一些公文文种在某些功能上的相似性，在选择公文文种时，若忽视了它们之间的差别，就会造成公文文种的混淆和错误选择。常见的有请示、报告、函、批复等文种的错用。

"请示"与"报告"混淆而错用。请示和报告都是上行文，都有向上级汇报的作用，但是它们有一个本质的区别就是报告没有请求事项，不需要上级答复，而请示有请求事项，需要上级答复。两者的写作时间和上级收文的处理方式等也是不同的。如《关于拨款购买大客车的报告》就应该使用请示而非报告。

"函"与"请示""批复"混淆而错用。如有些机关单位在向同级机关或无隶属关系的单位进行请求性和答复性行文时，错误地使用"请示"和"批复"等。而正确的做法是：凡是向同级或无隶属关系的机关单位行文，不管是发文还是复文，无论是请求性、商洽性、答复性的，都应该使用"函"。

2.并用文种

并用文种指在一份文件里同时使用两种法定公文文种，如某单位《关于扩建油库的请示报告》，将"请示"和"报告"原本是两个不同的文种合并使用，让人分不清到底是"请示"还是"报告"。类似错误除了比较常见的"关于……的请示报告"外，还有"关于……的请示函""关于……决定的通知"等。

3.生造文种

生造文种指生造文种名称并按正式公文行文。

根据《条例》规定，我国现行各级各类党政机关的法定公文共15种，其他一些习惯称呼和一般事务文书均不能当成党政公文的文种来使用。如《关于燃煤供应问题的补充说明》《关于我校实行全员聘任制的有关问题的解释》和《关于进一步加强学生安全工作的汇报材料》，在这三份文件中，"说明""解释""汇报材料"这三个名称在法定公文和其他的机关文书中是不存在的，不能当成公文的文种使用。

4.乱用文种

乱用文种指将其他非公文如事务文书、规章文书等误当做公文行文。

某些单位误把机关事务文书当做法定公文文种使用、独立发出，如计划、总结等。正确的做法是：如果需要向上级报送计划、总结等，可选用法定公文的报告，而将计划、总结等事务性文书作为公文的附件随之发出。另外规章文书如"办法""规定""细则"等，也不能作为公文使用，如《××市公租房保障管理办法》（×政发〔2023〕242号），就是错误的。若需制发规章文书，可使用法定公文的通知将其下发。

二、公文行文规范

《条例》中的公文行文规则，归纳起来，有五个方面的规则。

1.行文实效性的规则

行文应当确有必要，讲求实效，注重针对性和可操作性。

2.按权限行文的规则

行文关系根据隶属关系和职权范围确定。一般不得越级行文，特殊情况需要越级行文的，应当同时抄送被越过的机关。

3.向上级机关行文的规则

（1）原则上单一主送 原则上主送一个上级机关，根据需要同时抄送相关上级机关和同级机关，不抄送下级机关。

（2）本部门根据授权及权限向上级主管部门行文 党委、政府的部门向上级主管部门请

模块二 认识公文

示、报告重大事项，应当经本级党委、政府同意或者授权；属于部门职权范围内的事项应当直接报送上级主管部门。

（3）不得向上级机关原文转报下级机关的请示事项　下级机关的请示事项，如需以本机关名义向上级机关请示，应当提出倾向性意见后上报，不得原文转报上级机关。

（4）请示与报告相区别　请示应当一文一事。不得在报告等非请示性公文中夹带请示事项。

（5）应以本机关名义向上级机关报送公文　除上级机关负责人直接交办事项外，不得以本机关名义向上级机关负责人报送公文，不得以本机关负责人名义向上级机关报送公文。

（6）受双重领导的机关向上行文，可抄送另一上级机关　受双重领导的机关向一个上级机关行文，必要时抄送另一个上级机关。

4.向下级机关行文的规则

（1）抄送的规则　主送受理机关，根据需要抄送相关机关。重要行文应当同时抄送发文机关的直接上级机关。

（2）上级机关所属部门向下级机关行文的规则　党委、政府的办公厅（室）根据本级党委、政府授权，可以向下级党委、政府行文，其他部门和单位不得向下级党委、政府发布指令性公文或者在公文中向下级党委、政府提出指令性要求。需经政府审批的具体事项，经政府同意后可以由政府职能部门行文，文中须注明已经政府同意。

（3）上级部门向下级部门行文的规则　党委、政府的部门在各自职权范围内可以向下级党委、政府的相关部门行文。

（4）协商一致的规则　涉及多个部门职权范围内的事务，部门之间未协商一致的，不得向下行文；擅自行文的，上级机关应当责令其纠正或者撤销。

（5）向受双重领导的下级机关行文的抄送规则　上级机关向受双重领导的下级机关行文，必要时抄送该下级机关的另一个上级机关。

5.同级机关之间行文的规则

同级党政机关、党政机关与其他同级机关必要时可以联合行文。属于党委、政府各自职权范围内的工作，不得联合行文。党委、政府的部门依据职权可以相互行文。部门内设机构除办公厅（室）外不得对外正式行文。

三、公文语言规范

（一）公文的语言特点

1.使用具有公文语体特征的规范化的书面语体

所谓语体，是指写作中所体现的语言风格和语言运用体式。公文语言要符合公文的语体特征。公文使用全社会认同的规范的书面语体，公文在思维方式、社会功能、信息特点、遣词造句、篇章结构、修辞特色等方面，有别于文艺语体，不能像文艺作品那样渲染夸张，也不能缩小淡化，更不允许任何意义上的想象、虚构。公文语言，不仅应符合现代汉语的语法规则和一般逻辑规则，而且应合乎公务活动的特殊要求，体现具有公文语体特征的规范化语言。

2.常用专业术语

公文常使用专业术语，例如税务、会计、交通、能源、林业、教育、卫生等行业，都各有各的专业术语。如计划方面常用的专业术语有"规划""统计""指标""分配""统配""调拨"等；经济管理方面常用的专业术语有"经济""管理""调整""调控""控制""结构""制度"等。

3. 常用专门词语

如表2-1所示，公文的拟写，不仅有规范的格式，而且还在长期的实践中逐步形成了一套适合公文语体色彩、为人们所广泛使用、并得到社会认同的约定俗成的公文专用语。正确恰当地运用这些专用语，有助于语言的简洁和严谨。

表2-1　常用公文专用语

用语名称	用途	常用公文专用语
递送用语	用于表示文、物递送或发送方向	上行：报、呈 平行：送 下行：发、颁发、颁布、发布、印发、公布、下达
拟办用语	用于拟办、办理	责成、交办、办理、执行
经办用语	用于表明进程	经、业经、已经
期请用语	用于表示希望、请求	上行：请、拟请、报请、特请、恳请 平行：请、拟请、特请、如蒙、即请、为盼、为荷 下行：希、望、希望、请、为要、为宜、为妥
征询用语	用于征询对有关事项的意见、态度	当否、妥否、可否、是否妥当、是否同意、如无不妥、如无不当

（二）公文语言运用的基本要求

1. 准确

准确是公文语言的生命。公文语言应真实确切，无虚假错漏，语意明确，褒贬得当。具体说来，就是语言表达要符合客观实际，符合逻辑，在遣词造句方面恰当贴切，符合语法规范。对于一些同义词或近义词，要反复考虑，仔细辨析它们之间的细微差别，选择最为合适的加以使用。如"制订"与"制定"，二者的主要区别在于前者偏重计划、方案等从无到有的创制、草拟而后订立的行为过程，而后者则偏重政策法规规章等的定型和拍板定案。

2. 简洁

公文在语言表达方面应力求简洁，要用极省俭的文字表达尽可能丰富的内容，达到"句中无余字，篇内无赘语"的境界，如"来函收悉，现答复如下"。此外，还应适当运用一些简称或缩略语等，使公文语言表达简洁。如"三农"问题，"双一流"大学等。使用简称和缩略语要注意规范，否则会影响公文的严肃性，或给公文带来歧义。如不能将"市场管理委员会"简称为"市委"。

3. 朴实

语言平实自然，明白流畅，通俗易懂。公文重在实用，因而在语言运用上应力求朴实无华，要直陈其事，不要拐弯抹角，含蓄隐讳，故弄玄虚，也不要刻意藻饰、渲染、铺陈，否则只会适得其反。

4. 庄重

公文是法定社会组织处理公务的工具，具有高度的政策性和法定的权威性，其用语必须做到庄严、郑重。要用叙述性、陈述性语言，不用描绘性、抒情性语言；使用具有普适性的书面语，不用口语、方言俚语，不追求幽默诙谐。如在公文用语中，使用"商榷""不日""拟"等书面语言，而不使用"商量""不几天""打算"等口语。

除以上规范外，公文的拟写和制作也有着严格的规范，详见以下"任务三公文格式"。

技能实训

一、本节任务设置中《鑫达公司技术部关于增加人员并拨款安装安全管理系统的报告》从标题来看，有哪两个问题？

二、指出下列公文语言的错误并加以改正。

> 昨天下午大概三点钟，在我们县的西兴镇发生了一次车祸。一个小客车翻下10米多高的山崖，如坠万丈深渊。顿时车内哭声震天，现场一片狼藉。镇干部王老幺、张二哥闻讯，立马叫上几个乡亲，飞奔而至，开始救人。总算救上来了5人，还有4个人卡在车里头，没法救出来。幸亏听到这个不幸消息的消防队员赶来了，终于把剩下几个人救上来。可是不幸得很，有2个人死了，剩下的7个人也都受伤了。有3个是重伤，4个轻伤。还好这个时候，120也来了，把他们抬到救护车上，运到医院急救去了。

任务三　公文格式

任务设置

自从上次写作请示出现问题以后，文媛媛加强了对公文的学习。除了向老员工请教和自学外，她还更加细心地观察，认真地思考。她发现所有公文都是严格按照固定的格式制作的。那么，公文的制作格式有哪些规定和要求呢？

知识探究

一、公文格式的概念

公文格式是指公文中各个组成部分的构成方式，包括公文组成、公文用纸和装订要求等，它是公文规范化的重要依据和体现。公文格式依照《条例》中的相关要求和《格式》所规定的标准执行。

公文用纸幅面采用国际标准A4型。特殊形式的公文用纸幅面，根据实际需要确定。公文使用的汉字、数字、外文字符、计量单位和标点符号等，按照有关国家标准和规定执行。民族自治地方的公文，可以并用汉字和当地通用的少数民族文字。

下面主要介绍公文格式要素以及公文的特定格式。

二、公文格式要素

《格式》将版心内的公文格式各要素划分为版头、主体、版记三部分。

版头是公文首页红色分隔线以上的部分，由份号、密级和保密期限、紧急程度、发文机关标志、发文字号、签发人6项格式组成；主体是公文首页红色分隔线（不含）以下、公文末页首条分隔线（不含）以上的部分，由标题、主送机关、正文、附件说明、发文机关署名、成文日期、印章、附注、附件9项格式组成；公文末页首条分隔线以下、末条分隔线以上的部分称为版记，由抄送机关、印发机关和印发日期3项格式组成。

页码位于版心外，一般用4号半角宋体阿拉伯数字，编排在公文版心下边缘之下，数字左右各放一条一字线。

（一）版头部分的格式项目

1. 份号

份号是公文印制份数的顺序号，指将同一文稿印制若干份时每份公文的顺序编号。涉密公文应当标注份号，一般用6位3号阿拉伯数字，顶格编排在版心左上角第一行。

2. 密级和保密期限

涉密公文应当根据涉密程度分别标注"绝密""机密""秘密"和保密期限。一般用3号黑体字，顶格编排在版心左上角第二行；保密期限中的数字用阿拉伯数字标注。

3. 紧急程度

指公文送达和办理的时限要求。紧急公文应当根据紧急程度分别标注"特急""加急"，一般用3号黑体字，顶格编排在版心左上角。电报应当分别标注"特提""特急""加急""平急"。

如需同时标注份号、密级和保密期限、紧急程度，按照份号、密级和保密期限、紧急程度的顺序自上而下分行排列。

4. 发文机关标志

由发文机关全称或者规范化简称加"文件"二字组成，也可以使用发文机关全称或者规范化简称，如"中共××省委办公厅文件""××市人民政府"。联合行文时，发文机关标志可以并用联合发文机关名称，也可以单独用主办机关名称。

发文机关标志居中排布，上边缘至版心上边缘为35mm，推荐使用小标宋体字，颜色为红色，以醒目、美观、庄重为原则。联合行文时，如需同时标注联署发文机关名称，一般应当将主办机关名称排列在前；如有"文件"二字，应当置于发文机关名称右侧，以联署发文机关名称为准上下居中排布。

5. 发文字号

指某一公文在发文机关一个年度内发文总号中的顺序号，由发文机关代字、年份、发文顺序号组成，如国发〔2023〕3号，表示国务院在2023年度内发的第3号文。联合行文时，使用主办机关的发文字号。

发文字号编排在发文机关标志下空二行位置，居中排布。年份、发文顺序号用阿拉伯数字标注；年份应标全称，用六角括号"〔〕"括入；发文顺序号的数字前不加"第"字，不编虚位（如1不编为01），在阿拉伯数字后加"号"字。

上行文的发文字号居左空一字编排，与最后一个签发人姓名处在同一行。

6.签发人

指批准发出公文的机关领导人，上行文应当标注签发人姓名。由"签发人"三字加全角冒号和签发人姓名组成，居右空一字，编排在发文机关标志下空二行位置。"签发人"三字用3号仿宋体字，签发人姓名用3号楷体字。

如有多个签发人，签发人姓名按照发文机关的排列顺序从左到右、自上而下依次均匀编排，一般每行排两个姓名，回行时与上一行第一个签发人姓名对齐。

（二）主体部分的格式项目

1.标题

由发文机关名称、事由和文种组成。一般用2号小标宋体字，编排于红色分隔线下空二行位置，分一行或多行居中排布；回行时，要做到词意完整，排列对称，长短适宜，间距恰当，多行标题排列应当使用梯形或菱形。

2.主送机关

是公文的主要受理机关，应当使用机关全称、规范化简称或者同类型机关统称。编排于标题下空一行位置，居左顶格，回行时仍顶格，最后一个机关名称后标全角冒号。

如主送机关名称过多导致公文首页不能显示正文时，应当将主送机关名称移至版记。

3.正文

用来表述公文的内容。公文首页必须显示正文。一般用3号仿宋体字，编排于主送机关名称下一行，每个自然段左空二字，回行顶格。文中结构层次序数依次可以用"一、""（一）""1.""（1）"标注；一般第一层用黑体字、第二层用楷体字、第三层和第四层用仿宋体字标注。

4.附件说明

公文附件的顺序号和名称。如有附件，在正文下空一行左空二字编排"附件"二字，后标全角冒号和附件名称。如有多个附件，使用阿拉伯数字标注附件顺序号（如附件：1.××××××）；附件名称后不加标点符号。附件名称较长需回行时，应当与上一行附件名称的首字对齐。

5.发文机关署名、成文日期和印章

发文机关署名应署发文机关全称或者规范化简称。成文日期署会议通过或者发文机关负责人签发的日期。联合行文时，署最后签发机关负责人签发的日期。公文中有发文机关署名的，应当加盖发文机关印章，并与署名机关相符。有特定发文机关标志的普发性公文和电报可以不加盖印章。

（1）加盖印章的公文　成文日期一般右空四字编排，印章用红色，不得出现空白印章。

单一机关行文时，一般在成文日期之上、以成文日期为准居中编排发文机关署名，印章端正、居中下压发文机关署名和成文日期，使发文机关署名和成文日期居印章中心偏下位

置，印章顶端应当上距正文（或附件说明）一行之内。

联合行文时，一般将各发文机关署名按照发文机关顺序整齐排列在相应位置，并将印章一一对应、端正、居中下压发文机关署名，最后一个印章端正、居中下压发文机关署名和成文日期，印章之间排列整齐、互不相交或相切，每排印章两端不得超出版心，首排印章顶端应当上距正文（或附件说明）一行之内。

（2）不加盖印章的公文　单一机关行文时，在正文（或附件说明）下空一行右空二字编排发文机关署名，在发文机关署名下一行编排成文日期，首字比发文机关署名首字右移二字，如成文日期长于发文机关署名，应当使成文日期右空二字编排，并相应增加发文机关署名右空字数。

联合行文时，应当先编排主办机关署名，其余发文机关署名依次向下编排。

（3）加盖签发人签名章的公文　单一机关制发的公文加盖签发人签名章时，在正文（或附件说明）下空二行右空四字加盖签发人签名章，签名章左空二字标注签发人职务，以签名章为准上下居中排布。在签发人签名章下空一行右空四字编排成文日期。

联合行文时，应当先编排主办机关签发人职务、签名章，其余机关签发人职务、签名章依次向下编排，与主办机关签发人职务、签名章上下对齐；每行只编排一个机关的签发人职务、签名章；签发人职务应当标注全称。

签名章一般用红色。

成文日期中的数字应该用阿拉伯数字将年、月、日标全，年份应标全称，月、日不编虚位（即1不编为01）。

当公文排版后所剩空白处不能容下印章或签发人签名章、成文日期时，可以采取调整行距、字距的措施解决。

6.附注

公文印发传达范围等需要说明的事项。如有附注，居左空二字加圆括号编排在成文日期下一行。

7.附件

公文正文的说明、补充或者参考资料。附件应当另面编排，并在版记之前，与公文正文一起装订。"附件"二字及附件顺序号用3号黑体字顶格编排在版心左上角第一行。附件标题居中编排在版心第三行。附件顺序号和附件标题应当与附件说明的表述一致。附件格式要求同正文。

如附件与正文不能一起装订，应当在附件左上角第一行顶格编排公文的发文字号并在其后标注"附件"二字及附件顺序号。

（三）版记部分的格式项目

1.抄送机关

除主送机关外需要执行或者知晓公文内容的其他机关，应当使用机关全称、规范化简称或者同类型机关统称。如有抄送机关，一般用4号仿宋体字，在印发机关和印发日期之上一行、左右各空一字编排。"抄送"二字后加全角冒号和抄送机关名称，回行时与冒号后的首字对齐，最后一个抄送机关名称后标句号。

如需把主送机关移至版记，除将"抄送"二字改为"主送"外，编排方法同抄送机关。既有主送机关又有抄送机关时，应当将主送机关置于抄送机关之上一行，之间不加分隔线。

2.印发机关和印发日期

公文的送印机关和送印日期。印发机关和印发日期一般用4号仿宋体字，编排在末条分隔线之上，印发机关左空一字，印发日期右空一字，用阿拉伯数字将年、月、日标全，年份应标全称，月、日不编虚位（如1不编为01），后加"印发"二字。

版记中如有其他要素，应当将其与印发机关和印发日期用一条细分隔线隔开。

三、公文的特定格式

1.信函格式

发文机关标志使用发文机关全称或者规范化简称，居中排布，推荐使用红色小标宋体字。联合行文时，使用主办机关标志。

发文机关标志下4mm处印一条红色双线（上粗下细），距下页边20mm处印一条红色双线（上细下粗），线长均为170mm，居中排布。

如需标注份号、密级和保密期限、紧急程度，应当顶格居版心左边缘编排在第一条红色双线下，按照份号、密级和保密期限、紧急程度的顺序自上而下分行排列。

发文字号顶格居版心右边缘编排在第一条红色双线下。

标题居中编排，与其上最后一个要素相距二行。

首页不显示页码。

版记不加印发机关和印发日期、分隔线，位于公文最后一面版心内最下方。

2.命令（令）格式

发文机关标志由发文机关全称加"命令"或"令"字组成，居中排布，推荐使用红色小标宋体字。

发文机关标志下空二行居中编排令号，令号下空二行编排正文。

签发人职务、签名章和成文日期的编排按《格式》相关规定执行。

3.纪要格式

纪要标志由"×××××纪要"组成，居中排布，推荐使用红色小标宋体字。

标注出席人员名单，一般用3号黑体字，在正文或附件说明下空一行左空二字编排"出席"二字，后标全角冒号，冒号后用3号仿宋体字标注出席人单位、姓名，回行时与冒号后的首字对齐。

标注请假和列席人员名单，除依次另起一行并将"出席"二字改为"请假"或"列席"外，编排方法同出席人员名单。

纪要格式可以根据实际制定。

技能实训

一、根据所学内容，对照公文原件，找出公文格式的各项目，并熟悉其名称。

二、绘制公文首页、末页版式图并标注各要素名称。

模块三
党政公文

　　《条例》颁定的党政机关公文有决议、决定、命令（令）、公报、公告、通告、意见、通知、通报、报告、请示、批复、议案、函、纪要共15种。不同种类的公文有着不同的具体要求和写法。但是，不论哪一种公文，都必须符合党和国家的方针政策、法律法令和上级机关的有关规定，符合客观规律，符合工作实际，严格按照公文格式规范进行写作。本模块介绍几种常用公文的写作。

 一、知识目标

掌握常用公文通知、报告、请示、函的写作格式、内容，领会其写作要求。

 二、能力目标

能写出合乎规定、格式规范、内容合理、表达清楚明确、语气恰当的文章。
具备一定的交流表达、与人合作、解决问题的能力。

 三、素质目标

培养严谨认真的态度，树立庄重简洁的公文文风。

任务一　通知

任务设置

丽影服装有限公司是广东一家出口加工型制衣厂，2023年1月4日上午，副经理李弘给秘书张素云交代了两件事情，让她分别拟制通知。

1.为了增进员工之间的交流，增强员工的团队协作意识，公司打算举办新春团拜会。为此，公司已专门成立了一个筹备小组来具体负责策划和组织工作。1月9日这天上午8点30分，公司要召开一个筹备小组会议，商量团拜会相关的一些事情，要求各部门的筹备小组成员参加，会上还要做笔记。

2.公司确定2023年春节放假时间为1月20日（腊月二十九）至2月6日（正月十六），要求各部门做好放假前的工作安排，妥善保管好重要物品，检查电脑、电源、门窗等安全问题。在放假前，要请保卫科人员给门窗贴上封条。

知识探究

一、通知的概念

通知适用于发布、传达要求下级机关执行和有关单位周知或者执行的事项，批转、转发公文。通知是下行文。

二、通知的特点

1.应用广泛

一方面，通知的功能极为丰富。它可以用来安排布置工作、传达指示、告知事项、发布规章、批转和转发文件等等，具有多方面用途。另一方面，通知是各级各类组织都可使用的公文文种。其发文机关，不受级别的限制，高级别组织和基层组织都可用；也不受组织类别限制，党政机关、企事业单位和社会团体，都可以使用。总之，上至国家大事，下至基层单位的具体工作都可用通知行文，因而成为现行公文中使用频率最高的文种。

2.告知性强

通知把需要知晓的事项告诉有关人员，具有很强的告知性。

3. 执行性强

通知的事项常要求办理或执行，具有较强的执行性和约束力。

4. 时效性强

通知所需办理的事项，一般都有比较明确的时间限制，受文机关要在规定的时间内办理完成，不得拖延。即便所周知的无需办理的事项，一般也只在指定时间内有效。

三、通知的种类

1. 指示性通知

又称工作通知、布置性通知。用于上级组织就某项工作向下级组织发布指示、提出要求、做出安排。

2. 颁转性通知

又叫发文通知。用于颁布法规规章性文书和印发有关文件、资料，转发、批转其他机关的来文。包含"颁布""转发""批转"三种类型：颁布类通知用于颁布法规规章性文书和印发有关文件、资料；转发类通知用于转发上级组织和不相隶属组织的公文；批转类通知用于批转下级组织的公文。

这类通知是复合体公文，被颁转的文书全文附在通知之后，但不作为附件处理，而是正件的组成部分。

3. 知照性通知

又称告知性通知、周知性通知、事务性通知。用于向下告知某些情况或安排事务。其用途广泛，任免人员、机构调整、机构名称变更、迁移办公地址、召开会议、安排假期等，都可使用这种通知。

范文示例

例文一

浙江省教育厅办公室
关于开展第5个近视防控宣传教育月活动的通知

各市、县（市、区）教育局：

根据教育部办公厅《关于开展第5个近视防控宣传教育月活动的通知》要求，结合我省实际，现就开展第5个近视防控宣传教育月活动有关事项通知如下。

一、宣传教育主题

全社会行动起来，共同呵护好孩子的眼睛，让他们拥有一个光明的未来。

二、宣传教育时间

2022年9月。

三、宣传教育重点

（一）按照《学前、小学、中学等不同学段近视防控指引》要求，坚持不懈推广精准、科学、有效的近视防控方法，引导学生自觉爱眼护眼，掌握科学用眼护眼健康知识。

（二）落实《中小学健康教育指导纲要》要求，按国家要求落实健康教育教学时间，中小学校每学期应在体育与健康课程总课时中安排4个健康教育课时，规范开展学校健康教育。

（三）发挥家庭近视防控关键作用。进一步强化家校联动，及时沟通学生视力健康状况，强调近视危害性，宣传科学的近视防控知识和方法，提醒家长陪护视力异常的学生到正规医疗机构检查和矫正，发挥家庭教育在近视防控工作中的关键作用。

（四）各地近视防控特色学校的优秀案例和做法。

四、工作要求

（一）加强部署。各地各校要按《浙江省教育厅等十一部门关于全面加强儿童青少年近视综合防控工作的意见》《全面加强儿童青少年近视综合防控工作责任书》要求，统筹推进常态化新冠肺炎疫情防控下儿童青少年近视防控，聚焦重点难点、采取有效措施，利用秋季学期开学，有针对性地部署开展近视防控宣传教育月活动。

（二）坚持公益。进一步规范校园视力检测与近视防控相关服务，严禁无资质机构入校开展视力检测，严厉打击虚假违法营销宣传行为，严禁任何单位和个人借此名义发布或者变相发布商业广告。

（三）注重实效。各地各校要加强与卫生健康、市场监管、体育等部门沟通合作，做实协同机制，提高履责效能，将推进近视防控宣传教育与加强新时代学校卫生与健康教育工作相结合，合力加强近视防控宣传教育工作。

请各市教育局认真组织并及时总结第5个近视防控宣传教育月活动，并于2022年10月15日前将活动开展情况报省教育厅体卫艺处，电子信箱：zjsysjy@126.com；省教育厅汇总后将上报教育部。

浙江省教育厅办公室（公章）
2022年8月25日

简析

本通知属指示性通知。正文首先说明开展此项工作的缘由，然后写出具体工作内容和要求，交代清楚明确，一目了然，最后提出贯彻执行本通知的要求。

例文二

××公司关于开展计划管理工作的通知

公司直属部门、各管理处：

为了贯彻执行××集团工作计划管理的相关规定，强化目标管理及责任意识，提高工作效率，确保全面实现公司的各项目标，经公司研究决定，自2023年4月起开展周计划、月计划管理工作。现将有关事项通知如下：

一、工作计划的制订

1.根据公司工作会议作出的决定制订计划；

2.根据公司领导现场检查作出的整改决定制订计划；
3.基于工作实际需要制订计划。

二、计划上报

1.各部门须安排专人负责本部门的计划收集、拟订、整改、报批、跟进工作。

2.各部门每周五下午3点前提交本周工作总结及下周工作计划到公司秘书处张××处。未按要求提交的将对相关责任人进行考核处理。

3.各部门每月27日下午3点前提交本月工作总结及次月月度工作计划到公司秘书处张××处。未按要求提交的将对相关责任人进行考核处理。

三、计划审核

每周一上午公司工作例会对各部门计划进行审核。

四、计划执行及检查

1.计划一经制定，须严格执行并考核。

2.公司将不定期对计划执行情况进行检查。

五、计划考核

1.按月度工作计划完成情况，对被考核对象的当月奖金部分进行考核。

2.各部门未完成的工作计划全部列入下月工作计划。

3.属于公司计划调整、工作方案变更等原因导致计划不能如期完成，不纳入考核范围。

望各部门严格遵照执行。

××公司（公章）

2023年3月20日

简析

本通知属指示性通知。正文首先交代了开展工作的目的和依据，然后分五个方面写出此项工作的实施办法，结尾表明贯彻执行要求。通知内容具体，操作性强。

∴例文三∵

科技部关于印发《社会力量设立科学技术奖管理办法》的通知

各有关单位：

为引导社会力量设立科学技术奖规范健康发展，科技部研究制定了《社会力量设立科学技术奖管理办法》。现印发给你们，请遵照执行。

科技部（公章）

2023年2月6日

（此件主动公开）

《社会力量设立科学技术奖管理办法》（略）

简析

颁转性通知正文通常比较简短,主要由颁转对象、颁转意见及执行要求构成。写作时要注意标题和正文中颁转用词的正确使用,应根据文件来源判断通知属于颁布类、转发类还是批转类,并据此选择正确的颁转用词。本通知属于颁布类通知,故使用了"印发"一词。正文部分先写明所印发文书的名称,接着提出颁转意见与执行要求,最后是所印发的文书全文。由于《社会力量设立科学技术奖管理办法》属规章性文书,故在标题中对此文书的名称使用了书名号。

例文四

云南省人民政府办公厅
转发省发展改革委等部门关于加快推进城镇环境基础设施
建设工作方案的通知

各州、市人民政府,省直各委、办、厅、局:

省发展改革委、省生态环境厅、省住房和城乡建设厅、省卫生健康委《关于加快推进城镇环境基础设施建设工作方案》已经省人民政府同意,现转发给你们,请认真贯彻执行。

云南省人民政府办公厅(公章)
2022年7月19日

(此件公开发布)
《关于加快推进城镇环境基础设施建设工作方案》(略)

简析

本通知颁转的文书来源于不相隶属机关,属于转发类通知,故标题和正文中均使用了"转发"一词。通知正文部分先简要写出所印发文书的名称和来源,接着提出颁转意见与执行要求,最后是所印发的文书全文。

例文五

重庆××电子有限公司
关于召开××显示器代理商工作会议的通知

各地区代理商,本公司各部门:

为了建立一个和谐顺畅而稳定坚固的销售渠道,给厂商、代理商和消费者带来更多的利益,本公司决定在重庆召开2023年度××显示器代理商工作会议。现将有关事项通知如下:

一、会议时间

5月10日至5月12日。

二、会议地点

重庆××度假村二楼圆形会议厅。

三、报到时间和地点

5月9日在重庆××度假村酒店（××区××路××号）大堂报到。

四、参加会议人员

各地区代理商及本公司各部门负责人。

五、会议议题

1.总结各地区代理销售情况。

2.讨论并解决各地区存在的销售矛盾。

3.商讨如何建立一个和谐顺畅而稳定坚固的销售渠道。

六、参会准备

请华东、华北及华南各代理商报到时向我公司提交一份销售情况报表。

七、其他事项

大会将为各与会人员免费提供食宿。

参加会议的代理商请按要求填写本通知所附的会议报名表，于4月20日前发送至会务组电子邮箱。需接车、接机及购买回程机票、车票的人员，务请在会议报名表中注明。

会务联系：重庆市××区××路××号××电子有限公司代理商工作会议会务组

会务组邮箱：××××@163.com

邮编：××××××

联系人：张秘书

联系电话：×××××××××　　×××××××××

附件：重庆××电子有限公司代理商工作会议报名表

重庆××电子有限公司（公章）
2023年4月2日

简析

这是一则召开会议的周知性通知。正文开头写会议目的、谁决定召开会议、会议名称，然后用过渡语引出事项部分。事项部分分条列项写明了会议的时间、地点、报到时间和地点、参会人员、议题、参会准备以及其他事项。文章层次分明，语言简洁、清晰。此外，为与会人员赴会考虑得比较周到，是本文的一大特点。

写作指南

一、通知的格式及内容要点

通知由标题、主送机关、正文、落款构成，这也是一般公文的基本组成部分。

1. 标题

通知的标题一般采用公文标题的常规写法，由发文机关、事由、文种组成，发文机关和事由之间用"关于"一词连接。如《浙江省物价局关于降低成品油价格的通知》。如果标题字数过多，可以省略发文机关，由事由、文种组成，如《关于印发规范国有土地租赁若干意见的通知》《关于公布山东省第一届优秀保留剧目评选结果的通知》。

注意以下几点：

一是通知标题的文种前加说明性词语的问题。

如有需要，可在通知标题的文种前加上说明性词语。如果通知的事项十分紧急，可以加"紧急"二字，如《国务院办公厅关于切实做好春季防火工作的紧急通知》。如果通知的事项是对此前就同一内容所发通知的补充，可以在后发的通知标题文种前加上"补充"二字。如果通知是多个机关部门或单位联合发出，则可以在通知标题文种前加上"联合"二字。

二是颁转类通知标题拟制的问题。

（1）书名号的正确使用　公文标题中较少使用标点符号，但如果所颁转的规章文件属于法规规章类文书，则应对法规规章名称加书名号，如《国务院关于印发〈国务院工作规则〉的通知》《关于印发〈新旧中小学校会计制度有关衔接问题的处理规定〉的通知》。

（2）"颁转用语"的正确选用　颁布类通知标题和正文中都必须使用"颁布词"，主要有"颁发""颁布""发布""印发""公布"等。如《云南省人民政府关于发布云南省生态保护红线的通知》《国务院办公厅关于印发中医药振兴发展重大工程实施方案的通知》。转发类和批转类通知应根据文件来源的不同使用不同的颁转词。转上级、同级及不相隶属机关的来文用"转发"，如《云南省人民政府办公厅转发省发展改革委等部门关于加快推进城镇环境基础设施建设工作方案的通知》；转下级机关的来文用"批转"，如《重庆市人民政府关于批转重庆市地表水环境功能类别局部调整方案的通知》。

（3）标题的简化　颁转类通知标题的简化方法主要有以下四种：

一是省略法。

为避繁冗，转发、批转类通知的标题可酌情省略被转发、批转公文的制发机关名称。如《国务院批转节能减排统计监测及考核实施方案和办法的通知》中，方案和办法的制发机关国家发展改革委、统计局等在标题中被省略，而在正文中写明。

标题中有时需省去某些重复词语。

如转发或批转公文时，当源文标题中有"关于"一词，就会在新拟标题中出现两个"关于"，这时，可省去第一个"关于"。例如：《××市人民政府关于批转市××局关于认真做好××工作的报告的通知》可改为：《××市人民政府批转市××局关于认真做好××工作的报告的通知》。

假如源文件标题的文种也为通知时，标题中就可能会出现两个"关于"和两个"通知",这时,可去掉第一个"关于"和源文件标题里的"通知"二字。例如:《关于转发××市委关于印发××工作意见的通知的通知》可改为:《转发××市委关于××工作意见的通知》。

二是直转法。

若所转公文是层层转发而来,可省略转发的中间环节,直转源文件,其实际转发层次的情况可在通知正文中加以说明。

例如:《××市教育委员会转发××省人民政府办公厅关于转发国务院办公厅关于转发教育部、公安部关于进一步加强学校安全保卫工作的意见的通知》,可省去中间国务院办公厅、省人民政府办公厅的转发环节,改为:《××市教育委员会转发教育部、公安部关于进一步加强学校安全保卫工作意见的通知》。

三是合并法。

用同一通知转几个相关的文件时,标题中可将被转文件进行合并。例如××省人民政府拟用一个通知来印发两个文件——《××省鼓励外商投资优惠政策》和《××省扩大横向联合优惠政策》,这个文件的标题就可以写成《××省人民政府关于印发招商引资和扩大横向联合两个优惠政策的通知》。

四是替代法。

当被转公文的发文机关数量过多时,可只标明主要机关,其他发文单位用"等机关""等部门"代替。如《×××转发省委组织部等六部门关于选聘高校毕业生到村(社区)任职的实施意见的通知》。

2. 主送机关

主送机关是公文的主要受理机关。一般用全称,也可用规范化简称或者同类型机关统称。在标题下空一行位置居左顶格写,后加冒号。

3. 正文

通知正文通常由缘由、事项、结尾构成。

(1)通知缘由　可简述形势、背景、基本情况,或概述通知主要内容,也可写明发通知的原因、目的、依据等,会议通知还可在缘由中写明会议名称。段末常用"现将有关事项通知如下""特通知如下""现做如下通知"等过渡语引出事项部分。

颁转性通知如有必要,可简短地说明颁转文件的目的、意义、依据,也有些颁转性通知无需说明缘由,直接以表达颁转对象为开头。

(2)通知事项　这是通知的主体部分,若内容多应采用条列式。

指示性通知写对某项工作的指示意见、安排决定等。其基本组成是:布置任务,阐明工作原则,拟定方法措施,交代注意事项。

颁转性通知由两部分构成:一是颁转对象,即所颁转文件的名称、来源(制发机关),有的还需写明制发(或批准)日期;二是提出颁转意见及执行要求。法规性文件还可视情况写明生效日期、执行办法等。颁转性通知常用的执行要求用语有"遵照执行""贯彻执行""参照执行""供参考""供参阅"等,应根据具体情况恰当选择用语。

内容简短的颁转性通知,可篇段合一。如:"《重庆市应急志愿者管理办法》已经市政府同意,现印发给你们,请认真组织实施。"

知照性通知种类较多,内容大多比较简单,写明需告知的事项即可。其中会议通知通常写六方面内容:会议的时间和期限,会议地点(有的还需写报到时间、地点),与会者及条件，会议的内容或议题，参会需做的准备，其他事项（如经费、交通、食宿安排）。上述六方面内容可称为"会议六要素"，常采用分条列项的写法。

（3）通知结尾　指示性通知通常在结尾处提出贯彻执行的有关要求。结束语大致有三种类型：一是"务实型"，即提出执行本通知的具体要求；二是"务虚型"，发出号召、提出希望、加以强调；三是"套语型"，使用模式化的语句作为结束语，如"以上各点，望遵照执行""请认真贯彻落实""请参照执行"等。如事项部分已交代清楚，也可以不写专门的结尾。会议通知可注明联系人、电话、地址、邮编，要求受文者寄回回执或电话回复是否参会等。

篇幅短小的通知，则不需有专门的结尾部分。

4.落款

发文机关署名和成文日期。署名写发文机关全称或者规范化简称，成文日期用阿拉伯数字将年、月、日标全，然后盖上公章。这也是公文落款的常规写法。

二、写作注意事项

1.严遵行文规则

法定公文的通知只能下行，某些单位发出的"征订通知""停水通知"等平行或泛行性质的文书，可以看作知照性的事务文书，不能视为法定公文文种。

2.内容明确具体

通知事项要写得清楚具体，可行性强，以便于受文机关及时办理。

指示性通知主要用于布置工作，下达指示或要求办理某些事项，应该把执行要求写具体，如完成的时间、必要的程序、具体做法等，以便受文单位贯彻执行。颁转性通知虽篇幅简短，要求文字精练，但也应比较深刻而准确地体现上级领导机关的政策精神、工作意图和发文目的，以发挥其指导意义，不能过于简单。如果提出的目的不明确，要求不具体，下级机关也难以执行。知照性通知也要把事项交代清楚，便于知晓，否则达不到发通知的目的。

技能实训

一、完成以下两个通知写作：

1.请以××市教育委员会的名义写通知，把《××市义务教育体育与健康课程实施方案》发给下属的各个区、市、县教育委员会。

2.××区教育委员会收到此文件后，又将其发给区内所有的中小学。请以××区教育委员会的名义写通知。

二、完成开头设置的任务。

任务二　报告

任务设置

2022年8月11日，西兴乡发生了一起森林火灾，烧光了已成材的松树林20余亩，价值10万元。当天值班的护林员是张宏，可他忘记了护林员的职责，睡懒觉，没有按时巡查。上午9点30分，火灾发生了他才慌忙呼救，但他救火很积极。据调查是五村的李平在自家祖坟上烧纸钱引起的，他也积极扑救并受了伤。赵毅乡长得到护林队报告后，马上组织乡干部和群众赶到现场扑救，扑灭了大火。乡政府决定给予张宏警告处分，扣发全年奖金，李平赔款5000元，另在五年中栽树3000棵。后来乡政府召开了护林工作会，加强护林防火措施。对于此次事故，该乡需要写一份报告向东顺县人民政府进行汇报。

知识探究

一、报告的概念

报告适用于向上级机关汇报工作、反映情况，回复上级机关的询问。报告是上行文。

二、报告的特点

1. 陈述性

报告具体地陈述本单位、本部门贯彻执行各项方针、政策的情况，所做工作的情况（做了哪些工作，怎样开展的，取得了哪些成绩，存在什么问题，今后的打算），或出现了什么重大事件等，主要采用叙述的手法。

2. 汇报性

报告的目的是向上级汇报有关情况或工作，即"下情上达"，没有请求事项，也不需要上级答复，这一点是和请示的明显区别。报告中不得夹带请示事项。

三、报告的种类

（一）按用途及内容分

1. 工作报告

向上级汇报工作的报告。既可汇报本单位一定时期内的全面或多方面工作，也可只针对

模块三　党政公文

某一方面的工作或者某一项具体工作进行汇报。

2. 情况报告

用于向上级反映社情民情或汇报工作中出现的问题,如工作中的重大情况、特殊情况和新动态等,便于上级机关了解情况,及时采取措施,指导工作。

3. 回复报告

是针对上级机关提出的询问或要求所作的陈述情况或者回答问题的报告,是一种被动行文的报告,内容针对性极强。

4. 报送报告

向上级报送文件、物件所使用的报告。

(二)按内容范围的广狭分

1. 综合报告

这种报告汇报本单位、本部门一定时期内的全面工作或多方面工作的情况。其内容大体包括工作的进展情况,成绩或问题,经验或教训以及对今后工作的意见。这种报告的特点是全面、概括、精练。"全面"是指报告的内容要体现某一时期的全面工作的情况;"概括、精练"是指少写或不写繁琐的工作过程。

2. 专题报告

这是本单位、本部门就某项工作或某个问题、某个事件、某种情况等,向上级领导部门所写的报告,其特点是内容单一有针对性。

根据需要,工作报告可以写成综合报告也可以写成专题报告,而情况报告、回复报告、报送报告则写成专题报告。

范文示例

例文一

××学院行政管理系
关于首届行政管理专业学生毕业论文指导工作的报告

××学院:

按照教学计划的规定和我校《学生毕业论文工作管理办法》的要求,××××年2月至6月,我系积极稳妥地开展了首届行政管理专业(以下简称行管专业)学生毕业论文指导工作。在院领导的关心支持下,在同志们的共同努力下,现在此项工作已经结束。总的来看,工作完成得比较顺利,取得了一定成绩,结果较为圆满。现将毕业论文指导工作报告如下:

一、主要工作情况

由于首次组织行管专业毕业论文指导工作,我们缺乏经验,因此,本着早做准备、精心组织、边实践边摸索的原则开展工作。全部工作主要包括以下步骤:

1. 印发论文参考选题。(略)

2. 安排论文讲座。(略)

3. 落实指导教师。(略)
4. 开展个别指导。(略)
5. 组织成绩评定。(略)

在指导学生撰写论文的过程中，老师们既要完成日常教学任务，又要付出大量时间和精力来指导学生阅读资料、推敲提纲或观点并反复修改论文，但是毫无怨言。在4个月的时间里，老师们不仅指导学生研究问题，更以严谨负责、一丝不苟的科学态度感染和教育学生。有的老师住家很远，为了当面指导学生（系里规定可以通过电话答疑），多次专门赶到学校；有的老师为了等待学生下课谈论文，经常很晚才回家。老师们积极工作和认真负责的精神及对学生的满腔热情和细心指导，给同学们留下了深刻印象，是整个论文指导工作得以圆满完成的基本保障。

二、主要成绩与效果评价

回顾毕业论文指导工作，我们认为成绩是主要的，应当给予充分肯定。

1. 首次组织毕业论文指导工作，是在摸索过程中完成的。(略)
2. 撰写毕业论文，不仅进一步培养了学生们的科学精神，而且对强化写作训练，增强分析、研究和解决问题的能力，发挥了重要作用。(略)
3. 首届论文指导工作，是在我系师资力量比较紧张的情况下完成的。部分教师首次承担这样的工作，为了确保质量，大家共同研讨，向有经验的同志请教，整个指导过程完成得比较顺利。(略)
4. 指导教师的工作，得到了学生们的充分肯定。在谈到毕业论文写作收获时，同学们有以下共识：第一，在老师的指导下，初步学到了收集资料和研究、论述问题的方法。第二，在老师的指导下，对选题进行了认真的研究，并且对所研究的问题有了一定的发言权。有的同学表示，毕业后还要继续研究毕业论文所涉及的问题，争取正式发表论文。第三，从指导老师身上学到了一丝不苟、严谨治学的精神，这种精神将使学生受益终身。同学们的切身感受，是对指导老师工作效果的真实评价，也是对老师们辛勤工作的充分肯定。

总之，首次毕业论文指导工作是一次有益的尝试，成绩是主要的。它既保证了行管专业教学计划的完整执行，提高了毕业论文质量，也使教师得到了锻炼，为继续开展这项工作积累了经验。

三、存在问题及改进意见

我们认为毕业论文指导工作尚有值得改进之处。

1. 在印发论文参考选题之后近半年的时间里，忽略了对学生在选题和收集资料方面的指导和督促，失去了提前下发参考题目的意义。今后这个环节的工作需要抓紧。
2. 对毕业论文写作方法的总体指导还不够。在学生写作论文之前，系里组织过一次专题讲座，但由于时间紧，有些问题无法展开，致使部分同学在开始写作时无从下手。今后，要加强论文写作的集体指导。
3. 收尾阶段工作不够扎实，答辩工作比较仓促。主要原因是安排不太合理。今后应适当调整课程安排，抓紧前期工作，以便节省时间，切实搞好论文成绩评定，有成效地开展论文交流、答辩工作，以便学生相互借鉴，取长补短，并且更加科学准确地评定毕业论文的成绩。

今后，我们要继续发扬成绩，不断改进工作，吸取第一次毕业论文指导工作的经验教训，把以后各届学生的毕业论文指导工作做得更好。

特此报告，请审阅。

行政管理系（公章）
××××年×月×日

（摘自网络资料，略有改动）

简析

这是一份汇报工作的专题报告，向上级汇报首届行政管理专业学生毕业论文指导工作情况。依次写了主要工作情况、主要成绩与效果、存在问题及改进意见，顺序安排得当，内容具体而又简明，清楚地反映了此项工作的情况。

例文二

××区公安分局关于青山高速公路车祸事故情况的报告

××区人民政府：

××××年1月10日17时30分，司机何×驾驶长安面包车搭载××区青山街道办"天意"麻袋厂9名工人从青山出发，准备返回市中区。18时25分左右，当该面包车行至青山高速公路43km＋500m处时，车头与由李×驾驶的车牌号为×L/Q××××的小车尾部发生轻微碰撞，双方停车后，在未报警、未转移车上乘客、未在事故现场来车方向按规定设置警告标志的情况下，就地协商赔偿事宜。约8分钟后，面包车被从××方向驶来的由王×驾驶的车牌号为×Z/G××××的大货车撞到尾部，两辆事故车被依次撞出路外，致面包车起火燃烧，车上6名乘客被当场烧死，事故还造成3名人员受伤。死者均为面包车上的乘客，多为25岁左右的女工。

经现场调查，此次事故发生的原因：第一次事故发生后，首次事故的肇事司机没有按照要求依法采取和设置警示标志；大货车司机连续驾车时间已达7小时，精力不集中，应急处置措施不当，导致与停在主车道的前两部肇事车辆追尾碰撞而发生"二次事故"。

交警部门接到报警后，青山中队巡逻民警立即赶往现场，事故处理人员和救护人员也陆续赶到现场开展相关事故处理工作，路面交通于当日21时30分恢复正常。交警部门当即分别成立了事故调查和善后处理工作小组，联合市、区有关部门对事故的原因、肇事车辆、司机、车等相关人员进行调查取证，通知死、伤者家属前来处理并做好安置和善后处理工作，并立即抽调机关警力加强对高速公路主干道的巡逻监控管理力度。

1月11日上午，我局专门就这起事故召开了会议，成立了"1·10"青山特大交通事故处理调查和善后工作组，由××局长任组长，工作组下设事故处理、善后安抚、伤员抢救和事故调查4个小组，由各相关职能部门分别就这起事故的依法处理和善后事宜开展工作。

正值春运高峰期，我区发生如此特大交通事故，损失惨重，教训深刻。为认真贯彻国务院有关全国安全生产会议精神，并切实吸取教训，我局已于1月12日上午召开了紧急通报会，×局长在会上强调要切实抓好三项工作：其一、要切实增强抓好道路交通事故及各项安全生产工作的紧迫感和责任感……（略）；其二、要进一步落实责任，齐心协力抓好道路交通安全综合治理……（略）；其三、要健全完善长效工作机制，努力实现我市道路交通事故稳中有降的目标……（略）。×局长还强调，今后凡发生一次死亡4人以上的特大道路交通事故的，要严格查明原因，追究责任。

××区公安分局（公章）
××××年1月13日

（摘自网络资料，略有改动，作者不详）

简析

这是一份发生事故的情况报告。正文依次写了如下内容：简要叙述事故经过和伤亡情况，事故原因，现场处置和救护措施，事故调查、处理、善后工作的开展情况，整改措施。由于情况报告写作要求及时，本文因时间紧急，事故处理决定尚未及明确，故写清调查处理的安排与实施情况。文章内容完备、逻辑清楚、层次分明。

写作指南

一、报告的格式及内容

报告由标题、主送机关、正文、落款构成。

1. 标题

常用的有两种：一是完全式公文标题，由发文机关、事由、文种组成，如《××市人民政府关于治理××河水质污染问题的报告》；二是省略式，省去发文机关，如《关于报送上半年工作总结的报告》。

2. 主送机关

报告的主送机关一般是发文机关的直属上级机关，常用习惯性简称，如"省委""总公司"等。受双重领导的机关向一个上级机关行文，必要时可抄送另一个上级机关。

3. 正文

一般由缘由、事项、结语三部分组成。这也是一般公文正文的常见写法。

报告缘由。以概括性语言简要说明报告的背景、主要内容和结论等，段末常用"现将有关情况报告如下"作为过渡语引出事项部分。

报告事项。基本内容为：工作或者情况的陈述及分析、经验或教训总结、处理措施或今后的计划。可采用文章式结构，亦可采用条列式结构。

报告结语。常以"特此报告""特此报告，请审阅""以上报告，请审查"等惯用语做结。

不同类型的报告，在正文写法上有所不同，下面分别介绍。

（1）工作报告　主要有四个方面内容：

一是工作的基本情况，包括背景、依据、任务、成效等；二是成绩和经验，即对工作成果进行归纳、总结，提炼出带有规律性的认识或经验体会，常分条叙述；三是问题和教训，写工作中的失误和实践中的困难；四是对策、措施或今后的打算。

不同目的的工作报告，对上述各项内容又有不同的侧重点：重在总结经验、教训的工作报告，侧重写工作情况的分析及对经验教训的归纳；重在汇报工作情况的工作报告，则应详述工作情况、过程、做法。

（2）情况报告　"情况"主要指事件、现象和问题。包括事故、灾情、案情、工作中发生的严重问题或重大失误、突发事件等负面情况和重要的社情、民情等。

情况报告的主要内容有：陈述情况或问题、进行原因分析、提出基本看法（有时还可提出处理意见或建议）。

若为反映事故的情况报告，一般应写清以下内容：简述事故基本情况（时间、地点、单位、事故的简要经过，伤亡人数，直接经济损失的初步估计），采取的措施及事故控制情况，事故原因的初步判断，对事故的认识、处理意见及整改措施。

情况报告内容集中、单一，若做出处理意见，应具体明确。情况报告时效性极强，要求报送及时，以便上级及时了解情况，做出决策，有效制止事态的发展，减少损失。

（3）回复报告　针对上级的询问作答，回答应明确周详。

（4）报送报告　正文通常非常简略，一般只需一个自然段，简要说明报送缘由，报送文件或物品的名称及数量，最后以"请查收"等惯用语做结。真正有实质性意义的内容在所报送的文件里。

4.落款

按公文落款的常规写法写作。

二、写作注意事项

1.要实事求是

向上级机关汇报工作应该本着实事求是的态度，如实汇报，不能夸大和虚构成绩或情况，欺骗上级。应该在调查研究、全面掌握本单位情况的基础上撰写。

2.主次分明，重点突出

工作报告从客观反映的成绩或问题中揭示出一定的规律，要根据主题的要求来安排内容，分清主次轻重，不要面面俱到。注意点面结合，既要有重点和典型事例的具体介绍，又要有全面性情况的概括叙述。

技能实训

一、指出下面公文的错误：

关于××高速公路塌方事故的报告

××市建设委员会：

2020年8月9日，××高速公路××路段发生塌方事故，造成一定的伤亡后果。事故发生前，桥面上分散有大概几十名工人，已浇筑了近200立方米的混凝土，而且违章施工，按照施工程序应分两次浇筑的混凝土却一次浇筑。估计事故原因是桥面负荷过重。事故发生后，几百名消防队员、工地工人、公安干警赶到现场紧急抢救，抢救时间持续了很久。据查，该工程承建商是××市市政总公司第一分公司。

　　特此报告

××市政工程总公司
2020年10月3日

二、完成开头设置的任务。

任务三　请示

任务设置

　　近三年来，××机械设备公司在东林市的销售力度加大，业务范围不断扩展，使产品售后服务工作量大大增加。公司目前在该市及周边范围没有设置维修服务站，若售出的产品出现故障，或者更换配件，只能返总部进行修理和更换，增加了费用，同时也给客户造成了工期的损失。为此，公司售后服务部经理李勇决定向公司请求在东林市设立维修服务站，需要写一份请示。

知识探究

一、请示的概念

　　请示适用于向上级机关请求指示、批准。请示是上行文。
　　凡本机关无权自行处理和无力解决的事项，均应向上级报送请示，主要有以下情况。
　　对有关方针、政策和规定、指示等不够明确或有不同理解，需要上级机关给予解答；从本地区本单位的实际情况出发，需要对上级的某项政策、规定作出变通处理有待上级重新审定，明确作答；出现新情况、新问题需要处理而无例可循、无章可依，需要上级机关作出明确指示；涉及面广的事务，本机关无法独立解决，需要上级予以协调和帮助；由于职权、条件的限制，没有权力或没有能力解决的事务（如增设机构、增加编制、增添设备、增拨经费、增列计划等）需要上级帮助解决。

模块三　党政公文　　045

二、请示的特点

1. 祈请性

请示是下级向上级请求指示、批准的公文。文中虽然也可能有陈述情况的内容，但其目的不在于汇报工作与反映情况，而在于请求上级指示或批准。

2. 期复性

请示递交以后，需要上级的答复。无论上级是否同意下级的请示事项，都必须给请示单位一个回复。

3. 拟议性

请示绝非单纯提问的公文，不能只向上级征询某事项应该"怎么办"，而须就某事项提出具体可行的拟议（建议、要求、方案等），请求上级予以定夺。

4. 单一性

单一性的体现有二：一是请示必须"一文一事"。在一份请示中，只能就一项工作或一种情况、一个问题作出请示，不得在一份公文中就若干事项请求指示和批准。二是一份请示只能有一个主送机关，不能多头主送。若系受双重领导的单位报送请示，可以采用抄送的形式让另一上级机关了解情况。

三、请示的种类

1. 请求指示的请示

这是遇到新情况、新问题，难以解决或不能擅自处理，需要上级机关给予明确指示（往往体现为给予处理该情况或问题的政策、办法），或对有关方针、政策和上级机关发布的规定、指示不够明确，需要上级机关给予解释和说明所使用的请示，如《××工厂关于贯彻按劳分配政策两个具体问题的请示》。

2. 请求批准的请示

用于遇到超越本级组织权限的事项，必须获得上级的授权或批准才能办理时所使用的请示。如《江苏省人民政府关于设立南京禄口国际机场海关的请示》。另外，当有关事项必须依靠上级予以解决、协调、帮助时，也使用此类请示。

范文示例

例文一

××市××局关于成立老干部办公室的请示

××市人民政府：

随着干部制度的改革和时间的推移，我局离退休干部日益增多，截至目前已达65人。由于没有专门的管理服务机构和工作人员，致使这些老同志的政治学习和生活福利得不到应有的组织和照顾，一些实际困难得不到妥善解决。为了使离退休老同志老有所为、老有所养、老有所依,充分发挥余热,根据上级有关部门的规定和离退休老同志的迫切要求,我们拟成立老干部办公室。现将成立老干部办公室的几个问题,请示如下:

一、老干部办公室的主要职责是做好离退休干部的管理服务工作。具体任务是:

(一)组织离退休干部学习党的方针政策,使他们了解党和政府的大事,了解新形势,跟上新形势。

(二)定期召开离退休干部座谈会,交流思想。

(三)开展丰富多彩的文体活动,增进离退休干部的身心健康。

二、老干部办公室的编制及干部调配等问题,具体意见如下:

(一)老干部办公室直属我局领导,拟设处级建制。

(二)该办公室拟设行政编制五名,其中主任(正处级)一名,副主任(副处级)一名。编制由局内调配解决。办公室经费由局行政经费中调剂解决。

××市××局(公章)
××××年×月×日

(联系人:×××电话:××××××××)

简析

这是一份为增设机构而请求批准的请示。正文开头写明了请示缘由,即成立老干部办公室的原因、目的和依据,事实清楚,理由充分。然后明确提出成立老干部办公室的请求事项,并提出了具体做法和相关问题的解决意见,请上级给予答复。最后在附注处写上联系人姓名、电话,便于上级联系,及时解决问题。

例文二

××县××中学关于增拨教学楼维修经费的请示

××县教育委员会:

我校2号教学楼建于20世纪90年代,历经20多年的风雨,已十分陈旧。部分外墙瓷砖脱落,门窗老化变形,避雷设施锈蚀严重,已形成安全隐患,急需维修。今年3月下旬,县城乡建委和县防雷检测中心先后派员检测,下达了限期整改通知书。经有关专业机构勘察估算,共需修缮资金50万元(维修经费预算表见附件)。但今年县里安排给我校的修缮经费仅20万元,且已开支6万余元用于危房改造,学校其他经费也十分紧张,确实无力投入更多资金进行维修和更新设备。为此,特作如下请示:

恳请县教委增拨维修经费36万元用于教学楼维修,为师生营造安全、整洁的教学环境。我们将专款专用,尽力为学生创造良好的学习生活条件。

特此请示,望批准。

附件:教学楼维修经费预算表

××县××中学(公章)
2022年4月3日

(联系人:李××,电话:××××××××)

简析

　　这是一份请求批准拨款的请示。首先写请求拨款的原因、依据，然后明确提出增拨房屋维修经费的请求事项，并请上级批准。本文将教学楼急需维修的状况和学校经费情况交代得详细清楚，充分展示学校遇到的困难，理由充分，有利于上级了解具体情况，批准请求。

例文三

关于交通肇事是否给予被害者家属抚恤问题的请示

最高人民法院：

　　据我省××县人民法院报告，他们对交通肇事致被害人死亡，是否给予被害者家属抚恤的问题，有不同意见。一种意见认为，被害者若是有劳动能力的人，并遗有家属要抚养的，给予抚恤；另一种意见认为，只要不是由被害者自己的过失所引起的死亡事故，不管被害者有无劳动能力，都应酌情给予抚恤。我们同意后一种意见。几年来的实践经验证明，这样做有利于安抚死者家属。

　　以上请示妥否，请指示。

××省高级人民法院（公章）

××××年×月×日

（联系人：×××　电话：×××××××××）

 简析

　　这是一份请求指示的请示。由于××县人民法院对交通肇事致被害人死亡是否给予被害者家属抚恤的问题有不同的意见，故××省高级人民法院为此向最高人民法院行文请求指示。文中陈述了县人民法院的两种意见，并提出了本机关的倾向性意见，然后使用规范化结语，请求上级给予指示。

写作指南

一、请示的格式及内容

　　请示由标题、主送机关、正文、落款、附注组成。

1. 标题

　　请示的标题通常采用完全式，如《××省人民政府关于增拨防汛抢险救灾用油的请示》。需注意两点：一是请示标题的事由部分不能出现"请求""申请""批准""要"等祈请类词语,如《××学院关于请求增拨招生指标的请示》就是错误的;二是文种不能写成"请示报告"。

2.主送机关

请示的主送机关就是负责受理和答复请示的机关。请示的主送机关只能有一个,如需同时送其他机关,应当用抄送的形式。

3.正文

请示的正文由请示缘由、请示事项、请示结语三部分构成。

(1)请示缘由　开头表述请示的缘由,即原因、目的、依据、背景,要写明所遇到的新情况、新问题,或自身没有能力解决的困难。请示的缘由应比其他公文更为详明,要做到实事求是、情况清楚、依据有力、理由充分、语气恳切得体,以利于上级机关了解实情、正确决策或理解认同、予以批准。请示理由之后一般用"为此,特作如下请示""现就×××问题请示如下""特请求(恳请)……"等过渡语引出请示事项。

(2)请示事项　请示事项部分,内容较少的可与缘由部分合为一体,内容多的则需要分条列项。

请求指示的请示,写明想在哪些具体问题、哪些方面得到指示。请求批准的请示,要把要求批准的事项一一写明。如果涉及到请求人、财、物等方面的支持和帮助,需要把编制、数量、金额、途径等表达清楚、准确,以便上级及时批准。

请示的事项必须明确、具体,否则上级机关难以批复。如××学校向县教委请示修建教学楼,写成"特请示修建教学楼一幢",没有写明教学楼的面积及经费投入,使县教委无法批复。应写成"特请示修建教学楼一幢,面积2万平方米,需建设经费150万元"。

(3)请示结语　在事项部分之后,另起一段,写明期复请求。常见的写法有"以上请示当否,请指示(批示)""妥否,请批复""以上请示,请予审批""以上请示如无不妥,请批准""特此请示,望批准"等等。

4.落款

与一般公文落款写法相同,署发文机关名称、成文日期并盖上公章。

5.附注

为便于上级机关联系,在成文日期的下一行写明联系人姓名和电话并用圆括号括起来。

二、写作注意事项

1.一文一事

请示必须一事一请示,不能一文数事,否则会影响请示事项的及时答复与解决。

2.单一主送

请示只主送一个上级领导机关或主管部门,不多头主送。受双重领导的机关向一个上级机关行文,必要时可抄送另一个上级机关。

3.一般不越级请示

《条例》规定:行文关系根据隶属关系和职权范围确定。一般不得越级行文,特殊情况需要越级行文的,应当同时抄送被越过的机关。

4.不抄送下级机关

请示根据需要可抄送相关上级机关,但不能抄送下级和不相隶属机关。

5.请示与报告不能混用

不得在报告等非请示性公文中夹带请示事项，不能将请示写成"报告"或"请示报告"。

三、请示与报告的区别

1.行文目的不同

报告是呈报性公文，主要目的是向上级机关汇报工作、反映情况、答复上级的询问，对上级不提请求，不需要上级答复；而请示是呈请性公文，主要目的是向上级机关请求指示、批准，需要上级机关批复。

2.行文时机不同

报告可以写在工作进行当中或完成之后；请示必须写在事前，而不能先斩后奏。

3.内容繁简不同

请示一文一事，内容单一；报告既可一文一事，也可一文数事。

4.收文处理不同

上级机关收到报告后，不需要行文作答，收文处理为"阅件"；上级机关收到请示后，须及时批复作答，收文处理为"办件"。

技能实训

一、指出下列公文中的错误并改正：

××社区关于请求拨款增设便民早餐店的报告

星湖街道办事处、常勇主任：

根据《××区人民政府关于推动社区"早餐工程"建设的决定》精神，为了加快解决社区居民早餐难的问题，我们合计了一下打算在社区活动中心附近兴建便民早餐店（已经规划部门批准），力争在2023年6月1日开业，聘请社区内的居民承包经营。便民早餐店预算建设资金共计125万元，现已筹集资金85万元，还有40万元资金没有着落，为此，要求街道给予支持解决。另外，社区活动中心室外健身场的健身器械数量严重不足，难以满足居民健身需要，居民意见很大，故请顺便追加拨款15万元用于购置健身器械。

此事关系到社区居民的切身利益，务必批准。

××社区
2023年3月15日

二、完成开头设置的任务。

任务四 函

任务设置

新亚集团公司新近上岗的涉外秘书人员缺乏专门的涉外秘书知识，业务素质不够高。他们从报上看到，××大学文学院将于今年10月开办涉外秘书培训班，系统讲授涉外秘书业务、公关礼仪、实用文书写作等课程。为能快一些提高涉外秘书人员的从业素质，新亚集团公司想要选派6名在岗秘书到这个班去进修学习，委托××大学文学院代培，并表示有关代培费用及其他相关经费，将按时如数拨付。为此，他们发函去商量这事。

××大学文学院收到新亚集团公司的函后，同意了他们的要求，发函回复他们。

知识探究

一、函的概念

函适用于不同隶属机关之间商洽工作、询问和答复问题、请求批准和答复审批事项。函是平行文。

理解函的定义时，关键要把握住"不相隶属机关"这一概念。"不相隶属"指机关之间没有领导与被领导关系、指导与被指导关系，如不同组织系统的任何机关、部门、单位、团体之间的关系，同一组织系统内部的平级机关（或部门）之间的关系，上级机关所属部门和下级机关之间的关系，都是不相隶属关系，双方之间如果有事项需要协商或请求批准等，都要使用"函"这种平行文体。

值得注意的是，向没有隶属关系的有关主管部门或职能单位行文请求审批事项时，应该使用函，而不能使用请示。有的单位为了办事顺利，向不相隶属的有关主管部门请求批准时，有意将"函"用成"请示"，认为这样做是尊重对方，好办事，其实这是错误的做法。如××县卫生局请求县财政局增拨防治疾病经费，错写成《××县卫生局关于增拨防治疾病经费的请示》，就应改为《××县卫生局关于请求增拨防治疾病经费的函》。

二、函的特点

1.平等性

函主要用于不相隶属机关之间商洽工作、询问和答复问题，请求批准和答复审批事项，体现着双方平等沟通的关系，这是上行文和下行文所不具备的特点。

模块三 党政公文 051

2. 广泛性

函的运用十分广泛，不受级别高低、单位大小的限制，只要是无隶属关系的一切组织之间均可使用函。上至国务院，下至基层组织、企事业单位、社会团体都广泛地使用函。

3. 简明性

函的行文简洁明确，不需要在原则、意义上进行过多的阐述，而应直接陈述，篇幅较短小。函的写法灵活简便，行文采用公文特定格式中的"信函格式"，与公文通用格式相比，更为简易方便。

4. 单一性

函的内容单一，一份函只写一件事。

三、函的种类

1. 按行文的主动与否，可分为主动行文的发函和被动行文的复函。

2. 按行文内容及用途，可分为以下几类：

（1）商洽函　用于非隶属关系的组织之间相互联系、商洽工作、事项。

（2）询答函　包括发出询问的函和答复询问的函，用于非隶属关系的组织之间询问有关事项以及针对询问作答。

（3）请批函　包括请求批准的函和答复请批事项的函，分别用于请求非隶属关系的有关主管部门批准有关事项以及有关主管部门针对请求作答。

（4）告知函　用于向非隶属关系的组织告知有关工作或活动情况。

范文示例

例文一

××公司关于商聘外语教师的函

××外语学院：

为提高员工的水平，本公司拟开办两个员工外语培训班，定于2023年4月2日开始培训，培训7天。因我公司无合适的教师，欲同贵院商洽派你院英语和日语教师各两名到培训班任教，望贵院大力支持。若贵院同意，讲课酬金及其他费用请学院决定后告知我公司。

可否，请函复为盼。

××公司（印）
2023年2月17日

简析

这是一份商洽函。正文简要交代了原因、目的，以商量的语气提出希望对方支持帮助的事项，并表达盼望答复之意。"贵院""请函复为盼"一类具有谦敬意味的词句，体现了商洽函的语体特征。全文事项明确，行文简洁，语气恰当，谦和有礼。

例文二

关于商租商场一事给××超市总公司的复函

上海××超市总公司：

贵公司《关于商租××商厦五楼的函》（沪×超函〔2023〕6号）收悉，经研究，现答复如下：

贵公司欲租我商厦五楼闲置的楼面开设超市，这是方便顾客购买商品，有利于盘活我商厦闲置资源、扩大我商厦经营规模与商品种类的好事，本商厦欢迎贵公司来我商厦五楼开设超市。具体租金请贵公司来人面洽。联系人：×××　电话：××××××××

特此函复

上海××商厦（印）
2023年3月9日

简析

这是答复对方商洽事项的函。标题在事由之后写出了来函机关的名称，以表明回复的对象，文种写明"复函"。正文开头引述对方来函标题及发文字号，以作复函缘由，继而用"经研究，现答复如下"一语过渡到事项部分。事项部分先概括对方来函所商洽之事及意义，既是对来函的回应，又表达了自己的态度。紧承这句，做出"欢迎"合作的表态，并提出面谈要求，告知了联系人及电话。最后使用"特此函复"作结，文章针对性强，态度诚恳友好，表述严谨，行文规范。

例文三

关于请求解决我县枯水期用电指标的函

××市供电局：

去年以来，我县利用本地水力资源发展小水电，每年丰水期输入国家大电网的电达3000至6000万度，每度电价0.30元。而枯水期我县则严重缺电，以每度电价0.70元购进1500万度电，仍然不能保证城镇居民生活用电，目前有几间水泥厂、糖厂因缺电已停产。为此，我县请求从今年起在每年11月1日至次年3月31日枯水期内，每天能支持配送我县基数电10万度。

可否，请函复。

××县人民政府（印）
2023年8月20日

模块三　党政公文

> **简析**
>
> 这是一份请批函。市供电局是业务管理部门，由于县人民政府与市供电局没有隶属关系，因此，请求解决用电指标用函行文而不是请示。
>
> 正文开头写请批的缘由，直陈自去年以来我县为国家电网输入的电力数额及价格。这不仅说明了本县为国家做出的贡献，而且使这一情况与枯水期我县外购电力及费用形成对比。然后表明即便高价外购也难以解决枯水期居民用电短缺和企业停产的局面。这样，便把请求配给基数电的理由说得入情入理，充分可信。为便于审批，文章将请求配给基数电的时间、数额也写得明确具体，在陈述要求的关键处正确地使用了"请求"二字。文章语言得体、言简意赅、理据充分。

写作指南

一、函的格式及内容

制发公文函，通常不采用公文基本格式，而是按照《格式》所规定的"信函格式"制作。另外，函的发文字号要标明文种，即在机关代字后要写一"函"字，表明其序号按"函"字系列排序，不与其他发文相混合。如"国办函〔2023〕5号"。

函的基本组成部分为标题、主送机关、正文、落款。

1. 标题

（1）发函　一种是完全式，如《国务院办公厅关于羊毛产销和质量等问题的函》等。也可以采用省略发函机关名称的省略式，如《关于请求批准××市节约能源中心编制的函》。

商洽函和请求批准的函，在标题中的"关于"之后，可酌用"商洽""商请""请求""商聘"等词语表明用途，如《关于商借多媒体教室的函》。

（2）复函　同样可采用完全式和省略式标题，但文种一定要写成"复函"，如《国务院办公厅关于同意××大学和××大学合并组建新的××大学的复函》。还可以在事由之后写明来函机关的名称，如《××大学关于接受8名数学教师进修事宜给××中学的复函》。

2. 主送机关

函的主送机关，是不相隶属机关。

3. 正文

函的正文由缘由、事项、结语三部分组成。

（1）缘由　发函，说明发函的根据、目的、原因等。

复函，先写明复函引据，即引述对方来函的标题、发文字号。惯用写法是："你（贵）×《关于××××的函》（××函〔××××〕×号）收悉。"有时还可写出来文时间，如"贵厂3月7日来文《关于××××的函》（×厂函〔2023〕10号）收悉。"然后使用过渡语引出事项部分，如"经研究，现函复如下"或"现函复如下"。

（2）事项　发函应将商洽、询问、告知或者请求批准的事项具体简洁地陈述。

复函针对发函的事项进行答复。其中，答复请批事项的函用"同意""原则同意""不同意"等词语明确答复，如果不同意或不完全同意对方请求事项，应说明政策依据或理由，并提出如何处理的建议。

（3）结语　发函常用"专此函达，请予函复""可否，请函复""盼复""如无不妥，请予批准"等期请语。

复函常用"特此函复""专此函复""专此函告"等惯用结语收束。

函不使用"此致敬礼""祝工作顺利""谢谢合作"等作结语。

4.落款

与一般公文落款写法相同。

二、写作注意事项

1.注意请批函与请示、批复的区别

向有隶属关系的上级机关请求指示、批准事项用请示，上级机关答复下级机关的请示用批复；而向没有隶属关系的有关主管部门请求批准事项，则用请批函，主管机关答复请批事项，用请批函。

2.语气谦和

不论什么类型的函，用语都需注重谦和有礼，尊重对方。适当使用谦词、敬词，如称对方常用"贵"。对主管部门要尊重、谦敬，对平级单位要友善，对级别低的单位也要平和不生硬，不使用命令性的语言。

3.事项单一

函的行文必须一文一事，不能一文数事。

4.简易事务可用便函

用于公务活动的函有"公函"与"便函"之别。公函指《条例》中规定的"函"，属于正式公文，要严格按公文格式制作，标注发文字号，加盖机关单位正式印章。便函用于商洽一般性事务，不属法定公文，不编发文字号，可用公用稿笺纸，加盖办公部门的公章即可。

技能实训

一、指出以下公文中的错误并改正：

关于××市第七变压器厂
抓紧归还劳动服务公司借款的函

市第七变压器厂：

你厂于2022年1月，从我厂借去资金三万元，作为你厂劳动服务公司开办费，当时双方讲好年内一定偿还。目前已经是2023年1月了，我厂正在编制去年的财务决算，为使我们能及时搞好各类款项的清理结算，要求你厂务必将所借之款于二十日前归还我厂，切不要一拖再拖,给我厂财务工作的顺利进行带来不应有的困难。

  谢谢!

××市第一变压器厂
2023.1.10

二、完成开头设置的任务。

模块四 事务文书

　　事务文书是机关、团体、企事业单位和个人在处理日常事务时用来交流沟通、传递信息、安排工作、总结得失、研究问题的实用文体。事务文书可用于公私事务,在日常的工作、生活、学习中使用广泛,具有作者的广泛性、内容的实效性、一定的程式性、较强的时限性等特点。事务文书的写作没有公文那样严格的规定,但也有着约定俗成的写法和要求。事务文书种类繁多,本模块介绍常用的几种。

学习目标

 一、知识目标

了解事务文书的特点。
掌握条据、电子邮件、微博、启事、申请书、计划、总结、述职报告的写作格式、内容,领会其写作要求。

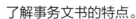 二、能力目标

能根据实际情况写出格式规范、内容合理、表达清楚明确、语气恰当的文章。
具备一定的交流表达、解决问题的能力。

 三、素质目标

培养对人对事认真负责的态度,树立简洁朴实的文风。

任务一　条据

任务设置

李青是江华职业学院即将毕业的大学生，6月13日，他接到前些天应聘的华盛科技有限公司的电话通知，要他第二天上午去参加面试。他给班主任苏林老师请假后去参加了面试，返回时在打工的味轩快餐店结清了课余打工三个月的工资5100元，老板要求他写张收条。请以李青的名义写请假条和收条。

知识探究

一、条据的概念

人们在日常工作、学习、生活中，彼此之间为处理财物或事务往来，写给对方的作为某种凭证或说明的字条。

二、条据的特点

1. 单一性

条据主题明确，通常是一文一事，内容单一。

2. 简便性

条据直截了当地写明需要对方了解或办理的事项，交代清楚必要信息，简明扼要，篇幅短小。

三、条据的种类

1. 凭证类条据

作为证据、凭证，具有法律效力。主要有借条、欠条、收条、领条、发条等。

借条是向公家或私人借钱物后写给对方的凭证。由借出者保留，通常在对方还清钱物时应归还或销毁借条以示作废。若确属因故不能归还借条，可开具收条交与对方作为凭据。

欠条是下列情况下写给对方的凭证：一是借了个人或公家的财物，未能如期归还或不能全部归还；二是借了个人或公家的钱物，当时未写借条，事后补写凭据；三是购买物品或交付款项时不能支付或完全支付款项。

收条是收到对方钱物时给对方开出的凭条。

领条是到仓库或其他有关部门领东西时写给对方的。

发条是个人或单位在出售产品、货物时,由于无法及时开具发票,而写给顾客的作为提货凭据的一种条据。

2.说明类条据

用于告知对方某个信息、说明某件事情或情况,只起说明告知的作用,不具法律效力。主要有便条、留言条、请假条。

便条是托人办事、告知情况,相约等写给别人的条子;留言条用于拜访联系别人未遇,或事先与人相约但因故未能相见,或外出有话要留给他人,或转达他人之话等;请假条用于因某种原因不能参加某项工作、学习、活动等而向领导、老师、组织者或单位说明情况。

范文示例

例文一 收条

收　条

今收到鹏达商贸公司赠与我校的联想××××型台式电脑贰台、联想××××型黑白打印多功能一体机壹台及电脑桌贰张。

此据

××市精才职业学校(印章)

经手人:张小伟

2023年3月2日

例文二 收条

收　条

今收到李小飞(身份证号:××××××××)归还的2022年8月10日购房借款人民币伍万元整(¥50000元),付款方式为银行卡转账,收款账号:××××××,收款人:张欣,至此双方债务结清。因借条遗失,无法归还借条,故写此收条为证。

此据

收款人:张欣(签字按印)

身份证号:××××××××

2023年2月10日

模块四　事务文书

例文三　借条

借　　条

　　因部门举办员工文艺晚会需要，今借用厂工会××牌××型音箱壹对，××牌××型电子琴壹台，约定于2023年3月13日归还。

　　此据

××厂生产部
经手人：李小林
2023年3月10日

例文四　借条

借　　条

　　为购买房产，今通过微信收款借到好友张三（身份证号：××××××××）人民币壹万元整（￥10000元），年利率5%（百分之伍），定于2023年4月10日本息一并归还。若借款人逾期未归还借款，则按当期一年期贷款市场报价利率（LPR）的4倍（肆倍）计付逾期利息。

　　如借款人违约，出借人为维护自身权益向借款人追偿而产生的一切费用（包括但不限于律师费、诉讼费、保全费、交通费、差旅费、鉴定费等等）均由借款人承担。

　　各方身份证载明的地址可作为送达催款函、对账单、法院送达诉讼文书的地址，因载明的地址有误或未及时告知变更后的地址，导致相关文书及诉讼文书未能实际被接收的、邮寄送达的，相关文书及诉讼文书退回之日即视为送达之日。

借款人：李四（签字按印）
身份证号：××××××××
微信号：××××
联系电话：××××××
2022年4月10日

　　本人王五作为一般责任保证人对借款人李四上述借款债务承担一般责任保证，保证期间为上述债务履行期限届满之日起六个月。

保证人：王五（签字按印）
身份证号：××××××××
2022年4月10日

　　附件：
　　1.借款人身份证复印件（借款人签字确认）；
　　2.保证人身份证复印件（保证人签字确认）。

例文五 欠条

欠 条

本人于2021年12月25日向张林（身份证号：××××××××）借款人民币伍万元整（¥50000元），今归还叁万元整，尚欠人民币贰万元整（¥20000元），准于2023年6月25日前还清。逾期不付，则按月利率1%（百分之壹）支付利息。

如债务人违约，债权人为维护权益向债务人追偿而产生的一切费用（包括但不限于律师费、诉讼费、保全费、交通费、差旅费、鉴定费等等）均由债务人承担。

双方身份证载明的地址可作为送达催款函、对账单、法院送达诉讼文书的地址，因载明的地址有误或未及时告知变更后的地址，导致相关文书及诉讼文书未能实际被接收的、邮寄送达的，相关文书及诉讼文书退回之日即视为送达之日。

欠款人：×××（签字按印）
身份证号：×××××××
联系电话：××××××
2022年12月25日

附件：
欠款人身份证复印件（欠款人签字确认）

简析

上述五张条据均属于凭证条据，分别写清了收、借、欠行为发生的时间，涉及的对象，钱物的数量等。钱物数量应使用汉字大写，其中借条欠条还写清了原因、归还日期、涉及金额较大的还约定了关于追债和诉讼事项等法律相关内容。若凭证条据需要担保人或见证人，则担保人应签名并写明担保的具体责任及担保期限，见证人也应签名。上述条据要点齐全，表达严谨规范，充分体现了其凭证作用。

例文六 便条

李丽：

因我父亲中风住院需要照顾，请你下午替我去市质检站取我公司工作服质检报告，谢谢！

张 英
2022年8月6日

例文七 请假条

请假条

赵处长：

因家中有急事需处理，特向您请假贰天（3月4～5日），请予批准。

此致
敬礼

龙　洋
2023年3月4日

∴ 例文八 ∴　请假条

请假条

李老师：
　　我因腹泻呕吐，经医生诊断为急性胃肠炎，不能坚持上课，特请假两天（12月8日至9日），请予批准。
　　此致
敬礼
　　　附：医生证明

2022级应用化工班　张成
2022年12月8日

∴ 例文九 ∴　留言条

各位顾客：
　　我因临时有事外出，联系业务者请打我的电话×××××××××。

赵　峰
2023年5月17日上午11点

简析

　　上述三张条据属于说明条据，分别写清了需向对方交代或说明的事项。其中请假条写清了请假的原因、具体期限与起止日期，留言条写明了具体留言的时刻。内容清楚明确，语言简洁。

写作指南

一、条据的格式及内容

（一）凭证类条据

1. 标题

标题居中。一般用条据的种类"借条""欠条"或"领条"等作标题。

062　　应用文写作

2.正文

常用"今借到""今领到""今收到"等开头，写清涉及的钱物名称、型号及数量等，借条欠条需写明借、欠款原因及归还日期。归还日期的写法一定要有明确具体的实质性限制，如"××××年×月×日归还"。又如"半月内归还"不能写成"半月后归还"。

涉及钱物的数字必须使用汉字大写，数字前不留空白。金额前写明币种（如人民币），若金额以元结尾，应在后面写上"整"或"正"字以防添加或涂改。

由于凭证条据具有法律效力，故在写作时尤其需要谨慎。现实生活中关于借条和欠条的纠纷时有发生，借条和欠条除了写清借款或欠款的原因、数额、归还期限、双方个人信息等，还要约定关于追债和诉讼事项等法律相关内容。力求写得严谨、规范，尽量避免纠纷和损失。

3.落款

包括署名和日期。署名亲笔签真实姓名。如果是单位名义，除写明单位名称外，还应写明经办人姓名。

（二）说明类条据

1.标题

标题居中。请假条有标题，留言条、便条一般省略标题。

2.称呼

称呼顶格写，后加冒号。

3.正文

一般应根据实际需要写清原因、时间、具体事情或有关要求等。正文结尾酌情写结束语，如"此致敬礼""谢谢"等用语。

4.落款

包括署名和日期，留言条还可写明留言的时刻。

二、写作注意事项

① 条据要及时写作，尤其是凭证条据，避免误事或事后引发纠纷。

② 内容要写全。一是要交代清楚四项要素，即写给谁（或涉及谁），什么事情，谁写的，什么时间写的。二是正文中涉及事项的必要内容不能有遗漏，如借、欠条中的归还日期，请假条中的请假原因、起止时间（请假天数）等。

③ 条据中的文字一般不能改动，如确需改动，须在涂改处加盖印章。

④ 表述要明确具体，意思明白无歧义，日期必须写正确有效的具体日期。

⑤ 使用蓝色或黑色钢笔、签字笔书写，字迹端正、清楚。

三、借条与欠条的区别

1.性质不一样

借条：借条证明借款或借物关系，强调的是"借"这种行为。

欠条：欠条是对以往双方经济往来的一种结算，表明自欠条形成之日起双方之间形成的一种债权债务关系。强调的是"欠"这个结果。

2.形成原因不同

借条形成的原因是借贷，即债权人将钱借给债务人。

欠条形成的原因很多，它可以因借贷、买卖、劳务产生、租赁、赔偿等产生。

3.当事人举证要求不同

借条持有人只需向法官陈述借款的事实经过即可，对方要抗辩或抵赖一般很困难。

欠条的举证比借条更复杂。欠条持有人必须向法官陈述欠条形成的事实，如果对方对此事实进行否认、抗辩，欠条持有人必须进一步证明存在欠条形成的事实。

4.诉讼时效不同

（1）约定了还款期限的借条和欠条

诉讼时效计算的方法是一样的，都是从还款期满起算3年。

（2）未约定还款期限的借条和欠条

借条的出借人可以随时主张权利要求对方还款，一直没主张权利的，诉讼时效最长20年。但是如果出借人向借款人主张权利了，则诉讼时效从主张权利开始起算3年。

欠条的诉讼时效是欠款形成之日起算3年，不论债权人是否主张权利。

当然，超过诉讼时效的借条、欠条并不是无效了，只要借条欠条是合法的，借款欠款关系真实存在，持条追债就有理有据。但超过诉讼时效的债务会变成不受法律强制力保护的自然债务。

欠条与借条虽然只有一字之差，但权利人在寻求法律保护时情况却大不相同。关于借条和欠条的纠纷时有发生，我们在日常经济交往中一定要谨慎，分清欠条与借条的不同，正确使用借条和欠条，更好地维护自己的权益。

技能实训

一、改正下列条据中的错误。

1.

请假条

张老师：

　　因我这几天有事，要请假三天。谢谢！

李　钢

2.

借　条

今借到张晓刚650元，3天后归还。

不胜感激！

李　华

3.

领 条

今领到计算器一个。
此据

王 力
2023年4月9日

二、完成开头设置的任务。

任务二 电子邮件

任务设置

"李女士,您好。我是华新培训公司的陈老师,冒昧打扰,敬请谅解。我公司首席讲师有着丰富的实践经验,如果有需求,请联系。"这是刚到华新培训公司工作不久的业务员陈东给客户写的一封电子邮件,没有主题,没有落款,没有联系电话,没有业务内容的介绍。看了之后让人哭笑不得。华新培训公司是一家专业从事营销培训的公司,请你帮助陈东写一封正确的电子邮件。

知识探究

一、电子邮件的概念

电子邮件又称电子信箱(英文名E-mail),是一种用电子手段提供信息交换的通信方式。通过网络的电子邮件系统,传送信件、单据、资料等信息,电子邮件可以是文字、图像、声音等各种方式。

二、电子邮件的特点

1.方便

使用电子邮件足不出户就可以和远在万里之外的其他人通信。电子邮件存在Internet上,无论是在家里还是办公室,或者出差在外,只要您能连上Internet,都能随时接收和发送邮件。

模块四 事务文书　065

2.快捷

在网络通畅的情况下,电子邮件通常在数秒钟内即可送达全球任意位置的收件人信箱中,如果接收者在收到电子邮件后的短时间内作出回复,往往发送者仍在计算机旁的时候就可以收到回复的电子邮件,双方交换一系列简短的电子邮件就像一次次简短的会话。

3.廉价

电子邮件传送信息的费用比其他方法包括传真、电话以及通过邮局传送邮件的费用要低,尤其对需要国际间联系的用户更是如此。

4.信息多样化

电子邮件发送的信件内容除普通文字外,可以是图像、声音、动画、各类多媒体信息,还可以是软件、数据等。

5.交流对象广泛

使用电子邮件可以很方便地与更多的人进行通信。同一个信件可以通过网络极快地发送给网上指定的一个或多个人员。

三、电子邮件的分类

按适用范围分,可分为公务邮件、商务邮件和私人邮件。按写作目的或内容分,可分为联络类、应酬类、告知类、商洽类等。

范文示例

∴ 例文一 ∴

主题:××公司产品报价

陈经理:

您好!

很荣幸能够代表我公司与您联系。我是××公司的销售经理张文生,今天将您所感兴趣的我司产品报价及相关介绍发送给您,请您查阅。

如果邮件中有不清楚的地方或者需要我们提供任何帮助,请您联系我。

电话:×××××××× 手机号:×××××××××

恭祝商祺!

张文生

2023年4月9日

简析

这是一封介绍产品的商务邮件。收件人从主题栏便可知晓邮件类型和内容,全文格式规范,语言简洁,礼貌得体,从信中你可以感受到该公司员工的高素质。

例文二

主题：会议邀请

尊敬的杨先生：

您好！

我省每年一届的企业人力资源交流会议定于6月28日（星期五）上午9：00在临江饭店举行，为期一天。您作为申达公司多年的人力资源总监，是从事企业人力资源研究的专家，我们真诚地邀请您在会议上作60分钟的发言，建议发言内容为员工的年终考核工作。晚上7：00—8：00，会议将安排酒会，便于各位专家交流。

衷心希望您能接受这项邀请，期待您的答复。

会议联系人：张力　联系电话：××××××

谨祝夏安！

省企业人力资源研究中心主任：××
2023年5月20日

简析

这是一封联系事务的公务邮件。文中事项交代清楚，安排周到，语言礼貌热情，充分体现了对被邀请者的真诚和尊重。

写作指南

一、电子邮件的格式及内容

撰写邮件有三种情况：写邮件、回复邮件、转发邮件，其格式主要由邮件头、邮件体、附件构成。

1. 邮件头

相当于传统邮件的信封，主要包括收件人、发件人和邮件主题。

（1）收件人　指传送信息的对象。同一封邮件可以发给一个收件人，也可以同时发送给多人。当你需要同时发给多个收件人时，还可以根据需要使用抄送或密送。

发送邮件前，应确认收件人地址和发送方式是否正确，以免错发邮件。

（2）发件人　发件人由系统自动添加显示。

（3）主题　主题是邮件的"身份标识"，它是给别人的第一印象，是收件人决定是否阅读、保存以及今后分类、查找的依据。一封信尽可能只针对一个主题，便于日后整理。

主题要以简短的语言概括邮件内容，清晰明确，一目了然，使收件人看到主题就知道邮件的内容，面对客户的商务邮件主题最好能包含公司的名字。主题要有实质性内容，如"合作建议""××公司产品目录"等，切忌使用含义不清或无实际内容的标题，如"王先生收""嘿！"或是"收着！"。

主题中尤其要注意不可出现错别字。

2.邮件体

相当于传统邮件的信纸，遵守书信写作的格式，称呼、问候和结尾祝颂语要写得恰当。正文内容明确、简明扼要，避免长篇大论。如果带有附件，可在邮件正文中对附件内容进行提示。

（1）称呼与问候　邮件的开头第一行顶格写称呼。如果对方有职务，应按职务尊称对方，如"×经理"。如果不清楚职务，则应按通常的"×先生""×小姐""×女士"称呼。然后另起一行空两格写"您好"或"你好"等问候语。

（2）主要内容　写告知或回复对方之事。应简洁易懂，让收件人快捷地了解你的意图，把握主要内容，提高沟通时效。内容安排原则：要事第一，结论在前，分析在后。如带有附件，应在正文里对附件做一定说明，提示收件人查看附件。如果内容较多或事情复杂，可分段或使用序号分别说明。

（3）结束语　一般独立成行使用祝愿语，可根据对方身份、双方关系、时令季节等选用恰当的祝福语，如"祝您顺利""工作愉快""致礼""顺祝商祺""春节愉快"等。

（4）落款　写署名及日期。署名也可采用预先设置好的签名档，签名档可包括姓名、职务、部门、单位、电话、传真、地址等项目。

3.附件

附件是邮件中需要对方接收的文件，可以是文本、图片、声音、视频等多种文件形式。邮件如有附件，应使用合适的文件名概括附件的内容，便于对方知悉、下载和管理。

二、写作注意事项

1.主题要明确

通常人们会根据主题判断邮件的重要性，主题应尽量写得明确。

2.简洁明晰

由于电子邮件相当方便，因此很多人可能每天要处理大量的电子邮件。邮件内容简洁易懂，才能让收件人尽快了解您的表达意图，提高工作效率。

3.信息交代完整

同一内容尽可能在一封邮件中交代完整信息，不要几分钟之后再发"补充"或者"更正"之类的邮件，这会让人反感。

4.语言礼貌得体

使用恰当的称呼和问候、祝愿语等，根据收件人与自己的关系、熟悉程度，选择正确的语气，多使用请、谢谢等词语。商务、公务邮件应注意正式、庄重。

5.避免错误

邮件发送前应仔细阅读一遍，检查收件人、抄送人、主题、所添加的附件等是否正确无误；检查正文内容是否清晰合理，行文是否通顺，标点符号是否遗漏，有无错别字等，这是对别人的尊重，也是自己认真态度的体现。

技能实训

一、指出下面这封邮件的问题并改正：

主题：开会

> 周明你好！
> 　　我想提醒你下星期我们有个会。请告诉我你有没有其他问题！
> 　　祝好！
>
> 谢才良

二、完成开头设置的任务。

任务三　微博

任务设置

刚刚踏入大学校门，你开始了自己崭新的大学生活。面对陌生的学习和生活环境，亲切的新老师和友好的新同学，你是既兴奋又好奇。晚上，你躺在自己宿舍的床上，打算将今天所见所闻所感写成微博发在互联网上，与亲朋好友们分享。

知识探究

一、微博的概念

博客，又译为网络日志，是一种通常由个人管理，不定期发表、转载文章的网站。

微博是一句话博客，即"微型博客"，每篇能输入140字，它可以将您生活中看到的、听到的、感受到的第一时间记录下来，内容可以是现场记录、独家爆料、心情随感等。

二、微博的特点

1.短小精悍

因为每篇通常不超过140字（包括标点符号），所以要求语言精练简洁。

模块四　事务文书　069

2. 互动性强

如果您的朋友在微博里关注了您,那么您新发的微博会即时显示在对方的微博首页里,您的"粉丝"将在第一时间里了解到您的动态。

3. 广播式

微博是公开的信息,谁都可以浏览。

4. 及时性

如果你想了解一分钟之前或者现在正在发生的事情,最好的办法就是上微博,微博上的消息快速及时,一般比较大的事件微博上都有,也能搜索到自己想了解的信息。

三、微博的种类

微博一般有两种,一种是以文字为主配图为辅,另一种是以图片为主文字引导。

范文示例

例文一

重庆13岁男孩种地养家照顾患精神病爸爸

13岁的晓川,家住海拔1030米的群峰之间,破屋四面透风,服侍着有精神病的爸爸,还要种5亩地,他用稚嫩的双肩撑起全家。上学往返需5小时,老师说他极少迟到,从未旷过课,他有一种执着和坚韧的精神。成绩优异,人穷志不穷。

简析

这是一篇记人叙事的微博,文中仅用了一百多字,却写出了13岁男孩身处困境,仍自强不息的精神。语言精练,内容清楚明白。

例文二

人生三种关系:人和自然,人和人,人和内心,现在我们把所有时间都花在了人的关系上,导致心灵迷茫苦闷。回想自己的生活,确实把所有时间花在了人际关系上,没时间融入自然,更没时间和内心对话,内心的宁静感幸福感无迹可寻。应该争取把时间分成三份:一份给自然,一份给内心,一份和人相处。

例文三

人生在世,注定要受许多委屈。而一个人越是成功,他所遭受的委屈也越多。要使自己的生命获得价值和炫彩,就不能太在乎委屈,不能让它们揪紧你的心灵、扰乱你的生活。要学会一笑置之,要学会超然待之,要学会转化势能。智者懂得隐忍,原谅周围的那些人,宽容中壮大自己。

简析

例文二、例文三没有标题，形式自由，是作者随手用微博来记录自己对生活中点滴事的感受，字里行间充满了人生哲理。

例文四

南风法则

北风和南风比威力，看谁能把行人身上的大衣脱掉。北风首先来了一阵冷风，寒冷刺骨，结果行人把大衣裹得更紧；南风则徐徐吹动，让行人感觉温暖如春，继而脱掉大衣。这告诉我们：温暖胜于严寒。在工作生活中，要多点人情味，多帮助解决实际困难。人非草木，孰能无情？爱人者，人恒爱之。

简析

这篇微博先讲述了一则寓言故事，然后结合现实生活，谈了自己对这则寓言故事的感受。此文短小精悍，夹叙夹议，有感而发。

写作指南

一、微博的格式及内容

一般来说，微博内容可以分为开头、中间、结尾三部分。

1. 开头

微博的开头第一句话非常重要，要足够吸引人。

2. 中间

中间要清晰、有条理。

3. 结尾

结尾要突出重点，可以用一些醒目的字眼再次点题，也可以写一句互动性的话，提出问题让大家思考，或者诱导大家转发、评论。

总之，微博第一句就像标题，吸引读者注意；最后一句就像结论，引发读者思考。

二、写作注意事项

① 语言要简短，言简意赅，清晰准确。不要每次都强求把140个汉字用完，最好是一条微博表达一个完整的信息，或一条微博讲一个故事，不要把无关的内容都塞进来。

模块四 事务文书

②发出微博前，一定要将所写的内容再检查一遍，谨防有错别字、表达不清或有疏漏。

③如果内容是那种需要大家帮助的，比如慈善类的，那最好缀上"请帮忙转发"，或者"请帮忙"等字样提醒大家注意。

④如果要表达的内容较多，可以用序号将主要观点标记、划分清楚。当然，这一方法只适合理性分析的微博，不适用于感性表述型的微博。

技能实训

完成开头设置的任务。

任务四　启事

任务设置

王华是江华职业学院经管系2022级物流一班的学生。今天早晨，他在学校的篮球场打球时，不小心弄丢了自己的外套和钥匙。中午，团委的老师交给他两个任务：一是为学校播音室招聘两位播音员，二是为校园刊物征集庆祝国庆节的稿件。请你帮王华写三则启事（寻物启事、招聘启事、征文启事）。

知识探究

一、启事的概念

启事是机关、企事业单位、社会团体或个人公开申明某件事情，希望有关人员参与或者协助办理而使用的告知性应用文。

二、启事的特点

1. 内容的广泛性

启事内容可涉及寻物、寻人、招聘、招生、征文、开业、迁址等多项事宜。

2.告知的回应性

启事不同于只是向社会"告知"的声明,它要求通过告知得到社会上广泛的回应,以解决自己需要办理的事宜。

3.参与的自主性

启事不具有强制性和约束力。启事的对象有参与的自主性,可以选择参与或不参与。

4.传播的新闻性

启事通过张贴、登报、广播、电视、网络等各种新闻媒体公开传播消息,对社会公众来说,是广告性消息,具有新闻性质。

三、启事的种类

寻遗类启事:寻人、寻物、寻狗等。
征招类启事:招生、招工、招聘、招领、征文、征婚、征友等。
声明类启事:开业、停业、迁址、喜庆、更名、更正、遗失等。

范文示例

例文一

<h3 style="text-align:center">寻物启事</h3>

3月18日上午10点,本人乘坐611路公共汽车时,不慎遗失一个装有身份证、驾驶证等证件的文件袋。您若拾到请与天宇化工厂机修车间王小明联系,联系电话:××××××××,必有重谢。

启事人:王小明
××××年3月19日

简析

本例文是一则寻物启事。寻物启事要求交待清楚物品丢失的时间、地点、具体特征、联系方式、酬谢说明等,本则启事这五方面交待清楚,且语言简洁规范,格式正确。

例文二

<h3 style="text-align:center">寻人启事</h3>

李林,女,65岁,身高1.6米左右,皮肤较黑,长脸,左眼靠鼻梁处有一黑痣,短发,四川口音。上穿黑白格子茄克,下穿深蓝色长裤,脚穿棕色平跟皮鞋,精神稍有失常。于××××年×月×日上午在××火车站走失。如有知其下落者,请与四川省××市××

公司张俊联系，联系电话：××××××，或与四川省××市××路派出所联系，联系人：赵刚，电话：××××××。定重谢。

×××年×月×日

简析

寻人启事中除了要求交待清楚人走失的时间、地点、联系方式、酬谢以外，还应该具体写出走失者的体貌特征、服饰特点等。

例文三

招聘启事

中新社海外中心，系中国新闻社旗下对海外华文报纸提供新闻版面服务的专设机构，每日编辑传送对开30版，内容涵盖国际国内时事报道、焦点追踪、财经贸易、体育娱乐等，强调新闻冲击力和持续影响力，追求"时效第一、原创第一、读者第一"的目标。海外中心现因事业发展需要，进行新一轮招聘，希望业界青年才俊加盟。

一、新闻记者编辑（6名）

应聘条件：

1.男女不限，户籍不限，年龄在30岁以下，条件优异者可适当放宽；

2.需大学本科或以上学历，专业不限；

3.有两年以上新闻从业经验，具对外报道经验者优先；

4.具较好的英语读写及编译能力；

5.需熟练掌握基本电脑技能。

二、文学副刊编辑（1名）

应聘条件：

要求具有扎实的文字功底，具有文学作品鉴赏能力，在文学界有广泛人脉者优先。

三、行政财务助理（1名）

应聘条件：

年龄30岁以下，女性，大专以上相关专业学历，具从业经验者优先。

凡符合上述条件之应聘者，请将详细简历、个人照片、求职文件投递至：100037，北京市西城区百万庄南街12号中新社海外中心，封面请注明"应聘"。或将详细简历、个人照片、求职文件传送至：××××@chinanews.com.cn

联系电话：××××××

请务必注明有效联络方式，以便通知安排面试。

接受应聘资料时间截止至××××年×月×日。

中新社海外中心

××××年×月×日

（摘自中国新闻网，略有删改）

简析

本则启事首先介绍了招聘单位的性质以及基本经营状况,紧接着写出了招聘的岗位、人数、对应聘者的要求(包括性别、年龄、学历、专业、工作经历等),最后写了需要准备的个人资料、报名办法、招聘单位地址、电话、网址。该启事层次分明,格式正确,让人读后清楚明白。

例文四

征文启事

为大力弘扬中华民族传统美德,教育引导青年学生孝敬父母,尊敬师长,尊重他人,感恩社会,学院团委、树苗文学社联合举办"学会感恩共创和谐校园"主题征文活动。

一、征文内容:

以"学会感恩"为主题,既可以表达对父母、亲人、老师、朋友等的感恩之情,对生命对人生的感悟,也可以从其他角度真实生动地反映大学校园生活,展现我院学生积极向上的精神风貌。

二、征文要求:

1.题目自拟,体裁不限。

2.字数300~800,诗歌除外。

3.必须为原创,不得抄袭。

三、投稿方式:

1.请将电子版来稿寄至电子邮箱××××××@sina.com。

2.来稿请在末尾注明作者姓名、班级、联系方式。

3.投稿截止日××××年×月×日。

四、评选办法:

投稿作品经过初评、复评后,选出一等奖1名,二等奖2名,三等奖3名,优秀奖若干名,将其作品发表在学院《树苗》校刊上,并向作者颁发奖状及奖金。

我们热切期待着同学们踊跃撰稿积极应征!

×××学院校团委

×××学院树苗文学社

×××年×月×日

简析

本文是一篇征文启事,它首先交待了征文的目的,随后写明了征文的内容、要求、投稿方式以及征文奖励办法,最后它使用了欢迎应征的礼貌用语。本启事内容交待清楚,有条理,让人看后清楚明白。

例文五

××烘焙店开业启事

本店定于2023年5月1日隆重开业，主要经营蛋糕、面包、西饼系列，精选安全健康食材，采用传统工艺，新鲜现烤，品种丰富。

开业优惠：5月1日至3日实施7折优惠

营业地址：××区××路××号

营业时间：9：00—23：00

敬请顾客届时光临惠顾！

2023年4月15日

简析

本启事写清了开业店铺的名称、开业时间、营业地址与时间、经营的范围等，重点突出了其特色优势及开业期间的优惠办法。由于标题中已写明店铺名称，故落款时可不再署名。启事语言简明扼要，表达清楚。

写作指南

一、启事的格式及内容

1. 标题

直接写"启事"或加上启事的内容，如"招聘启事""开业启事"等。也可以由启事机关单位的名称和事由组成，如《××公司电脑培训班即日起开始报名》。也可只写启事内容，如《征婚》。

2. 正文

正文的内容一般要求写清楚启事的具体事项，具体包括发出启事的目的、意义，办理启事事项的方式、方法、要求等内容。

不同的启事着重写的内容不同。如寻物启事，要简明、准确地介绍丢失物品的时间、地点、名称、数量、特征等项内容，失物的特征要写得详细、具体，其中包括物品的形状、质地、色彩、记号等；寻人启事，要交待走失的原因、时间、地点及体貌特征、服饰特点等；招聘启事正文应介绍招聘单位的性质、所在城市、地理位置及企业的基本经营状况，招聘的岗位，应聘者的条件（性别、年龄、学历、专业、工作经历等），应聘者的工作待遇、优惠条件，报名办法，需要准备的个人资料，招聘单位名称、地址、电话、联系人、网址等。

正文部分的写法比较灵活，可以分段，也可以不分段说明；可以标序列述，也可以分层次列小标题分述。

3. 结尾

一般写明企业名称、联系地址、电话、联系人姓名、日期等。

二、写作注意事项

① 不同的启事，写法不尽相同，形式应该为内容服务。
② 表述要简洁、明确、直截了当。
③ 要恰当使用礼貌用语。

技能实训

一、改正下列启事中的错误：

启　示

我是2022级物流一班的李小华。昨天，我在第一教学楼二楼走廊上拾到一个红色钱包，里面装有165元。请失主来认领。

2022级物流一班：李小华

二、完成开头设置的任务。

任务五　申请书

任务设置

江陵职业学院自动化专业毕业生李宏前年大学毕业，今年想自主创业，开办一家家用电器维修店，修理电视机、电冰箱、洗衣机等。请你以李宏的名义向江陵市工商行政管理局写一份申请书。

知识探究

一、申请书的概念

申请书是个人或集体向组织、机关、单位或社会团体表述愿望、提出请求时使用的一种文书。

二、申请书的特点

1.请求性
申请书的目的是表达自身愿望和要求，语言质朴、诚恳。

2.单一性
申请书内容单一明确，一份申请书只表达一个愿望或提出一个请求。

三、申请书的种类

1.按内容分类
要求参加某种组织的申请书。如入党申请书、入团申请书、加入社团的申请书等。

要求解决问题的申请书。如工作调动申请书、住房申请书、困难补助申请书等。

要求某种权利的申请书。如入学申请书、专利申请书、商标注册申请书、开业申请书、转正申请书等。

2.按形式分类
按形式分，有文章式申请书和表格式申请书两种。表格式申请书一般按照表格既定项目填写即可，本书介绍文章式申请书的写法。

3.按申请者分
按申请者分，有个人申请和集体申请。

范文示例

例文一

转正申请书

尊敬的领导：

　　我于2022年3月12日成为公司的试用员工，到2022年9月12日试用已满6个月，根据公司的规章制度，现申请转为公司正式员工。

　　作为一名应届毕业生，初来公司，我曾经很担心不知该怎么与人共处，该如何做好工作，但是公司宽松融洽的工作氛围、团结向上的企业文化，让我很快完成了从学生到职员的转变。

　　半年来，我先后在公司生产部、成本部、技术部和办公室学习、工作过。各部门领导和同事的耐心指导，使我在较短的时间内适应了公司的工作环境，也熟悉了公司的整个操作流程。

　　在本部门的工作中，我一直严格要求自己，认真及时做好领导布置的每一项任务，同时主动为领导分忧。专业和非专业上不懂的问题虚心向同事学习请教，不断提高充实自己，希望能尽早独当一面，为公司做出更大的贡献。当然，初入职场，难免出现一些小差小错需领导指正，但前事之鉴，后事之师，这些经历也让我不断成熟，在处理各种问题时考虑得更全面，以杜绝类似失误的发生。在此，我要特地感谢部门的领导和同事对我的入职指引和帮助，感谢他们对我工作中出现的失误的提醒和指正。

经过这六个月的学习，我现在已经能够独立处理简单的业务，整理部门内部各种资料。当然我还有很多不足，如处理问题的经验有待提高，团队协作能力也需要进一步增强，需要不断继续学习以提高自己的业务能力。

这是我的第一份工作，这半年来我学到了很多，感悟了很多。看到公司的迅速发展，我深深地感到骄傲和自豪，也更加迫切地希望以一名正式员工的身份在这里工作，实现自己的奋斗目标，体现自己的人生价值，和公司一起成长。在此我提出转正申请，恳请领导给我继续锻炼自己、实现理想的机会。我会用谦虚的态度和饱满的热情做好我的本职工作，为公司创造价值，同公司一起展望美好的未来！

　　此致
敬礼

申请人：杨剑涛
2022 年 9 月 12 日

简析

本文首先明确提出转正的请求，然后概述了实习以来的学习工作情况、具备的业务能力和自己的认识体会，表明自己对成为公司正式员工，为公司出力的热切期望。最后再次提出申请，表明被批准后的决心。全文申请事项明确、理由充分合理，既展示出自己认真工作取得的收获与进步，又表达了真诚的感谢之情，态度热情朴实，语言礼貌得体。

例文二

<h3 style="text-align:center">复学申请书</h3>

尊敬的校领导：

　　我是本院建筑工程技术专业 2021 级 1 班的学生刘伟。去年我不慎摔了一跤，造成左腿粉碎性骨折，休学一年。经过一年的治疗和调养，现已痊愈，为了不耽误下学期的课程学习，特提出申请，请求复学。

　　在家休养这一年中，我从未放弃过自己的学习。出院不久，我就给自己制定了学习计划。我让家人把我所有的专业书籍从学校带回家，每天认真学习，还读了不少提高个人修养的书。因此，这一年来，我虽未在校，但并未停止学习。我希望领导考虑让我重新跟原班学习，希望学校对我进行考核后再做决定。复学后，我一定加倍努力学习，回报领导和老师对我的关爱。谢谢！

　　此致
敬礼

申请人　刘伟
2023 年 4 月 12 日

简析

　　本文先写申请复学的原因，提出复学申请事项，然后重点介绍自己休学期间坚持自学的情况，说明自己具备跟原班学习的条件，强调突出了复学跟原班学习的理由，最后再次提出请求，并表明自己复学后更加努力学习的决心。本文态度真诚，语言简洁，重点突出。

写作指南

一、申请书的格式及内容

　　申请书由标题、称谓、正文、结尾、落款构成。

1. 标题

　　居中写标题，有两种写法，一是直接写"申请书"，另一是在"申请书"前加上申请事由，如"入党申请书""工作调动申请书"等。

2. 称谓

　　顶格写接收申请书的单位、组织、机关、团体名称或有关领导的称呼，对领导的称呼前面可加上修饰语如"尊敬的"。如：××公司，××社，尊敬的×校长，尊敬的领导等。称谓之后加上冒号。

3. 正文

　　正文是申请书的主要部分。包括三方面内容：申请事项、申请理由、态度与决心。

　　申请事项要直截了当、清楚明白地提出申请的具体内容。

　　申请理由包括申请的原因、目的，自身具备的条件，有的还需写清自己对申请事项的认识，尤其是申请重要的事项，或者加入重要的组织如入党、入团等。申请理由要充分，表述具体，重点突出。

　　态度和决心应写得诚恳有分寸。

4. 结尾

　　使用惯用语"特此申请，请批准""以上申请，请批准""恳请领导帮助解决""希望领导研究批准"等，也可用"此致敬礼"等礼貌用语。

5. 落款

　　落款署上申请人的姓名和时间。单位申请写明单位名称并加盖公章。

二、写作注意事项

　　① 一书一事，切忌一书数事。

　　② 申请事项要明确，理由要充分合理，实事求是，不能虚夸和杜撰，否则难以得到上级领导或部门的批准。表态与决心要诚恳朴实，不要刻意渲染。

技能实训

一、完成开头设置的任务。
二、完成下面的写作：

> 秦洪是××公司技术部员工。家乡的父母都已70多岁了，体弱多病。父亲今年初因脑中风半身瘫痪，卧床在家。由于家中孩子不在身边，只有母亲一人照顾父亲。秦洪只有一个姐姐，远嫁外省，无力照顾父母。最近，公司准备在秦洪家乡××市设立一个分公司，秦洪打算向公司申请调动到分公司工作，向公司人力资源部写一份申请书。

任务六　计划

任务设置

新的一学期开始了，为了提高自己的学习成绩，你决定制订一份本学期的学习计划。

知识探究

一、计划的概念

计划是单位、部门或个人对未来一定时期的工作、事务预先所作安排、筹划的事务文书。计划是一个大的范畴，工作中常使用的规划、纲要、安排、方案、设想、工作要点、意见等均包括在计划的范畴内。

二、计划的特点

1. 目标的预设性

计划是事前行文，应该对过去的成绩和问题有所总结，对目前工作情况进行中肯的分析，从而预测未来工作发展趋势，科学地预设目标。计划的目标要恰当，若定得过高，难以实现；若定得过低，又不能充分发挥自身潜力，减弱计划的指导、激励作用。

2. 措施的可行性

计划的措施是保证达到计划目标的具体实施操作方式，拟写措施时，一定要注意符合客观实际，具体明确，切实可行，便于操作，避免笼统、含糊、不切实际。

3. 执行的约束性

制定计划，是为了克服工作中的盲目性。企业单位制定的计划，目的在于控制方向、规模、速度，使任务能保质，保量，按时完成。计划一旦成文，就对实践起到控制和约束作用。计划的步骤、措施、要求、时限要写得具体、细致，便于检查督促，对照落实。

三、计划的种类

计划的种类繁多，从不同的角度，可以有不同的分类。

1. 按内容分，有学习计划、生产计划、工作计划、研究计划、财务计划、教学计划、收购计划、销售计划等；
2. 按范围分，有国家计划、系统计划、地区计划、部门计划、科室计划、个人计划等；
3. 按时间分，有周计划、月份计划、季度计划、年度计划、五年计划、十年规划等；
4. 按性质分，有综合性计划、专题计划等；
5. 按效力分，有指令性计划和指导性计划；
6. 按书写形式分，有条文式计划、表格式计划、条文表格结合式计划等。

范文示例

例文一

个人学习计划

上一学年，本人收获颇丰，不仅被班级评为"优秀学生"，还获得学校的三等奖学金。为了更好地完成大学二年级的学习任务，将自己的理想变为现实，特制订大二学习计划，希望自己在这一年得到更大的提升。

一、学习目标

1. 理论课平均成绩达85分，单科成绩不低于80分。
2. 英语顺利通过B级考试。
3. 专业实作成绩达到甲等。

二、主要措施

（一）合理安排时间

对大学生而言，合理安排时间是取得成功的关键。我将根据学校学习日程表安排学习，确定处理事情的先后顺序。高效率完成作业，并做好复习预习，充分利用零星的时间，做到今日事，今日毕。

（二）重视英语积累

我的英语成绩不够理想，本学年需要多下功夫学习。英语是需要时间积累的，没有所谓的速成，扎扎实实地注重点滴积累，才是真正的捷径。我计划从以下几方面来积累。

1. 每天记忆单词，扩大英语词汇量。
2. 多听英语原声，培养听力和语感。
3. 背诵《新概念英语》课文，多说英语，提高口语能力。
4. 多阅读英文报刊，摘抄好词佳句，时常翻看、对比和揣摩，积累写作的词汇和技巧。

（三）加强专业实践

经过大学一年的学习，我掌握了一些专业基础知识，但有些仅停留在"纸上谈兵"阶段，缺乏实践。为将所学知识融会贯通，提升实际能力，我将从以下几方面进行努力。

1. 课前主动协助实训老师准备实验，课后帮老师整理设备器材，寻找机会来锻炼自己的专业实践能力。
2. 报名参加本专业的技能竞赛，希望通过竞赛获得实践的机会。
3. 寒暑假去工厂兼职打工，在实践中运用和巩固专业知识，为今后的学习和发展打下坚实的基础。

三、时间安排

1. 每天早上8点以前朗读半小时英语。
2. 充分利用课堂45分钟的时间，学好当堂课的内容。
3. 晚自习完成当日各科作业及预习复习。
4. 周六上午对本周学习内容进行复习与小结。
5. 周日下午参加专业技能培训。

计划人：×××
××××年×月×日

简析

本文是一篇大学生的学习计划，标题采用了个人计划常用的省略式标题，正文依次写出目标、措施、时间安排三个方面的内容，层次清晰，体现了计划的"三要素"。落款标明拟订计划者及时间。此计划从自身实际出发，目标明确，措施切实可行，时间安排合理。

例文二

××××年爱国主义教育读书活动计划

根据××教文体〔2022〕3号文件精神，我校本学年将开展爱国主义教育读书活动，在全校广大师生中营造浓厚的学习氛围，养成多读书、读好书、好读书的良好习惯，推动学校文化建设，弘扬爱国主义精神。

一、活动宗旨

通过爱国主义教育读书活动，引导青少年学生了解共和国的创业史，认识改革开放的巨大成果，激发青少年的自豪感和责任感，为将来更好地为社会服务，为国家效力而努力学习科学文化知识。

二、具体措施

以爱国主义教育为红线，主要是采取个人学习、集中学习、座谈讨论、征文演讲等学习形式，在全校范围内搭建读书交流平台，充分运用网站、简报、座谈、写学习心得等方式，定期开展读书交流活动，推动学习读书活动的深入开展。

1.读十本书：《××××》《××××》《××××》《××××》等。

2.举办三次活动：读书心得交流会，歌唱祖国征文活动，"祖国明天更美好"演讲比赛。

3.评比先进，树立典型，带动全体。

三、时间安排：

1.第二周到第五周为发动阶段，召开动员会，成立读书会，建立读书角。

2.第六周到第十五周为实施阶段，第九周举行读书心得交流会，第十二周举行歌唱祖国征文活动，第十五周举行"祖国明天更美好"演讲比赛。

3.第十六周、十七周为总结阶段，评比先进集体和个人，十七周召开表彰大会。

××学校团委
××××年×月×日

简析

本文是一篇专题活动计划，结构完整，条理清楚。该文标题采用省略式标题，写出计划时间、计划内容和文种三要素，省略了单位名称。正文采用条款式，层次清晰，文字简洁。另外本例文从实际出发，充分考虑了计划实施的可行性，措施安排具体。

写作指南

一、计划的格式及内容

计划的表述形式较多，有条文式、表格式、条文表格式。一般由标题、正文和落款三部分构成。

1.标题

（1）完全式标题　一般包含单位名称、时限、内容和文种，如《××公司××××年销售工作计划》《××××年度生产部工作计划》。

（2）省略式标题　可酌情省略单位名称或时限，如《团员培训计划》。

2.正文

正文包括前言、主体、结尾。

（1）前言　主要说明制订计划的依据、目的及有关背景。依据什么方针、政策以及上级的什么指示精神，完成任务的主客观条件怎么样，制订这个计划要达到什么目的，完成计划指标有什么意义。

（2）主体　各行各业的工作性质不同，承担的任务和完成任务的主客观条件不一样，因此，计划有大有小，内容有详有略。但是，无论哪种类型的计划，都必须具备三要素：

计划的三要素：目标（做什么）、措施（怎么做）和步骤（分几步做完）

① 目标。写明总任务是什么，要达到什么指标，有几项分任务，分别达到什么指标。提要求，要写明数量界限和质量标准等问题。

② 措施。写明怎么样利用优势，依靠哪些力量，采取何种方法，创造什么条件，克服哪些困难，对下属部门、人员提出什么具体要求，提供什么工作方法，各下属部门如何分工合作，做到各方职责分明，采用什么奖惩方法。

③ 步骤。达到目标完成任务分几步走，先做什么，后做什么。即实施计划的时间安排和行动程序。

（3）结尾　可以展望计划实现时的情景给人以鼓舞，也可以提出总的希望或者号召。

3.落款

在右下方署明发文单位名称，并在下面写明年、月、日期。若标题中有单位名称，落款只写日期。

二、写作注意事项

① 立足当前，兼顾长远。
② 目标明确，切实可行。
③ 措施有力，约束得宜。

技能实训

一、分析下面这则学习计划存在的问题：

学习计划

一、每天早上6点钟起床，洗漱完毕就开始读外语，争取把外语学好一点，考个好成绩。

二、上课认真听课，课后复习，认真完成老师布置的作业。

三、下午放学后要去操场参加体育活动，加强体育锻炼，上体育课也要认真按老师要求完成各种动作要求。

四、下午6点钟吃晚饭。晚上7点至10点钟做功课，做到10点钟休息。

五、10点30分上床睡觉，要保证休息好。

钱二强
2022年3月1日

二、完成开头设置的任务。

任务七　总结

任务设置

回顾自己《应用写作》课程的学习情况，写一份学习总结。

知识探究

一、总结的概念

总结是单位、部门或个人对前一阶段的工作、学习、生活进行回顾评价和分析研究，找出经验教训，形成规律性的认识，以指导今后实践的事务文书。

我们常说的工作小结、工作体会等也属于总结，但其内容较单一、经验较粗浅、工作时间较短促，不足以作为规范的总结的范型。

二、总结的特点

1. 回顾性

总结是对前一阶段的工作、学习、生活进行的回顾评价和分析研究。它以"我"或"我们"亲力亲为的客观事实为基础，进行概括性的陈述，因此回顾性是总结的突出特点。

2. 评价性

总结要对前一阶段的工作进行评价，肯定正确作法，指出失误和偏差。评价要客观公正地阐明观点，表明态度，对成绩的褒扬、对问题的贬斥均应清楚明白，不可含糊遮掩。

3. 理论性

总结的目的是从以往经验和教训中寻求出规律性认识，指导今后工作与学习。因而写作时不仅要回答"是什么""怎么做"，还要回答"为什么"和"怎么办"。要善于透过具体事实分析，找出客观规律，提高理性认识。

三、总结的种类

（1）按内容分　有工作总结、教学总结、学习总结、思想总结等。

（2）按时间分　有年度总结、季度总结、月份总结、阶段总结等。

（3）按范围分　有全国总结、地区性总结、部门总结、单位总结、个人总结等。

（4）按性质分　有综合性总结、专题总结等。

范文示例

例文一

××职业学院首届艺术节总结

为了展现大学生朝气蓬勃的时代风貌，挖掘大学生的创新潜能，进一步推进大学校园文化的建设，适应教育改革和素质教育的新形势，我院首届艺术节于××××年4月25日至6月25日举行，历时两个月。本届艺术节在全校师生的共同努力下取得了圆满成功，主要表现在以下几个方面：

一、领导重视，组织有力

为搞好本届艺术节，我院在3月初专门成立了以校长为组长、各部门负责人和各班班长为组员的筹备小组。经团委的精心筹划和组织，各班班主任广泛深入的宣传，广大师生的积极参与，本届艺术节举办得非常成功。

二、内容丰富，形式多样

本次艺术节活动内容可谓丰富多彩，除了保留传统的书画比赛、歌唱比赛等活动项目以外，还新增了如校园游园活动、校园辩论赛、摄影大赛、非专业模特大赛、舞台剧表演等一系列丰富多彩的文化活动。

在这些活动中，同学们充分发挥了主动性和创造性，激发了竞争意识，展示了才艺，展示了个性，活跃了校园文化，提高了综合素质，促进了交流，增强了友谊，推动了学校素质教育和精神文明的发展。

三、参与面广、质量高

经初步统计，全校师生不仅人人参与，而且直接参与本届艺术节六项重大活动的就达近两千人次，平均每人要直接参与三项活动。参与本届艺术节的人数和人次在历届艺术节中均是最多的。

节目质量高、精彩纷呈是本届艺术节的又一重要特点。最值得称道的是自动化系的歌舞剧《校园的昨天与今天》、经管系的小品《你我他》，演员们的精彩表演把我们带入了一个精彩的世界，融欣赏与教育于一体，令人回味无穷。各班的演讲比赛、独唱比赛，选手们各显身手，各有千秋，张扬了个性，展现了自我。

四、宣传力度大、社会影响好

为了做好本届艺术节的对外宣传工作，筹备小组组织了艺术节宣传报道班子。××电视台、××人民广播电台、《××晚报》社等新闻媒体也对艺术节给予了极大的关注和支持，进行了跟踪报道，使本届艺术节产生了前所未有的社会影响，得到了社会各界的一致赞誉，学校知名度也因此有了较大提高。

在本届艺术节取得圆满成功的同时，我们也清醒地看到了两个方面的不足。一是学生器乐表演水平还不尽如人意，这方面的训练有待进一步加强；二是本届艺术节的时间太长，师生承担的任务过重，对这期间的课堂教学略有影响。这些应在以后的艺术节中注意克服。

我们深信，本届艺术节的成功经验一定能成为把我校艺术节越办越好的重要基础，我们一定会在以后的艺术节中收获更多的成果。

××××年6月30日

简析

　　这是一篇专题性的总结，主要总结学校艺术节的工作情况。标题使用了公文式的标题，正文采用了"四部式"结构，即按"基本情况概述、成绩和经验、问题和教训、今后打算及努力方向"四部分依次介绍，体现了总结的传统写法。

例文二

××中学××学年度第一学期工作总结

　　本学期，我校全面贯彻教育方针，落实各级教育会议精神，以办人民满意教育为宗旨，以提高教育教学质量为主线，注重学生行为养成教育，突出学校安全工作，加强校园环境整治，实行民主管理，规范办学行为。现将我校一学期来的工作总结如下：

　　一、狠抓师生思想道德建设，提高师生整体水平

　　（一）加强学校思想道德建设从抓教师的师德建设入手。

　　教师是学校思想道德建设的具体组织者和实施者。为做好学校思想道德建设工作，学校从以下几方面狠抓了教师师德建设：一是加强集中学习和分散自学，让教师学习《教育法》《教师法》等有关教育法律法规，要求教师写学习笔记及体会；二是坚持周一下午召开全体教师会，由学校领导结合学校实际情况对教师进行思想教育，提出具体要求；三是学习教育工作者先进事迹，重视对全体教师的熏陶感染；最后，对教师进行师德考核。

　　（二）多措并举，积极对学生进行思想道德教育。

　　1.强化学生养成教育，培养具有良好习惯的学生。学校开展学生一日常规的教育与落实。开展"诚信与礼仪"教育。团委经常组织大型教育活动和主题队会，利用班会、思想品德课、国旗下讲话对学生进行品德熏陶。为了保证养成教育经常化，并将养成教育落到实处，学校制定了"行为规范示范班级评选制度"，并要求班子值周，班主任值日。对学生的行为习惯进行记录和纠正，形成了学生的行为规范时时有人抓，处处有人管的良好局面。

　　2.开展系列德育活动。抓好学生法制教育工作，使学生知法守法，学校聘请了关工委、司法所工作人员定期到学校对学生进行法制教育宣传；开展新团员入团宣誓，树立楷模；组织学生去敬老院义务劳动，进行传统美德教育；精心组织"中国梦"读书演讲活动。通过这些活动，让学生获得德育教育与熏陶。

　　二、加强教科研活动，努力提升教师业务素质

　　（一）加强理论学习，树立新的理念。

　　1.理念是先导，学习是保证。为进一步转变广大教师的教育观念，让所有教师的教育理念提升到一个新的层面，我们加强了教师的理论和业务学习，采用集体与自学相结合的办

法，组织广大教师学习新的《课程标准》，学习先进的教育理念，让先进的教育思想牢牢扎根于每位教师心中，从而更有的放矢地指导自己的教学实践，更好地为教育教学服务。

2.重视现代教学能力的培训。本年度，我校是"标准化学校建设"项目学校，每个班级都配备了多媒体教学设备，学校组织教师进行了多次培训，使每个教师都会使用多媒体教学，现代化的教学手段，丰富了课堂的容量，收效很好。

（二）狠抓教学常规工作，重务实，重实效。

1.全面落实"3+1"工作。按照"3+1"考核细则，及时进行教学常规的检查，保证了教学常规的落实。分别进行期初检查期中检查和期末检查。检查内容包括备课、听课、作业批改、教科研活动、单元检测等几个方面。教研组长认真检查并对照细则对每位教师进行量化评分，教导处将检查结果及时进行反馈，总结优点，指出存在的缺陷，以便教师及时纠正。

2.加强对教学质量的监控工作。本学期，学校成立提升教学质量工作组，对三个年级进行承包负责，督促教师做好单元检测和期中期末测试，每次考试后，及时召开教学质量分析会，认真分析总结每次考试中成败得失，写出了教学质量分析表，提出整改措施，及时调整教学内容和方法，提高教学效率。

3.突出毕业班工作。本学期，我校多次召开毕业班工作会议，关注学生动态，研讨课程进度，研究班级管理，为下学期提前结束新课以及复习和检测做好了准备。

（三）通过丰富多彩的教研活动，提高教师的教学能力。

1.公开课展示。本学期每个教研组都开展了校内公开课展示活动，它为广大教师，特别是中青年教师提供了一个展示教学技能的舞台。通过这些活动的开展，全体教师对新课改有了较深的认识，能取他人之长补自己之短，并对自己的课进行自评，对他人的课谈出听课体会，使教育教学工作水平有所提高。

2.教师对教学工作做好反思。"在研讨中发展，在反思中成长。"这是上学期我校对广大教师提出的目标。我校以继续教育为阵地，加强了个人教学反思，教师每周都要对自己本周的某节课进行反思，同时将反思的收获记录在业务学习笔记上。教师通过对自己教学工作的反思，总结经验教训，从而走上在学习中研讨，在实践中总结，在总结中提高的成长历程。

三、重视安全工作，打造平安校园

安全工作是学校工作的重中之重，为确保师生生命安全及学校财产安全，成立了由校长任组长，分管副校长任副组长各功能室负责人参加的安全工作小组，坚持不懈地常抓、狠抓安全工作。

1.狠抓学生安全教育。学校充分利用升旗、主题班队会对学生进行安全教育，并开展安全知识讲座，使学生增强了安全意识，掌握了自我保护的本领。

2.坚持值班制度，包括上放学校门前值班，楼梯口值班，节假日值班等。建立安全隐患的检查和排查机制，做到每周一巡视，及时发现和解决问题，并完善安全档案，保障了师生的人身和财产安全。

3.层层签订安全目标责任书。学期初，学校及时同各功能室负责人、教师等签订了安全目标责任书，使他们增强了安全意识，确保了学校安全。

4.各班也充分利用班会及其他业余时间确定安全主题，组织形式多样的安全教育活动，使全校师生人人懂安全、人人讲安全。学校还不定期举办一些安全教育活动，像灭火演练、火灾逃生自救、安全知识竞赛、民防知识讲座等。力争做到万无一失，避免出现安全责任事故。

四、提高服务意识，努力做好总务后勤工作

教学是学校工作重中之重，而总务后勤工作是学校工作的保障。本学期，主要开展了如下工作：

一是做好标准化学校建设工作，配合安装人员建好了实验室、图书室，安装好了体育器材，安装好了"班班通"，对图书进行了上架，登记，贴签，分类，耗费了大量的人力和财力，目前，配备的各项设备都投入了正常使用。

二是加强校园绿化环境整治工作，习惯性地做好了花坛、草坪、花草树木的除草、整枝等工作。在校园卫生环境管理方面会同团委及各班级加强了校园卫生环境管理，培养学生卫生习惯的养成，使学校达到了净化、美化。

三是总务处本着一切为广大师生服务、为教育、教学服务为宗旨，对桌椅、门窗、照明、开关等项目，定时检查，发现问题及时维修，确保教学工作正常进行。教育用品统一采购后，做到购买物品及早计划，尽量保证及时购进。在物品使用方面，继续实行统一发放制，杜绝了浪费的现象。严格来客招待制度，竭力减少招待次数，做到招待以工作餐为主。

五、存在的问题

1.学校学生数少，可使用公用经费少，再加上前两年校园绿化，学校欠债，制约了很多工作的开展。

2.校园面积较大，校园环境还需要进一步整治和美化，但缺少整治资金。

3.部分教师存在职业倦怠现象。

但我们相信，有中心学校的坚强领导和支持，我们一定会战胜困难，办好人民满意的教育。

××××年×月×日

 简析

　　这是一篇学校学期工作综合总结。例文采用了由单位名称、时间期限、内容和文种组成的公文式标题，正文主要从"狠抓师生思想道德建设""加强教科研活动""打造平安校园""做好总务后勤工作"四个方面认真分析总结了工作实践中的经验，观点明确，规律性强。例文接着总结了工作中尚存在的问题，并对未来进行了展望。本例文重点突出，结构规范，体现了总结客观性与回顾性相结合、叙述性和议论性相结合的特点。

例文三

××××年个人工作总结

　　转眼间××××年已过去，在过去的一年时间里，在局领导的亲切关怀下，在部门领导的正确带领下，为实现本局提出的"科技创新年、精益管理年、效益满意年"的奋斗目标，我在办公室秘书岗位上做出了力所能及的贡献。

一、努力学习，全面提高自身素质

办公室工作是一个特殊的岗位，它要求永无止境地更新知识和提高素质。为达到这一要求，我十分注重学习提高。一是向书本学。无论工作多忙，我每天坚持看书看报，看书以掌握行业动态。二是向领导学。在办公室工作，与领导接触的机会比较多，亲耳聆听领导的谆谆教诲，亲眼所见领导的行事风范，亲身感受领导的人格魅力，使我受益匪浅。三是向同事学。古人说，三人行必有我师。局里的每位同事都是我的老师，他们中有业务骨干，有技术尖兵，有文字高手。正因为我能不断地虚心向他们学习求教，把他人之长转化为实践经验，自身的素质和能力才得以不断提高，工作才能胜任。

二、加强修养，时刻注意自我约束

在办公室工作，与上下左右及社会各界联系非常广泛，我始终牢记自己是××局的一员，是领导身边的一兵，言行举止都注重约束自己。对上级机关和各级领导，做到谦虚谨慎，尊重服从；对基层对同事，做到严于律己，宽以待人；对社会对外界，做到坦荡处世，自重自爱。一句话，努力做到对上不轻慢，对下不张狂，对外不卑不亢，注意用自己的一言一行，维护各级领导的威信，维护××企业的整体形象。

三、勤奋工作，回报领导和同事的关爱

参加工作以来，局领导和各位同事给了我许多政治上的关心、工作上的帮助和生活上的关怀。我一刻也没有忘记领导和同志们的关爱，而惟一的回报方式就是埋头苦干。我十分珍惜这份来之不易的工作。半年来，对领导安排的所有工作，我从不讲任何客观理由和条件，总是竭尽全力去完成。据粗略统计，我撰写各类文字材料二十余篇，每当自己的工作得到领导和同志们的认可，每当想到自己的努力能为××事业发展起到一定作用时，那种成就感和自豪感任何语言也无法表达。工作不仅是我谋生的手段，更是我回报领导和同志们的最好方式，也是实现人生价值的惟一选择。

四、尽心履职，全心全意服务好领导，服务好基层

作为办公室秘书，我的理解是没有什么谋求利益和享受待遇的权力，只有承担责任、认真工作的义务。在平时的工作中，对领导交办的工作，从不讨价还价，努力保质保量完成；对自己分内的工作积极对待，努力完成，做到既不越位，又要到位，更不失职。在同办公室其他几位同事的工作协调上，做到真诚相待，互帮互学。一年来，办公室的工作得到了局领导的认可，这是我们团结奋斗、共同努力的结果。

不过，半年来自己虽然取得了一些成绩，但与本局的"高标准、严要求"还相距甚远，认真反思，自己的工作还存在如下问题：

其一，政治理论学习不扎实。对政治理论的重要性认识不足：一是错误地认为它们是务虚的，不如学习专业知识来得实在；二是错误地认为有英明的领导掌舵，自己不至于会迷失政治方向。因此，自觉不自觉地放松了政治理论的学习。

其二，创新意识还不强。常常忙于处理应急事务、文件和会议，主要精力放在应对日常的具体问题上，应对工作中的突出矛盾上，这虽然是必要的，但对具有全局性、战略性和前瞻性的重大问题缺少深入、广泛和系统的研究分析。

其三，与基层接触不够。平时呆在办公室的时间多，总感觉办公室有做不完的事，一天到晚马不停蹄，这忙的背后其实隐藏着不能科学地支配时间的致命缺陷。正因如此，去基层一线了解情况的时间就少之又少，以致有时写出来的材料缺乏实质性的内容，失之苍白空洞。还有缺乏工作经验，独立工作能力不强，对全局情况缺乏宏观认识等问题。

古人言，往者不可谏，来者犹可追，我一定要从存在的问题中挖出病根，吸取教训，努力提高自身的政治素质，以期更好地做好工作：一是加强政治理论学习，理论联系实际，从政治的、全局的高度做好文秘工作；二是强化创新意识，对当前行业领域中、具体工作中出现的新情况、新问题，要努力做好前瞻性的探索，不断争取有新发现、新认识，真正当好局领导的助手和参谋；三是深入实际，多跑现场，掌握基层反映的各种信息，及时编发《××简报》，搞好企业文化宣传工作，使××的企业文化更深入基层、深入人心，更能体现出企业的特色。

×××
××××年×月×日

简析

这是一篇个人工作总结。例文从基本情况、个人工作成绩、工作中尚存在的问题、今后努力方向四个方面对个人工作进行了总结，观点明确，详略得当，夹叙夹议，是一篇值得学习和借鉴的个人总结。

写作指南

一、总结的格式及内容

总结由标题、正文和落款三部分构成。

1. 标题

（1）公文式标题　一般来说，综合总结的标题采用公文式标题，由单位名称、时间期限、内容和文种四项组成，如《××职业学院××××年工作总结》《华新职业学校第四届校运会工作总结》。也可省略单位名称或时限，如《工作总结》。

（2）新闻式标题　专题总结多使用新闻式标题。这种标题比较灵活，可根据总结内容来确定。如《读书活动是开展德育教育的好方法》《走活三步棋，选好一把手》《企业围绕市场转　产品随着效益变——××钢厂开展"转、抓、练、增"活动的经验》。

2. 正文

（1）内容要点　总结正文通常包括四部分内容。

① 基本情况。使用高度概述的语言，引用数据和最有代表性的事实，点明主要的成就。

② 成绩与经验。总结经验并运用事实、数据等材料展示做法、成绩，以叙述为主，夹叙夹议。

③ 问题与教训。存在问题是综合总结中不可缺少的部分。写存在问题时，要实事求是。

④ 今后的打算。针对工作中的不足及有待解决的问题，提出意见或建议，最好包括措施、办法。

（2）结构方式

①"四部式"结构。按照总结内容的四个要点依次写出基本情况、成绩与经验、问题与

教训、今后打算。

②"三段式"结构。

工作概况：这是总结的开头部分，简明扼要地说明总结所涉及的时间、背景、任务、效果等。

经验体会：主要做法与成绩的说明是基础，经验体会的总结是重点。

存在问题和今后打算：指出存在的问题并提出改进建议。

③"阶段式"结构。根据工作发展过程中的几个阶段，按时间先后分成几个部分来写。每一部分都要既讲情况、做法，又讲经验教训及存在问题，适合于工作时间跨度较长或工作过程阶段性明显的情况。

④"总分式"结构。首先概述总体情况，然后对各项工作一一进行总结。对各项工作进行总结时，都要求把做法、成绩、经验、教训等有机地结合在一起写。全面总结常用这种写法。

3. 落款

在右下方署明发文机关名称或个人姓名，并在下面注明年、月、日。

二、写作注意事项

① 态度端正，实事求是。
② 全面评价，突出特色。
③ 条理清楚，语言朴素。

技能实训

一、指出下面这篇总结存在的问题：

个人工作总结

在工厂，繁忙的流水线，轰隆作响的机器声，编织成一幅美丽的画卷，这就是我们工作的环境。有节奏的工作，忙碌却井然有序。现在总结一年的工作。

每天我们都是井然有序地上班工作，有清晰的工作目标。工厂现在已经是机器与人共同工作，工作的速度和效率都得到了很大的提升。因为我来到工厂的时间比较长，所以对于工厂的一些设备自己也能够修补，这也成为了我工作的一种乐趣。我们的工作与我们的做的产品数量挂钩，所以每个人都拼命工作，都把时间掰成多份来用，从来不会在工作中玩手机。

流水线上的工作非常忙碌，稍微不留神就会跟不上工作的节奏。我的速度不算太快，但是也不慢，可是我并不满意，因为这样的效率没有达到自己的要求，我还要继续努力。

今年工作结束，明年工作继续，大家一起奋斗，我们流水线上的所有人都朝着这个方向努力。

二、完成开头设置的任务。

任务八 述职报告

任务设置

李伟在江华职业学院学生会任文体部部长,本学年即将结束,学校要求学生会的每位学生干部陈述本学年的岗位职责履行情况,请以李伟的名义写一份述职报告的提纲。

知识探究

一、述职报告的概念

述职报告是各种社会组织的管理人员、专业技术人员接受考核,向有关方面陈述自己在一定时期内履行岗位职责的情况及取得绩效的文书。

二、述职报告的特点

1. 自述性

自述性就是要求报告人述说自己在一定时期内履行职责的情况,因此,必须使用第一人称,采用自述的方式,向有关方面报告自己的工作实绩。这里的所谓实绩,是指报告人在一定时期内,按照岗位规范的要求,为国家做了些什么事情,完成了什么指标,取得了什么效益,有些什么成就和贡献,工作责任心如何,工作效率怎样。

2. 自评性

自评性就是要求报告人依据岗位规范和职责目标,对自己任期内的德、能、勤、绩等方面的情况,作自我评估、自我鉴定、自我定性。述职人必须持严肃、认真、慎重的态度,既要对自己负责,也要对组织负责,对群众负责。对工作的走向,前因后果,要叙述清楚,评价恰当;所叙述的事情,要概述,让人一目了然,并从中引出自评。

3. 标准性

由于述职报告是针对考评而作的文书,因此要求报告人必须以自己所在岗位的职责和目标为标准,依据这个标准,去陈述自己的工作情况并予以评价,而并非由述职者自主确定述评的内容。

4. 报告性

报告性就是要求述职者明白自己的"身份",放下"架子",以被考核人员的身份,接受大家的评议和监督。要认识到自己是在进行严肃、庄重、正式的汇报，让组织了解自己，评审自己的工作，注意语言要得体、谦逊、诚恳、朴实。

三、述职报告的种类

1. 从内容上划分

① 综合性述职报告。指报告内容是一个时期所做工作的全面、综合的反映。

② 专题性述职报告。指报告内容是对某一方面的工作的专题反映。

③ 单项工作述职报告。指报告内容是对某项具体工作的汇报。

2. 从时间上划分

① 任期述职报告。对任现职以来的总体工作进行报告。时间较长，涉及面较广，要写出一届任期的情况。

② 年度述职报告。是一年一度的述职报告，写本年度的职责履行情况。

③ 临时性述职报告。是指担任某一项临时性的职务，写出其任职情况。比如，负责了一期的招生工作，或主持一项科学实验，或组织了一项体育竞赛，写出其履职情况。

3. 从表达形式上划分

① 口头述职报告：是指需要向选区选民述职，或向本单位职工群众述职的，用口语化的语言写成的述职报告。

② 书面述职报告：是指向上级领导机关或人事部门报告的书面述职报告。

范文示例

例文一

述职报告

尊敬的公司董事会：

××年是新公司成立后开局的重要一年，我们按照现代企业制度的要求，积极进行科学化、民主化、市场化的运作，采取了精心革新、细致调整、转机建制等一系列得力的举措。在公司全体员工齐心协力共同努力下，新公司实现了开门红，并顺利形成了快速发展的良好局面。在新公司按照全新体制运行的开局关键之年，承蒙董事会的信任，我有幸受聘成为新公司的总经理，现就一年来的履职情况报告如下：

一、及时调整思想，更新观念，适应新体制下企业经营管理的需要

1. 树立好"角色"意识，当好上级"配角"、演好公司"主角"。作为公司的总经理，严格按照董事会的授权与经营管理范围，带领员工队伍围绕总公司下达的年度工作计划指标和企业发展的实际需要，始终坚持以人为根本，以市场为导向，以规章为支撑，积极谋划公司的营销策略与发展蓝图，建立健全公司规章制度与奖惩机制，并想方设法地开动脑筋，锐意进取，拓展市场，完善服务，开展了一系列卓有成效的经营管理工作，并积极向董事会报告。

2. 加强自身建设，贯彻"以德治企"的人本管理理念。做好人，才能做好做强企业。企

业管理者是企业的一面旗帜，起着领头羊的指引作用。一年来，我们本着以人为本的思想，从严要求自己，坚持以企业"经理人"向出资人负责任的积极态度，矢志不渝加强自身素质建设，努力培养正确的世界观、人生观与价值观，用积极、健康、饱满的热情与工作态度来引领管好班子、带好队伍。对公司一切事务我们坚持做到大事讲原则，小事讲风格，平常讲人格，以此树立公平、公正、平等的管理氛围，让一切有用人为公司所用，为公司奋斗。

二、以人为本，身体力行，致力培育团结、和谐、高素质的经营管理工作团队

1.采取多种措施，营造良好的学习环境，着力提高员工素质。"人"是企业发展的第一要素，员工素质的高低决定着企业管理和发展水平。按照创建学习型社会的要求，结合企业经营管理需要，积极倡导建设学习型单位，采取"请进来、走出去"多种形式的学习教育培训方式，使在岗位人员经过培训人人持证上岗，以良好的学习氛围带动员工愿学乐学好学的学习热情，从而使企业整体文化水平与业务素质得到全面的快速的提升，为企业发展奠定坚实的文化基础。

2.坚持"以德为之，以情动之，以行导之"的管理原则，不断提升自身及班子的标杆作用。在企业中，我们积极寻求建立科学的人际工作关系和处事方法，要求管理层在对待员工时，要用"德"立身，用"情"沟通，用"行"示范，让员工们时时处处看得见，摸得着，想得通，从而有效及时地化解工作出现的矛盾与隔阂，并积极培育团结、和谐的工作氛围，纯洁员工队伍的思想，增强企业的凝聚力，合力地完成公司的计划与任务。

三、务实创新，科学规划，着力构建适应企业经营管理需要的新机制

1.按照"简洁、高效、适用"的原则，科学设置管理层次和职能，完善逐级责任管理机制，明确各自的分工和职责，强化的部门职能作用。

2.采取用多种方式，重视人才，发挥能人作用。根据工作需要设置部门岗位（职务）职数，对每一个岗位（职务）都制定了相应的岗位条件、工作标准和工作要求，基本完善了部门负责人、职工在新体制下的"双向选择"聘（任）用机制，月度、年终考核，优胜劣汰。

3.完善考核办法及薪酬制度。根据全年的目标任务进行层层分解、人人细化，按照"多劳多得、按劳取酬"的原则，制定合理的薪酬分配方案，按照技术含量、劳逸程度、责任大小、工作贡献等系数指标适当地拉开岗位（职务）分配差距，绩效工资细化考核到每一个岗位。同时强化考核体系，加大考核力度，奖勤罚懒，激发企业内在活力，调动职工工作的主动性、积极性与创造性。

四、明确目标，合理安排，整合企业各项工作，做到全面协调的发展

1.加速企业标准化、正规化建设，提高市场竞争能力。公司多年来一直没有相应的独立的燃气资质，今年根据国家现行有关规定，积极申报完善企业燃气资质及区域确定，并按照《××省燃气管理条例》的要求，对公司企业燃气资质注册登记手续，使其合法化，为公司今后的可持续发展奠定了基础。

2.加强供气区域管理，调整发展思路，规范农村燃气安装工程。为规范燃气市场秩序，保障人民生命财产和公共安全，明确燃气供应范围，按照××省建设厅《关于城镇燃气企业管理的指导意见》（×建发〔××〕200号）文件精神，以及《××省燃气管理条例》规定，公司根据现已建成的燃气管网敷设现状和城市燃气发展规划，特申请××、××、××乡镇的供气区域，保障了公司的合法利益。

3.围绕董事会下达的工作目标任务，改进工作作风，全司干部职工同心协力、创新实干、扎实工作，圆满地完成了全年的工作任务，取得了较好的社会效益和企业经济效益。截

止××年底安全供气××万方，完成年度责任目标的××%，同比增长××%；经营总收入××万元，完成年度责任目标的××%，同比增长××%；实现经营利润××万元，完成年度责任目标的××%，同比增长××%；供气输差率××%，比年度责任目标下降×个百分点，较去年下降×个百分点；新增天然气用户××户；全年人工工资××万元，同比增长××%，对外各项业务支出××万元。

五、目前存在的问题和今后努力的方向

1.进一步理顺企业外部关系，努力营造满足企业经营发展需要的良好外部环境。

2.加强自身建设，进一步提高自身素质，以适应企业工作需要。

3.科学、合理、完善健全企业经营管理机制，培育独特的企业文化，逐步建立现代企业制度，推动企业健康、有序、持续发展。

总之，一年来，总结过去，在上级的坚强领导下，经全体员工的辛勤工作，顺利地完成了各项任务，成绩是可喜的。展望未来，在其位谋其政，我当尽心尽职，勤勉工作，为公司下一年度的宏伟发展，早谋划早打算早运筹。在新的一年里，我将加强各项工作的学习，与董事会成员一起，带领公司全体员工们积极深化企业改革，以促进公司健康长远的发展。

简析

这是一份公司总经理的年度综合性述职报告。主要是从重点工作、工作实绩、存在的问题及今后努力的方向等几方面进行了述职，行文言简意赅，详略得当、重点突出。

例文二

铁路工长述职报告

××车间：

本人××，现任××工班工长。××年在车间领导关怀指导下，我和工班全体职工一起埋头苦干，奋发图强，完成了各项生产任务。

一、主要工作

1.继续创造家庭般的班组工作环境，提高职工生活质量

（略）

2.持续保持兄弟般的同事关系，提高职工生命质量

（略）

3.营造轻松快乐的学习氛围，提高职工业务素质

（略）

4.以人为本、民主管理，提高职工工作效率

（略）

5.落实各项规章制度，提高职工工作质量

（略）

6.通过"保先"活动，提高自身素质

（略）

二、存在问题
（略）
三、明年打算
（略）
特此报告，请领导、同志们批评指正。

述职人：××工班工长××
××××年×月×日

简析

本例文是一篇基层工长的述职报告。主要叙述了他今年基本职责的履行情况及尚存在的问题、明年的打算。层次清晰，专业特点明显。

写作指南

一、述职报告的格式及内容

一般由标题、称谓、正文、落款四部分组成。

1. 标题

述职报告的标题，常见的写法有三种：

（1）文种式标题　直接写成《述职报告》。

（2）公文式标题　由姓名、时限、事由、文种名称组成，如《2020年至2022年任商业局长职务的述职报告》，这种完全式写法用于向上级机关述职。在大会上述职可以采用简化式，如《个人述职报告》《××年个人述职报告》《2022年度述职报告》。

（3）文章式标题　通常由正题和副题构成，如《思想政治工作要结合经济工作一起抓——××造纸厂厂长王××的述职报告》。

2. 称谓

① 书面报告的称谓，写主送单位名称"如××党委""××组织部"或"××人事处"等。

② 口述报告的称谓，写对听者的称谓如"各位代表""各位委员""各位同志"，或"各位领导，各位代表"。

3. 正文

述职报告的正文由开头、主体、结尾三部分组成。

（1）开头　开头又叫引语，一般交代任职的自然情况，包括何时任何职，变动情况及背景；岗位职责和考核期内的目标任务情况及个人认识；对自己工作尽职的整体估价，确定述职范围和基调。这部分要写得简明扼要，给听者一个大体印象。

（2）主体　主体是述职报告的中心内容，主要写实绩、做法、经验、体会或教训、问题，要强调写好以下几个方面：对党和国家的路线方针政策、法纪和指示的贯彻执行情况；

对上级交办事项的完成情况；对分管工作任务完成的情况；在工作中有哪些想法，采取了哪些措施，作出哪些决策，解决了哪些实际问题，纠正了哪些偏差，做了哪些实际工作，取得了哪些业绩；个人的思想作风、职业道德、廉洁从政和关心群众等情况；写出存在的主要问题，并分析问题产生的原因，提出今后改进的意见和措施。

这部分，要写得具体、充实、有理有据、条理清楚。由于这部分内容涉及面广，量多，所以宜分条列项写出。"条""项"要注意安排好内在逻辑关系。

（3）结尾　结尾一般写结束语，用"以上报告，请审阅""以上报告，请审查""特此报告，请审查""以上报告，请领导、同志们批评指正"等作为结束语。

4.落款

述职报告的落款，写述职人姓名和述职日期或成文日期。署名可放在标题之下，也可以放在文尾。

二、写作注意事项

1.标准要清楚

要围绕岗位职责和工作目标来讲述自己的工作，尤其要体现出个人的作用，不能写成工作总结。

2.内容要客观

必须实事求是、客观实在、全面准确。既要讲成绩，又要讲失误；既要讲优点，又要讲不足；既不能夸大成绩，也不能回避问题。只有客观陈述履行职务的情况，才能有助于上级机关和所属单位群众对自身工作作出全面、准确、客观的评价。

3.重点要突出

抓住带有影响性、全局性的主要工作，对有创造性、开拓性的特色工作重点着笔，力求详尽具体，对日常性、一般性、事务性工作表述要尽量简洁，略作介绍即可。

4.个性要鲜明

不同的岗位，有着不同的职责要求，即使是相同的岗位，也由于述职者个人的个性差异，其工作方法、工作业绩也不相同。因此，述职报告要突出个性特点，展示述职者个人风格和魄力，切忌千人一面。

5.语言要庄重

行文语言要朴实，评价要中肯，措辞要严谨，语气要谦逊，尽量以陈述为主，也可写一些工作的感想和启示，但不得描写、抒情，更不能使用夸张的语言。

技能实训

一、述职报告与个人总结有什么相同和不同之处？

二、完成开头设置的任务。

模块五
社交礼仪文书

　　社交礼仪文书是指国家、单位、集体或个人在喜庆、哀丧、欢迎、送别以及其他社交场合用以表示礼节、抒发感情的具有一定格式的文书。具有传统性、应酬性、情感性、真实性等特点。作为礼仪之邦的中国，历来重视礼节，社交礼仪文书种类繁多、体裁各异。在实际运用中应根据不同需要，在不同场合，针对不同对象，运用恰当得体的方式来表达，以显示礼貌风范、进行文明交往、密切人际关系，增强友好气氛。

学习目标

一、知识目标

了解不同情境下应使用何种社交礼仪文书。
了解不同社交礼仪文书的特点。
掌握请柬、邀请书、感谢信、贺信、欢迎词、欢送词、答谢词、演讲稿的写作格式、内容，领会其写作要求。

二、能力目标

能根据社交的实际情境写出内容合理、表达清楚明确、语气恰当的文章。
具备一定的交流表达、与人合作、解决问题的能力。

三、素质目标

培养文明守礼，尊重友善的交往态度，树立简洁朴实的文风。

任务一　请柬　邀请书

任务设置

1. 华新职业学院2023届物流一班临近毕业，同学们将于2023年6月10日晚7：00在本班教室举行毕业晚会，准备邀请学校有关领导和任过课的老师参加。请以该班的名义给有关领导和老师们写一份请柬。

2. 为了帮助学生们顺利就业，华新职业学院拟举办2023届毕业生就业双选会，特向红帆贸易有限责任公司发出邀请，欢迎该公司来学校参加双选会，选聘适用人才。双选会拟于2023年3月22日上午9：00—11：30在学校操场举行，主办单位是学校招生就业处。学校提供的毕业生资源为高职高专会计电算化专业180名，财务会计专业60名，现代物流专业（会计方向）60名。

需要请招聘单位注意的问题：一是因场地限制，每单位限设一个展位，人员安排为2人以内。双选会当天免费为招聘人员供应工作餐、饮用水。二是请招聘单位自备招聘简章，并将招聘简章的电子文档于3月15日前发送至学校招生就业处，以便提前向学生宣传。三是请招聘单位的人员于3月22日早上9：00前到学校签到，在学校招生就业处工作人员引导下入场洽谈招聘。签到时请提供单位介绍信和身份证、工作证等证件。

请以华新职业学院的名义给红帆贸易有限责任公司写一封参加毕业生就业双选会的邀请书。

知识探究

一、请柬

1. 请柬的概念

请柬又称请帖，是机关、企事业单位、社会团体或个人邀请有关客人参加某一活动而发出的邀请文书。它显示了邀请者的郑重态度和对客人的尊重。

2. 请柬的特点

① 从内容到形式都极富礼仪特征，因而也具有浓重的传统文化色彩。
② 篇幅短小，语言简练。
③ 措辞文雅、大方、热情。
④ 制作精美，体现对受邀者的尊重和礼貌。

3. 请柬的种类

① 从内容上分，请柬分为仪式请柬、宴会请柬、展览会请柬、节日活动请柬、会议请

束、观光旅游请束、商品展示请束、交易会请束等。

② 从样式上分，请束主要有卡片式（单束帖）与折叠式（双束帖）。

③ 从制作方式分，请束可分为纸质请束和电子请束。

二、邀请书

1.邀请书的概念

邀请书也叫邀请函，是为了增进友谊、发展业务而邀请客人参加有关活动或担任某项职务时发出的信函。

2.邀请书的特点

① 具有礼仪色彩

同请束一样，邀请书也有邀请的作用，也具有礼仪色彩，但邀请书更朴实、更常用。

② 使用书信体格式

邀请书用语比请束灵活随意，但要求有较详细的邀请内容，所以采用书信体的格式。

3.邀请书的种类

① 会议类：为庆祝会、纪念会、座谈会等所发。

② 活动类：为仪式、活动宴请等所发。

③ 工作类：为成果的评审、鉴定、决策的论证等所发。

范文示例

例文一

请　束

××小姐/女士/先生：

兹定于12月30日晚7：00至9：00在区政协礼堂举行迎新年茶话会。敬请届时光临。

此致

敬礼

××区政协

二〇二二年十二月二十五日

例文二

请　柬

> 送呈　张莉　女士　台启
> 谨定于二〇二三年　公历二月十八日（星期六）
> 　　　　　　　　　农历一月二十八日
> 为
> 新郎　张三
> 举行结婚典礼　敬备喜筵
> 恭请
> 新娘　李四
> 光临
> 　　　　　　　　　张三
> 　　　　　　　　　李四　敬邀
> 时间：中午十一点三十八分
> 席设：×××酒店二楼婚宴厅
> 地址：×××区×××路×号

简析

　　第一份是会议请柬，显示出庄重的风格和对被邀请者的尊重。时间、地点和具体内容在一句话里全部准确地表达出来，要素完备，简洁明确，用语规范。
　　第二份是婚庆请柬，字里行间透露出邀请者的诚意。文字简约，时间、地点交代得清楚明白，文中使用中国传统的邀约敬语，典雅有文采。

例文三

××广告公司年终客户答谢会邀请书

尊敬的××女士/先生：

　　过往的一年，我们用心搭建平台，您是我们关注和支持的财富主角。新年即将来临，为了感谢您一年来对××广告公司的大力支持，我们特于××××年×月×日×时在××大酒店一楼××厅举办××年度×××公司客户答谢会，届时将有精彩的节目和丰厚的奖品等待着您，期待您的光临！让我们同叙友谊，共话未来，迎接来年更多的财富、更多的快乐！

具体到达时间、出席人数，请予以确认并回复，以便我方安排具体招待事宜。后附参会回执表一份。

恭候您的光临！

××广告公司

××××年×月×日

附：

参会回执表

单位名称			
参会人数			
联系方式	联系人：		电话：
是否带车	是□ 否□	（此信息有助于安排停车）	

请填妥此表后于××××年×月×日前传真至××××××××
会务联系人：×××　　　　联系电话：××××××

例文四

××××年××市建筑材料产品展销会邀请书

尊敬的×××女士/先生：

您好！

××市××××年建筑材料产品展销会，定于××××年8月20日至25日在××市旭日会展中心举行。本届展会，展厅面积达2万平方米，参展企业达二百余家。从展示的产品中，人们可以充分感受到我市建筑材料的新成果以及发展的新趋势。

本组委会特邀请您于××××年8月20日上午9：30来××市旭日会展中心（××市旭日路105号）参加展销会开幕仪式并参观指导。敬请您准时莅临为盼。

展销会签到时间和地点：××××年8月20日上午9：15～9：30，××市旭日会展中心东馆正门签到处。

谢谢您的支持和合作。

××市××××年建筑材料产品展销会组委会

××××年8月10日

简析

　　例文三是一则商务礼仪活动的邀请书。标题写出了文种名和邀请事由，一目了然。正文写明活动目的及活动名称、时间、地点，并真诚地提出邀请，语言简洁，礼貌热情，体现了邀请书的礼仪色彩。后面附上回执，便于会务安排。

　　例文四是产品展销会邀请书，格式规范，要素完备，应知会内容交代详尽没有遗漏，并表达出对被邀请者的恭敬和礼貌，显示了邀请者真诚的意愿和细致周到的办事风格。

写作指南

一、请柬

（一）请柬的样式

单面的卡片式请柬，所有内容均写于同一面。双面的折叠式请柬，有封面和封里，封面写"请柬"二字，封里写其他内容。请柬排版式样有横式和竖式之分，竖式请柬的文字是从右边向左边书写。

（二）请柬的格式及内容

现在出售的各类请柬很多，可以按需要购买后填写。出售的请柬有的已按照格式印制好相关项目，发文者只需填写内容即可。封面也通常已直接印上了名称"请柬"或"请帖"等字样。电子请柬可利用现成的模板进行在线制作。

无论何种样式的请柬，一般都由标题、称谓、正文、结尾、落款五部分构成。

1. 标题

通常双柬帖印在封面上的"请柬（请帖）"二字就是标题，单柬帖的"请柬"二字，一般在上方居中，字体较正文稍大。标题通常要做一些艺术加工，可用美术体的文字，字面烫金或加以图案装饰等。

2. 称谓

写被邀请单位名称或个人姓名，个人姓名后要注明职务或职称，如"××先生""××女士""××厂长""××教授"。如果是写给长辈，应根据双方关系注明尊称。

称谓的常见位置有三种情况：第一种是标题下另起一行或一页顶格写上，其后加冒号；第二种是在书写请语时将称谓嵌入其中，如"敬请××光临"；第三种是请语书写完后，在下一行空两格书写"此致"字样，而将被邀请者称谓另起一行顶格书写，如"此致×××"。

3. 正文

另起行，前空两格，写明活动的内容、时间、地点、方式及其他应知事项。如果是请人看戏或其他表演还应将入场券附上。若有其他要求也需注明，如"请准备发言""请准备节目"等。

4. 结尾

要写上请语，请语是请柬所特有的，是请柬的重要标志要素。常用的请语有"敬请光临""恭请光临""恭请尊驾莅临指导""敬候莅临"等。请语常选择和使用带有文言色彩的语句，能收到达雅兼备、谦敬得体的效果。请语的书写位置在正文的下一行，请语后不加标点符号。有的在结尾处还加上敬语，如"致以敬礼"等。

5. 落款

写明邀请单位名称或个人姓名以及发出请柬的时间。有的请柬在个人署名之后可加上"敬邀"或"谨上"之类谦词。日期写具体的年月日。

（三）写作注意事项

① 态度热情、诚恳　请柬语气要诚恳、谦敬，充分表现出邀请者的热情与诚意。

② 语言要精练、准确、得体、庄重　凡涉及到时间、地点、人名等一些关键性词语，一定要核准查实。要注意根据具体场合、内容、对象，认真措辞，行文应该达、雅兼备。达，即准确；雅，就是讲究文字美。

③ 注意美观和艺术性　在请柬的纸质、款式和装帧设计上，要注意艺术性，做到美观、大方。

二、邀请书

（一）邀请书的格式及内容

邀请书由标题、称谓、正文、结尾和落款五部分构成。

1.标题

第一行居中写标题"邀请书"三字，也可点明邀请事由，如《××展销会邀请书》。

2.称谓

换行顶格写被邀请者姓名或单位名称。

3.正文

这部分要写清楚邀请的事由、时间、地点，以及有关要求或注意事项。如是向单位发出邀请，还需写明被邀对象和人数。

4.结尾

结尾处要表示希望接受邀请、欢迎前来的诚意，一般用"欢迎指导""敬请光临""恭请莅临""请届时光临指导"等表示对被邀请方的恭敬和礼貌。

5.落款

写明邀请单位名称或个人姓名。单位名义要加盖公章，个人只需署名。在署名下一行写发出邀请的日期。

如有需要邀请书应附上回执，请受邀者填写后在指定时间内发回。回执填写事项一般包括参会方名称、参会人员姓名、性别、职务、参会要求(如参与某项专题活动)，被邀请方的联系人、联系电话、电子邮件地址等。邀请书的回执常常采用表格的形式。

（二）写作注意事项

（1）语言要含有尊敬之意　邀请书的内容类似于通知，但却是商量和邀请的意思，它不能是行政命令式的态度，所以在用词上一定要显示出谦敬、礼貌。

（2）邀请事项务必周详　邀请书是被邀人进行必要准备的一个依据，所以各种事宜一定要在邀请书里显示，使邀请对象有备而来，也使活动能顺利进行。

（三）邀请书与请柬的区别

邀请书和请柬都是邀请有关人员参加某一活动的礼仪文书，都是为了表示邀请者的礼貌礼节而制作的。但二者也有区别：

（1）适用范围不同　请柬一般适用于隆重而庄严的场合，如婚宴寿筵、庆典、开业等，而邀请书使用的场合不像请柬那么隆重，一般用于单位举办的集体性活动，如学术研讨会、联谊会、纪念会、订货会等。

（2）制发者不同　邀请书的制发者一般是单位和团体，而请柬的制发者除了单位和团体以外，个人也经常使用。

（3）信息容量不同　邀请书的内容比请柬要详细、具体，除了有邀请的作用以外，还需要向有向被邀请者说明有关问题或交代需要做的事情，篇幅往往也比请柬要长。

（4）形式不同　邀请书采用书信体形式，较朴实；而请柬则特别注意外观上的装饰性和艺术性，比邀请书庄重典雅，表达的礼仪、情感色彩更浓一些。

技能实训

一、根据下面的材料完成请柬的写作。

> ××市水利电力产品展销会组委会将于2022年8月10日上午10:00在本市永辉会展中心（××市滨江路50号）举行××市水利电力产品展销会开幕仪式，诚邀该市相关单位的相关人员届时莅临指导，并请前来的贵宾持请柬于上午9:30到会展中心贵宾休息室签到。

二、完成开头设置的任务。

任务二　感谢信　贺信

任务设置

1.江陵职业学院自动化系2022级三班的学生自入校以来，一直利用课余时间去夕阳红敬老院帮助照顾老人，给老人讲故事，与他们聊天，给老人们带来了快乐。请以敬老院的名义给江陵职业学院写一封感谢信。

2.今年10月20日是聚英大学建校60周年校庆，请以本班学生的名义，给学校发一封贺信，信中要概述母校在教书育人方面的成绩，表达向有成就的老校友学习的强烈愿望和决心，并对母校表达美好的祝愿。

知识探究

一、感谢信的概念及作用

感谢信是社会组织或个人向对自己有过关心、帮助和支援的单位或个人表示感谢的专用书信。

感谢信具有感谢和表扬的双重作用。它可以直接送给对方或对方单位，也可以在对方所在地的公共场所张贴，还可以通过新闻媒介刊播，但不能用电话宣布，也不能用文件形式发布。

二、贺信的概念及作用

贺信是表示庆贺的一种专用书信。既可以对单位，也可以对个人。

贺信的使用范围很广泛，像生日诞辰、新婚之喜、竣工庆典、会议召开、荣升任职等，都可以发贺信表示祝贺。

贺信大致可以分为四种类型：一是上级领导机关（主管部门）对下级单位或所属单位的职工、群众发出的贺信；二是下级单位或职工给上级领导机关发出的贺信；三是机关、单位、团体相互之间发出的贺信；四是对担任重要职务的领导人、有突出贡献的科学家、艺术家等知名人士寿辰的贺信。

范文示例

例文一

感谢信

××部队全体指战员：

我县上月遇到了特大洪涝灾害，许多地区被淹，人民生命、国家财产受到了严重的威胁。在这危难之际，你部全体干部、战士连夜赶赴我县，投入到紧张的抗洪抢险之中。十几个日日夜夜，你们发扬"不怕牺牲，排除万难"的献身精神，始终冒雨战斗在抗洪抢险的第一线，谱写了许多可歌可泣的动人事迹。你们的奋力救援，保住了我县人民的生命和财产，使我县上万亩良田和几百座房屋免于洪水冲毁，使我县最后战胜了洪涝灾害，赢得了抗洪斗争的胜利。你们这种急他人所急、助人为乐、无私奉献的精神值得赞扬和学习。为此，特向你们表示衷心的感谢！

我们决心向你们学习，在党的领导下，积极恢复生产，重建家园，以实际行动报答你们的关怀和帮助。

  此致

敬礼

××县人民政府
××××年×月×日

简析

这是一封因自然灾害得到部队官兵帮助而表达感激之情的感谢信。在信的开头简洁地叙述了事情发生的时间、地点、人物、起因、经过、结果，接着写了部队官兵援助所产生的效果，抒发了大家的感激之情。最后表示用实际行动向部队官兵学习。这封感谢信叙述清楚，文字精练，感情真挚。

例文二

致中国联合水泥集团有限公司成立20周年贺信

中国联合水泥集团有限公司：

值此中国联合水泥集团有限公司成立20周年之际，中国水泥协会向你们表示最热烈的祝贺！

20年来，中联水泥始终按照中国建材的发展战略，致力于"大水泥、区域化""打造核心利润区"，形成了"水泥、商混和骨料"三大核心业务，同时推进协同处置危废、城市垃圾和污泥，拓展利润增长点，为企业持续健康高质量发展奠定了坚实的基础。

20年来，中联水泥坚决贯彻中国建材的经营理念，中联水泥的成长壮大的过程，浓缩了中国建材集团水泥业务板块发展的精华。"我们生产凝聚力"的口号彰显了中国水泥人的现代企业文化精髓。

20年来，中联水泥始终坚决支持中国水泥协会工作，秉承"行业利益大于企业利益，企业利益孕育于行业利益之中"的行业发展理念，在水泥行业供给侧结构性改革中，为行业结构调整做出了突出贡献。

如今，中联水泥把思路变为制度，把制度变为行动，把行动变为效益，市场做大了，品牌打响了，企业发展了，已经成为我国水泥行业的最优秀的企业之一。

在欢庆中联水泥集团二十周年大庆之际，中国水泥协会祝福中联水泥明天更加美好！业绩更加辉煌！

中国水泥协会

××××年×月×日

例文三

贺　信

××××代表队：

欣悉在今年的全国职业院校技能大赛中，我校财经学院×××、化工学院××、自动化学院××、机电学院×××四位同学不畏强手、奋力拼搏，为我校赢得四枚金牌，为××省赢得荣誉，我们谨代表校党委、校行政并以全校师生员工名义，向参赛的同学们表示热烈的祝贺，向各位指导老师和提供支持帮助的同志们表示衷心的感谢！

四位同学在技能大赛上的出色发挥，是我校技能教学成果的体现。这一历史性好成绩，充分展示了学校的办学水平和综合实力。

人人都能成才，行行都能成才，行行都出状元！衷心希望诸位同学在未来的学习生活或工作中，进一步继承和发扬"为增长智慧增强技能走进来，为报效祖国服务人类走出去"的校训精神，不断增强创新意识，投身创新实践，提高创新能力，蓄势期远，再创佳绩！为个人成长成才再谱新篇！为学校增光添彩，为国家和社会做出更大贡献！

校党委书记××××　校长××××

××××年×月×日

> **简析**
>
> 　　例文二是一封庆祝对方二十周年庆的贺信,开头点明了庆贺的原因,并向对方表示祝贺。中间部分回顾了中联水泥二十年的努力与成果,最后作为行业协会组织,对优秀的成员单位送上美好的祝福。
>
> 　　例文三是一封庆祝获奖的贺信。开头写明庆贺的原因,向对方表示祝贺。中间部分指明了获奖的意义,最后对获奖学生进行了热情的鼓励并提出殷切的希望。

写作指南

一、感谢信

(一)感谢信的格式及内容

感谢信一般包括标题、称谓、正文、结尾、落款几部分。

1.标题

在第一行正中写"感谢信"三个字。也可在"感谢信"前面加上对方名称或姓名,表明是写给谁的,如"致×××的感谢信"。

2.称谓

另起一行,顶格写对方单位名称或个人姓名,个人姓名后可加适当的称呼。称谓之后加上冒号。

3.正文

一般分三个层次:先陈述事实,写清楚对方在什么时间、地点,由于什么原因,对自己或单位有什么支持和帮助。再评价事实,指出从事件中表现了对方哪些好思想、好品德、好风格。最后表达谢意和向对方学习的态度、决心。

4.结尾

在正文之后,另起一行,前空两格写"此致",换一行顶格写"敬礼"。

5.落款

签署发信单位名称或个人姓名,在署名的下一行写发信日期。

(二)写作注意事项

① 叙事要简洁,内容要真实,有关人物、事件、时间、地点、原因等要交待清楚。

② 评价和颂扬对方良好的行为及品德,要有高度,又要适度。

③ 情感要真挚,文字要精练。

二、贺信

(一)贺信的格式及内容

贺信包括标题、称谓、正文、落款几部分。

模块五　社交礼仪文书

1.标题

一般采用"贺"或"祝贺"加上事项内容的写法,如《祝贺××铁路开通》。也可在前面加上发贺信者名称,或后面加上"贺信"二字。如《××贺××当选××协会会长》《××祝贺××成立五十周年的贺信》等。如果是写在纸上张贴,可在第一行居中写"贺信"二字,字体要稍大。

2.称谓

另起一行顶格书写单位名称或个人姓名及职务,如果贺信是发给几个单位的,几个单位的名称都要写上。

3.正文

一般包括三部分内容:开头写祝贺缘由和所祝之词,多用"欣闻(欣悉)……,代表……向……表示祝贺"之语,或用"值此……之际,特表热烈祝贺"等语。中间可以结合当前形势,概括分析肯定事项的重大意义或成绩。最后是表示希望或祝愿之词。

注意要根据不同的对象和事由确定写作内容。

上级领导机关(主管部门)对下级单位或所属单位的职工、群众发出的贺信,这种贺信有的是节日祝贺与祝福,有的是对其所取得的成绩表示祝贺并提出希望和要求。

下级单位或职工给上级领导机关发出的贺信。这种贺信在表示祝贺之外,还可表示对工作或完成某项任务的决心、行动。

机关、单位、团体相互之间发出的贺信,这种贺信在表示祝贺之外,还可表示向对方学习,发挥互相鼓励的作用。

对担任重要职务的领导人、德高望重的科学家或艺术家等知名人士寿辰的贺信,可表示祝贺与敬意,赞颂其取得的成果与贡献及高尚的品德。

4.落款

署发出贺信的单位名称或个人姓名,另起一行写日期。

(二)写作注意事项

① 贺信体现自己真诚的祝福,是加强彼此联系、增强双方交流的重要手段。写祝贺信要充满热情、喜悦,说些鼓励、褒扬的话,使对方确实感到温暖和振奋。

② 赞美对方要做到实事求是,评价成绩要恰如其分,不要故意拔高,甚至献媚。

③ 用词要恰当、简练,篇幅不宜太长。书面要做到整洁、大方,所用信封和信纸都要经过认真选择,不能随意对付。

技能实训

完成开头设置的任务。

任务三　欢迎词　欢送词　答谢词

任务设置

育英技术学院的部分师生到红星机械厂参观学习，厂长设宴款待了他们，并在宴会上致欢迎词。师生们在学习期间受到了厂领导和员工的热情帮助，临别之际，红星机械厂还专门召开了欢送会，对此，育英技术学院的师生非常感激，特意在欢送会上致辞表示感谢。请代红星机械厂写欢迎词和欢送词，并以育英技术学院师生的名义写答谢词。

知识探究

一、欢迎词的概念

欢迎词是在欢迎客人的酒会、宴会及其他仪式上，或在会议、活动开始时，主人对宾客或会议代表的到来表示欢迎的讲话稿。

二、欢送词的概念

欢送词是在为客人举行的告别酒会、宴会及其他仪式上，或在会议结束时，主人对宾客或会议代表的离去表示欢送的讲话稿。

三、答谢词的概念

答谢词是客人在欢迎或告别仪式上对主人的盛情款待表达谢意，或对他人的帮助表示感谢，或是在某些特定场合表达感激之情的讲话稿。

范文示例

例文一

欢迎词

女士们、先生们，朋友们：

值此×××厂30周年厂庆之际，请允许我代表×××厂，并以我个人的名义，向远道而来的朋友们表示热烈的欢迎！

朋友们不顾路途遥远，专程前来贺喜并洽谈贸易合作事宜，为我厂30周年厂庆增添了一份热烈和祥和。我由衷地感到高兴，并对朋友们为增进双方友好关系所作出的努力，表示诚挚的谢意！

今天在座的各位朋友中，有许多是我们的老朋友，我们之间有着良好的合作关系。我厂建厂30年能取得今天的成绩，离不开老朋友们的真诚合作和大力支持。对此，我们表示由衷的钦佩和感谢。同时，我们也为能有幸结识来自全国各地的新朋友感到十分高兴。在此，我谨再次向新朋友们表示热烈欢迎，并希望能与大家密切协作，发展相互间的友好合作关系。

"有朋自远方来，不亦乐乎"。在此新朋老友相会之际，我提议：

为今后我们之间的进一步合作，

为我们之间日益增进的友谊，

为朋友们的健康幸福，

干杯！

简析

这是一篇欢迎远道而来庆贺的朋友的致辞。文章开门见山，点明了此时正值30周年厂庆之际，他代表哪些人向来宾们表示欢迎，并一再对这些朋友表达自己的感激之情。接下来，发言人回顾了宾主之间长期以来的良好关系，表明现在取得的成绩离不开大家的支持。结尾处发言人再次向来宾表示欢迎，并表达了良好祝愿。全文短小精悍，热情洋溢，既有礼貌，又有感情。

·:· 例文二 ·:·

导游欢送词

各位游客朋友：

我们的旅程到这就基本上结束了，小张也要跟大家说再见了。临别之际没什么送大家的，就送大家四个字吧。第一字是缘分的缘，我们能够相识就是缘，人们常说百年修得同船渡，可以说我们是百年修得同车行。这次旅程也是百年修来的缘分啊，现在我们就要分开了，缘分却未尽。第二字就是财源的源，也希望各位朋友在以后的日子，财源如滔滔江水连绵不绝！第三字是原谅的原，在这次几天的旅程中，小张有什么做不到的地方还请大家多多包涵多多原谅，多提宝贵意见，让我以后的工作能做得更好。最后是圆满的圆，朋友们，我们的旅程到这就圆满地结束了。预祝大家以后工作好、家庭好、身体好、心情好、今天好、明天好、好上加好、来点掌声好不好！谢谢大家！

简析

这是一篇欢送游客的致辞。作者特意在称呼部分加上"朋友"一词，拉近了与游客间的距离。在正文的开头部分，作者简要地说明了致辞的缘由，接下来通过赠送大家的四个字来分层表述，表明本次合作加深了彼此的友谊，表达对游客的美好祝愿，希望游客对合作中的尚存在的问题给予包涵。结尾处作者再次表达了自己诚挚的祝愿。

例文三

答谢词

尊敬的董事长彼特先生及夫人，女士们、先生们：

晚上好！此次中国××有限公司赴法国考察代表团一行7人来到贵公司进行业务考察和商洽合作事宜，受到贵公司的热情接待和友好款待，我谨代表中方代表团向董事长彼特先生及夫人，以及有关接待人员表示衷心的感谢。

通过这次参观考察和业务谈判，我们对法国同行的一流的生产技术、先进的工艺设备和管理水平感到由衷的敬佩，特别是对贵公司开诚布公、真诚协商、友好合作的谈判态度和工作作风留下了深刻印象，使我们最终确立了合作的初步意向。我们回去后，将进一步认真研究合作方案，尽快与贵公司达成合作协议，实现双方的友好合作。

明天，我们即将结束此次考察行程，启程回国，在此，我谨代表我的同事，并以我个人的名义，对贵公司在我们访问期间所给予的热情款待再次感谢。最后，祝董事长彼特先生与夫人，以及在座各位朋友身体健康！

祝贵公司兴旺发达！

祝中国××有限公司与法国××有限公司合作成功！

祝中法两国人民的友谊万古长青！

简析

这是一篇考察结束时对主人的答谢致辞，表达出对主人的热情好客的真挚感谢之情。致辞的开头首先表明因什么事情向哪些人致以感谢。其后，作者重点对此次访问取得的收获给予充分肯定，并谈到自己的感受和心情，颂扬主人的工作态度及作风。答谢词的结尾，主要是再次表示感谢，并对双方关系的进一步发展表示诚挚的祝愿。

写作指南

一、欢迎词

（一）欢迎词的格式及内容

欢迎词一般由标题、称呼、正文和落款四部分组成。

1. 标题

标题写法一般有两种。一种是以文种命名，如《欢迎词》。另一种是由活动内容和文种名共同构成，如《在××学术讨论会上的欢迎词》。

2.称呼

称呼写在开头顶格处。要写明来宾的姓名称呼，如"女士们、先生们""尊敬的曼彻斯特市代表团各位朋友"。

3.正文

欢迎词的正文一般由开头、中段和结尾三部分构成。

（1）开头　开头通常应说明现场举行的是何种仪式，发言者代表什么人向哪些来宾表示欢迎。比如，"今天下午我们有机会与史密斯先生欢聚一堂，感到十分荣幸。史密斯先生已来我校多次，他是一位我们十分熟悉的师长和学界的前辈，他在文学理论方面的学术成就，在世界已久负盛名。这次，我们有幸再次请到史密斯先生来我校讲学，希望大家倍加珍惜这次机会。首先让我代表今天所有参加会议的人，向远道而来的贵宾表示热烈的欢迎和敬意。"又如××市委副书记所作的《在××改革研讨会上的致辞》的开头部分："在虎年即将过去，兔年就要到来之际，××改革研讨会在我市隆重举行。我谨代表中共××市人民政府，向国家教委领导与与会代表表示热烈的欢迎！"

（2）中段　欢迎词在这一部分一般要阐述和回顾宾主双方在共同的领域所持的共同的立场、观点、目标、原则等内容，较具体地介绍来宾在各方面的成就及在某些方面做出的突出贡献，同时要指出来宾本次到访或光临对增加宾主友谊及合作交流所具有的现实意义和历史意义。

（3）结尾　通常在结尾处再次向来宾表示欢迎，并表达自己对今后合作的良好祝愿。

4.落款

欢迎词的落款要署上致词单位名称、致词者的身份、姓名，并署上成文日期。用于讲话的欢迎词无须署名。

（二）写作注意事项

欢迎词是出于礼仪的需要而使用的，因此要十分注意礼貌。具体而言，要注意以下几点：

① 称呼要用尊称，感情要真挚，要能较得体地表达自己的原则立场。

② 措辞要慎重，勿信口开河，同时要注意尊重对方的风俗习惯，应避开对方的忌讳，以免发生误会。

③ 语言要准确、热情、友好、温和、礼貌。

④ 篇幅短小，言简意赅。一般的欢迎词都是礼节性的外交或公关辞令，宜短小精悍，不必长篇大论。

二、欢送词

（一）欢送词的格式及内容

欢送词由标题、称呼、正文和落款组成。

1.标题

标题的写法一般有两种。一是以文种命名，如《欢送词》。二是由活动内容和文种名共同构成，如《在××研讨会结束典礼上的讲话》。

2.称呼

称呼写在开头顶格处。要写出宾客的姓名称呼。如"尊敬的女士们、先生们""亲爱的

×××大学各位同仁"。

3.正文
欢送词的正文一般由开头、中段和结尾三部分构成。

（1）开头　开头通常应说明此时在举行何种欢送仪式，发言人是以什么身份代表哪些人向宾客表示欢迎的。

（2）中段　欢送词在这一部分要回顾和阐述双方在合作或访问期间在哪些问题和项目上达成了一致的立场、取得了哪些有突破性的进展，陈述本次合作交流中双方的合作和交流给双方所带来的益处，阐述其深远的历史意义。对于私人欢送词还应注意表达双方在共事合作期间彼此友谊的加深增进以及分别之后的想念之情。若为朋友送行，还要加上一些勉励的话。

（3）结尾　通常在结尾处再次向来宾表达真挚的欢送之情，并表达期待再次合作的心愿。亲朋远行尤其要表达希望早日团聚的惜别之情。

4.落款
欢送词在落款处要署上致辞的单位名称、致辞者的身份、姓名，并署上成文日期。用于讲话的欢送词无须署名。

（二）写作注意事项

① 要有实质内容。写欢送词易犯的毛病就是客套话太多，内容空泛，这样的稿子很难收到理想的效果。

② 语言要热情亲切，与欢送的环境气氛要适应。

③ 篇幅不宜过长。欢送词是一种礼节性致词，写得过长，会引起听众的反感。

三、答谢词

（一）答谢词的格式及内容

答谢词由标题、称呼、正文和落款组成。

1.标题
一是用文种"答谢词"作标题；二是由内容和文种名共同构成，如《在接受捐款仪式上的答谢词》。有的还加上答谢人名字，如《××在××××上的答谢词》。

2.称呼
对要感谢之人的称呼。例如答谢迎送或款待，写主人和主办单位负责人的姓名、职务和尊称，如"尊敬的×××市长""尊敬的×××院长"等。通常在突出答谢主要对象后，再使用泛称以称呼其他人，如"女士们、先生们"。

3.正文
答谢词的写作重点在于表达出对主人的热情好客或支持帮助等的真挚感谢之情。

（1）开头　答谢词的开头，应先向主人致以感谢之意。

（2）中段　答谢词的中段，一般表示感谢、阐明意义和致以祝愿。例如，答谢迎送或款待，写出受到接待的情况，对主人所作的一切安排给予高度评价，对主人的盛情款待表示衷心的感谢，对访问取得的收获给予充分肯定。然后，谈自己的感想和心情。比如，颂扬主人的成绩和贡献，阐发访问成功的意义，讲述对主人的美好印象等。而答谢授受，如单位团体或个人在受奖、授衔仪式上表达感激之情，要写出接受奖励、馈赠的心情、意义，表达态度。

（3）结尾　答谢词的结尾，主要是再次表示感谢，并对双方关系的进一步发展表示诚挚的祝愿。

（二）写作注意事项

答谢词是对别人的帮助或款待表示感谢的致辞，所以写作时应注意态度谦恭、有礼貌。

技能实训

完成开头设置的任务。

任务四　演讲稿

任务设置

近期，班里将举行一场主题为"珍惜青春"的演讲比赛，作为参赛选手，你需要准备一篇演讲稿。

知识探究

一、演讲稿的概念

演讲稿，也叫演讲词，是演讲者在公共场合或集会上，就某一问题宣传自己的主张，表达自己的感情或阐述某种事理而事先写的书面材料。演讲稿可以帮助演讲者整理演讲思路、提示演讲内容、规范演讲语言，从而提高演讲水平，使演讲更精彩，更能打动听众。

二、演讲稿的特点

1. 针对性

射箭要看靶子，弹琴要看听众，写作演讲稿一定要根据不同听众的年龄、职业、文化层次、心理状态以及兴奋点来确定演讲的内容。不能无的放矢。

2. 口语化

针对演讲面对面与听众交谈的特点，演讲稿的语言要多用短句，要口语化、通俗化，让听众听明白，听清楚，受感动，另外还要讲究语言抑扬顿挫的节奏感和朗朗上口的韵律美。

3. 鼓动性

在思想内容方面，议题要与听众休戚相关，主张要与听众痛痒与共，感情要与听众喜怒相通。在表达形式方面，要调动修辞手段，如设问、反问、比喻、对比、排比、反复等，借以增强感情色彩，激发听众情绪。这样，演讲稿就会富有鼓动性。

三、演讲稿的种类

根据不同的标准，演讲稿可有不同的分类。

① 按照演讲的内容、性质划分，有政治演讲稿、学术演讲稿、军事演讲稿和社会生活演讲稿等；

② 按照演讲稿使用场合划分，有比赛演讲稿、竞聘演讲稿、事迹报告稿、典礼发言稿等；

③ 按照演讲稿的语言表达方式划分，有以叙述为主的演讲稿、以议论为主的演讲稿和以抒情为主的演讲稿等；

④ 按表现形式划分，分为命题演讲、即兴演讲、论辩演讲。命题演讲是按他人拟订的题目并经过准备后所做的演讲，或按他人划定的范围自己拟订题目并经准备而发表的演讲。即兴演讲是演讲者在事先无准备的情况下就眼前场面、情境事物、人物等临时起兴发表的演讲。论辩演讲是由两方或两方以上的人因对某个问题产生不同意见而展开的面对面语言交锋。

范文示例

例文

多一些角度，少一点自我

亲爱的同学们，大家好！

我们先来看一个心理学实验：心理学家让来自不同国家的人花几分钟画一幅简略的世界地图，只需要简单迅速地勾勒出几个大洲就行，然后在地图的中央画一条线。大家猜一猜，受测者把线画在哪里？它有没有贯穿大西洋？太平洋？它是从美国或者印度穿过，还是从欧洲或亚洲？结果是：亚洲人将自己所在的洲置于地图的中央，美国人把北美洲放在地图的中央，欧洲人也毫不例外。

这说明，不管你承认与否，很多人都习惯于以自我为中心。正由于我们习惯性地把自我置于世间万物的中心，长时间坚持自己既有的看法，所以，在看问题时，我们往往会扭曲周围的事物。我们习惯放大所熟悉的道理的影响，而缩小所不知道的知识的影响，甚至认为自己所不知道的东西是无关紧要的。在处世上，以自我为中心者往往完全从自己的角度、经验去认识和解决问题，似乎自己的认识和态度就是他人的认识和态度，盲目地坚持自己的意见。

一家儿童玩具店购进许多新奇玩具，很讲究地摆放在柜台里。可是，出乎意料，儿童们来到商店却全然不顾，而是去附近其他玩具店买那些地摊货。店老板请来一位中小企业咨询员帮助分析原因。这位咨询员向四周巡视一番，便坐在地板上把视线降低到小孩子所能看到的高度，这回发现了问题：原来，大人容易看到的地方，对于小孩子来说，却是一个死角。于是，他同店老板一面用膝盖在地板上行走、观测，一面按照小孩子的视线高度，把玩具重新摆放一遍。后来，这家儿童玩具店的生意便空前兴隆起来。

由此可见，当人们过于"自我"时，思维就会陷入死角，怎么也走不出来。而且，他们在接受新东西时，只愿意接受自我所认同的东西，从而不断强化固有的思想和观点。正如一位学者所说的那样，有人读了不少书，但都读相同观点的一种书，千人一面，不过是重复。他最害怕的就是看了不同的书动摇他的单纯幼稚的盲信，越读心胸越狭窄，越读思想越执拗。古语说："眼界要阔，度量要宏。"看不同的意见，知道世界的复杂，才能耳聪目明。

巴黎有一家旅馆，住客乘电梯上下，抱怨速度太慢。老板发愁了，他觉得，若是重新设计、安装，要花一大笔钱。一位心理学家给他出了一个主意：在电梯室里装上几面镜子。老板依此行事，果然奏效，批评电梯太慢之声遂息。原来，住客走进电梯室之后，都要对镜整装、梳理一番，这样，不但不嫌速度慢，反而觉得电梯太快了。老板之所以开始没想到这个办法，就因为他习惯从自己已有的角度去看待问题。这也说明，事物本来是复杂的、多向的，该从多种角度去考察。解决问题的途径也是多种多样的，我们应该从多方面去探索。因此，我们也应该经常反思一下，自己是不是在思想上过于自我，只习惯于从自己固定的思路去看待问题。

同学们，动动脑筋，换换角度，换自我为中心为多角度观察，变单向思维为多向思维，我们就会看到很多以前所没看到的美丽，想到以前所没有想到的思路，人生也将会进入一个新境界！

谢谢大家！

(选自《演讲与口才》杂志，略有改动。作者方尧尧)

简析

这篇演讲稿通过讲述心理学实验、儿童玩具店改进玩具的摆放、巴黎某旅馆电梯安装镜子三个有趣的事例，运用夹叙夹议的方式生动地阐明了观点。写作时精选事例，并以恰到好处的议论点明主旨，能够使演讲明白易懂，生动有趣。

写作指南

一、演讲稿的格式及内容

演讲稿的结构可分为标题、称谓、开头、主体、结尾五部分。

1.标题

演讲稿的标题要醒目、精练，紧扣演讲主题。标题的形式很多，常见的有以下几种。

（1）概括式　直接揭示演讲的主题。如：《人总是要有点精神的》《在平凡岗位成就精彩

人生》

（2）设问式　提出演讲的主要问题，引发听众思考。如：《当代大学生应具备什么素质》。

（3）鼓动式　常用祈使句点明演讲目的，号召听众行动起来。如：《大学生，请补上交际这一课》《注意，路上处处有红灯》等。

（4）比喻式　用比喻点明演讲的主题。如：《科学的春天》《裂开的房子》等。

（5）场合、背景式　用标题说明演讲的场合、背景。如：《在马克思墓前的讲话》《在地震救灾现场的讲话》等。

2.称谓

写对听众的称呼，如"各位老师、同学们""女士们、先生们"等。称呼要贴切和亲切。

3.开头

演讲稿的开头有两个作用，一是揭示演讲的主题，让听众知道演讲的内容；二是吸引听众，使听众对演讲主题感兴趣。开头要力求新颖精彩。常见的开头方式有以下几种。

（1）开门见山式　即在开头直接说明演讲主题。如一位高职生的演讲稿《我也能》的开头：我是一名专科生，今天我站在这里的目的是想对大一的同学们，特别是专科的同学们，说这样一句话：有很多事情只要我们肯付出，其实我们也能做到。

（2）提出问题式　即在开头提出听众关心的问题，引起听众的思考，以此引出演讲主题。

（3）引用名句式　即在开头用名言名句引出演讲主题，增强演讲的说服力。

（4）实例导入式　以生活事例、故事、数据等开头引出演讲的主题，能增强听众的兴趣。

（5）现场引入式　从眼前的人、事、景引入演讲，如从现场的陈设布置、现场气氛、观众的情况、自己的感受等说起，或接着上一位演讲者的话引入自己的演讲，这种开头方式灵活而自然，由此及彼，常常能取得非同一般的效果。例如一次竞选班长，前面一位同学豪爽自信地说："如果我当上了班长，一定能让咱们班在全校、全区、全市闻名！"后一位同学是这样开头的："我很佩服刚才那位朋友的勇气和胆量。和他比，我真是自愧不如！那么，一定有人要问，我凭什么竞选呢？我的回答是：我有三颗红心，那就是：热心、责任心和上进心。"

（6）设置悬念式　设置悬念，引发听众的神奇感、好奇心，激发听众听讲兴趣，满足其期待心理。如著名演说家李燕杰演讲《爱情与美》的悬念式语言表达开场："前年4月，北京一家公司请我做报告。我因教学任务紧张，不想讲，来的同志说：'李老师，你一定要去，我们这次是请你去救命的。'我听了很纳闷儿……"听他这么一说，听众也感到纳闷：到底发生了什么事，非请他去救命不可呢？

在实际演讲中，演讲稿的开头形式很多，除以上几种外，还有背景介绍式、设置情景式、幽默调节式以及综合式等等。

4.主体

演讲稿的主体，要精心安排结构层次，层层展开、环环相扣，要在内容上一步步吸引听众，在感情上一步步感染听众，在理论上一步步说服听众，水到渠成地推向高潮。由于演讲的范围很广，所以演讲稿主体的结构形式很多，难以一概而论，这里介绍常见的几种结构形式。

（1）并列式　即把演讲内容分成并列的几个部分，从不同角度、不同侧面对主旨进行表述或论证，使听众对此有全面、具体的了解和认识。如题为《青春是什么》的演讲，分为以下四个并列的层次进行论述：青春是一粒种子；青春是一轮朝日；青春是一部著作；青春是一首乐章。又如演讲稿《书——开启人类智慧大门的金钥匙》主体部分分为"藏书，我比较求多""读书，我比较求博""写书，我比较求精""用书，我比较求活"四个并列的层次充分论证了主题。

（2）递进式　就是围绕演讲主旨，依据事物或事理的内在逻辑，采取层层推进、步步深入的方式，将问题论述得透彻明了，这种层次安排，能使事物得到由表及里的深入阐述和证明。如题为《为了孩子的明天》的演讲，开头摆出某些学生"高分低能"的事实；然后分析出现这种现象的外部和内部原因；接着论述过分追求分数对孩子们的种种危害；再提出怎样改变这种现状的具体措施。全文由现状分析到追究根源，又由根源到危害，最后提出解决问题的办法，逐步深入，很自然地为结尾的号召作了铺垫。

（3）对比式　围绕演讲主旨，从正反或更多不同的角度进行对比阐述，形成反差，增强说服力。如题为《诚信，做人之本》的演讲，分别从诚信者如何步入成功，失信者如何走向失败，正反两方面进行对比论述，给人以深刻的启示。

（4）时间顺序式　即按照时间先后安排内容，夹叙夹议。白岩松在耶鲁大学的演讲《我的故事以及背后的中国梦》中，分别讲述了1968年、1978年、1988年、1998年和2008年这五个时间节点所对应的自己的成长故事，把整个发展放在了时间轴的几个节点上，听众听起来非常清晰，并且深深地被白岩松的成长经历所吸引。

5. 结尾

演讲稿的结尾，是主体内容发展的必然结果，应收拢全篇，卒章显志，干脆利落，简洁有力，切忌画蛇添足。

演讲稿的结尾有以下几种常见形式。

（1）总结全文式　即在结尾总结全文的要点，以加深听众的印象。这是最常见的结尾形式。

（2）鼓动听众式　即在结尾提出希望或号召，以饱满的激情鼓动听众。

（3）主题升华式　即在结尾进一步揭示所讲事件和主题的深刻意义。

（4）表态式　即在结尾进一步表明自己的态度和决心。

二、写作注意事项

① 选题要把自己的兴趣和听众心理相结合。
② 主题集中，条理清楚。
③ 多用形象实例，少用抽象论证。
④ 语言通俗易懂、节奏感强。

技能实训

完成开头设置的任务。

模块六 求职文书

　　求职文书，指在人力资源应用管理领域，人们用于处理人力资源信息、推介自我才能、获取职业机会的文书。

　　大部分企业、公司确定面试资格的依据是反映求职者情况的书面资料，对他们来说，这些书面资料就是判断和评价求职者学习成绩、工作能力、工作潜力的依据。拟定有说服力并能吸引用人单位注意力的求职文书是赢得竞争的第一步，真实可靠、重点突出、结构清楚、详略得当、语言简练、格式正确的求职信和个人简历是求职者走向成功之路的开端。

 学习目标

一、知识目标

理解求职类文书的含义，熟悉其特点。
掌握求职信、简历的格式与内容要点、写作技巧。

二、能力目标

能根据职位要求和自身情况，确定求职信和简历的写作要点与重点。
能写出突出自身优势、格式规范、语气恰当的求职信和简历，避免错别字。
具备一定的交流表达、与人合作、解决问题的能力。

三、素质目标

敢于展示和表现自己，具备一定的竞争意识。

任务一　求职信

任务设置

　　××职业学院工业分析与检验专业学生张燕，在校三年的成绩都非常优秀，也练就了扎实的操作技能，能熟练操作各种仪器，并掌握了各种仪器分析方法。大二下期，她和同学组队参加本市举办的分析操作技能大赛，取得了团体第二名、个人第一名的好成绩。张燕在大二的时候还当选了系学生会干部，得到了充分的锻炼。如今即将毕业，她非常关注网上发布的职位信息。

　　今天，她看到××橡塑新材料有限公司招聘化验、检验人员的信息，要求大专学历，岗位描述是：负责橡胶类及橡胶化学品的分析与检测；熟练掌握各种仪器分析方法，并有化学分析方法开发研究和创新能力；能熟练阅读理解英文技术资料；有较强的解决问题的能力和动手能力；具有很强的责任心和学习能力，工作主动。

　　她认为自己各方面情况符合该公司条件，请你根据以上材料为张燕撰写一封求职信。

知识探究

一、求职信的概念

　　求职信又称自荐书或者自荐信，是求职者向用人单位推销自己，以谋求某一职务或岗位的专用书信。求职信既是求职者的"敲门砖"，也是雇主认知求职者的"第一印象"。求职者要通过自己简短精练但信息完整且重点突出的行文，如实反映自己的学历、专长和综合能力，从而达到求职目的。

二、求职信的特点

1.简短精练

　　求职信字数一般在500字左右，因此要求写作者语言功底扎实，简明扼要，在有限的篇幅里传达出最有效的信息，力求在短时间内紧紧抓住雇主的"眼球"。

2.重点突出

　　求职信的内容选择有两个方面的要求：第一，针对用人单位所需来写，切不可忽略用人单位发布的招聘要求，自说自话；第二，要结合自身专长来写。重点展示自己与职位相关的能力优势，诸如自己的职业技能等级、所获奖励、参加各种技能大赛的证明或者奖状等等，以此作为自己实力的证明，从而为赢得用人单位的认可、录用打下坚实的基础。

3. 谦逊自信

写作求职信的态度是自信而不自负，谦逊而不谦卑。一般而言，用人单位对未来人才的选拔除了文凭、技能等级证书等硬件外，还关注求职者心理状态和精神面貌是否和本企业的企业文化相容，并能相互促进。

范文示例

求 职 信

尊敬的领导：

　　您好！

　　感谢您在百忙之中阅读我的求职信。我是××职业技术学院机电一体化专业的应届毕业生××，在网上得知贵公司招聘数控设备操作工，与我所学专业对口，而且我对贵公司仰慕已久，故特来应聘。

　　在校期间，我系统学习了机械、电气、机电等专业理论知识，还学习了有关机械设计与销售方面的知识，成绩优良。我积极参加专业实习和设计，具备较强的实际动手能力，具备了典型数控设备的操作能力和维护能力。我努力使自己向复合型人才方向发展，认真学习计算机知识，获得计算机二级证书。我熟悉Windows11操作系统，熟练使用网络，能够快速地在网上查找所需要的资料。我还通过了英语三级考试。

　　我重视社会实践，曾先后利用假期去过武汉、上海、广州兼职打工、勤工俭学，这很好地锻炼了我的适应能力和与人交流相处的能力，使我善于团队协作。

　　我具有较强的责任心，能吃苦耐劳，诚实、自信、敬业，脚踏实地地努力办好每一件事。我身体健康，喜爱文体活动，获得过全校舞蹈大赛三等奖，多次参加校运动会并取得好成绩。

　　我恳请贵公司给我一个机会，让我成为你们中的一员，我将以自己的热情和勤奋回报您的知遇之恩，并非常乐意与未来的同事合作，为贵公司的发展贡献力量。

　　祝贵公司业绩频升，祝您事业蒸蒸日上！

此致

敬礼

自荐人：××
××××年×月×日

联系方式：

××职业技术学院××级机电班

邮编：××××××

电话：××××××××××

邮箱：××××××××××

模块六　求职文书

附件：
1. 个人简历
2. 毕业证书复印件
3. 在校学习成绩单
4. 英语三级证书复印件
5. 计算机二级证书复印件
6. ××××获奖证书复印件

简析

例文首先感谢对方阅读自己的求职信，显得很有礼貌。恰当的称呼和简洁的问候语之后，是求职信的主体部分——正文。正文依次写了诉求目标、诉求缘由、求职条件、提出录用四个板块内容。诉求目标明确；诉求缘由表明了招聘信息的来源和自己对该公司的仰慕，言简意赅；求职条件展示全面，且突出了与职位相关的专业知识和能力；提出录用请求和表明决心，语言热情诚恳，表述得体。全文格式规范，语言简洁，重点突出，尤其是所具备的专业知识和能力写得具体可信，有说服力。

写作指南

一、求职信的格式及内容要点

求职信由标题、抬头、问候语、正文、落款、附件构成。

1. 标题

以文种名称为标题，即"求职信"。

2. 抬头

写出用人单位的名称（须用全称或规范简称），也可以用人单位领导为受文者。如"尊敬的×厂长"。

3. 问候语

常用的是"您好"，提行空两格写，独立成段。如果是写给单位或部门的，不用问候语。

4. 正文

① 求职目标。开门见山直述自己谋求的就职目标。

② 求职缘由。表达自己对用人单位的了解和认同、对此项工作的兴趣等。

③ 求职条件。这部分是求职信的主要部分，用于陈述自己符合用人需求的专长、能力等条件。应全面完整、条理清楚、主次分明地陈述自己胜任所求工作职务的种种优势。主要包括专业知识与技能，实践经验及成效，情感态度价值观，综合素质，健康状况，获得的专业证书及奖励等。

④ 提出录用、复试的请求、希望，或表达自己的工作态度、决心。一般以期请语作结，

如"等候您的佳音""希望您惠予面谈"。

5.落款

落款为求职者的现行身份、姓名和成文时间。求职信若是打印件，落款中的求职者姓名仍须亲笔手书。

6.附件

这部分是自荐书内容的延伸、补充。一般包括个人简历和有关材料复印件。

个人简历包括自然情况、学历学位、参与社团、工作经历、能力展示、通讯联系等内容。

有关材料复印件包括在校的学习成绩单、学校鉴定材料、毕业证书、外语等级证书、计算机等级证书、各种荣誉证书、在报纸杂志上发表的文章和论文等内容。

二、写作注意事项

1.重点突出，有的放矢

求职信是写给用人单位看的，要针对用人单位的需求来写，所以求职信要突出那些能引起对方兴趣，有助于获得工作的内容。

2.扬长避短，展示优势

求职信要展示自己的独特长处，写出人无我有、人有我优的"闪光点"，赢得用人单位的录用。

3.简明扼要，条理清楚

求职信可以反映出一个人的综合素质。语言简洁，条理清楚，能证明你是一个思维清晰、逻辑性强的人。另外，招聘者也没有耐心看你洋洋洒洒的长篇大论，他会将重点放在你是否具备入职的基本条件上，所以求职信要求简练明了，重点突出，在有限的篇幅里表达出最有效的信息。

4.不堆砌辞藻，避免套话空话

用简练的语言把你的求职想法以及个人优势表达出来，不要堆砌辞藻。也不要使用空话套话，最好用平实、稳重的语气来写，切忌华而不实。

5.书写工整，表达规范

俗话说："字如其人，文如其人。"书写和语言一定程度上能够体现你的精神面貌、工作态度、性格特征，写求职信应注意字迹工整，表达通顺，避免语病和错别字，这样能给对方一个良好的第一印象。

技能实训

一、求职信应重点展示什么内容？

二、完成开头设置的任务。

三、请根据下面的招聘广告（或根据自己收集的招聘信息），结合自身情况写一封求职信。

××公司诚聘员工

本公司主营摩托车制造，因业务发展，向社会公开招聘员工。招聘具体事项如下：

一、招聘岗位：技术员2名、装配工5名、库管员1名、质检员1名、电工1名、文秘2名、电脑操作员2名、公关策划员2名、物流员2名、出纳1名、销售员4名、保安1名。

二、应聘条件：大专以上学历、年龄35岁以下、品德优良、身体健康、有住房者优先。

三、应聘方式：（略）

四、公司地址：××市××街××号　邮编：××××××

联系电话：××××××××

联系人：吴先生、周小姐

××公司人事部
2023年5月17日

任务二　个人简历

任务设置

在上一节中，你选定××单位××职位撰写了一封求职信，现在请你结合这份求职信，制作一份个人简历。

知识探究

一、个人简历的概念

简历又称求职资历、个人履历等，是求职者将自己与所申请职位紧密相关的个人信息经过分析整理并清晰简要地表述出来的书面求职资料。求职者用客观的事实和真实的成果向招聘者展示自己的学历、经历、经验、技能等内容。

二、个人简历的特点

1. 真实

求职者在写作简历时，必须根据自己的实际经历，实事求是地反映自己的学历、工作经验、技能等相关信息。

2. 正面

求职者在撰写简历时，侧重展示自己的优点、长处。

3. 简洁

简历的文字要少而精，一般是一页A4纸的篇幅。因此，在写作简历时，一定要精选内容，且不要表述得过于复杂和啰唆。要知道，主考官第一次看一份简历的时间不过是短短的几秒钟而已。

范文示例

个人简历

姓名：张强	性别：男	
年龄：22	政治面貌：中共党员	照片
学历：大专	籍贯：江苏南通	
手机：××××	联系地址：×××××××	
Email Address：××××@××××.com		

求职意向

贸易、营销相关工作。

教育背景

2020.09—2023.07　　×××职业学院　　市场营销专业

主修课程：市场营销、财务管理、消费者行为学、广告学、××××、××××、国际经济贸易、××××、××××等。

专业实习与工作经历

2022.09—2023.02　××市××饮料有限公司营销部顶岗实习　　业务员

从事公司线下销售工作，开发新客户。

完成客户跟进、签约及后续服务工作；实时了解行业的变化。

熟悉了产品的销售流程与方式以及商务礼仪工作的要求。锻炼了销售的商务沟通能力，能够从营销的角度规划销售方案。

2022.07—2022.08　××市××超市兼职打工　　　　　　收银员

熟悉收银设备的操作，能准确、快速地结账收款。

熟悉店内促销商品的价格及促销内容；熟悉退换货处理流程。

培养了服务意识，增强了协作意识，积累了销售经验。

学校工作与社会实践

大学期间任班长、校足球队队长。曾多次组织校级体育赛事和文艺演出并取得良好效果，如××××、××××。

在××敬老院参加"爱在夕阳红"敬老爱老活动。

在××社区，参与"反诈防骗进社区"宣讲活动。

组织班级同学开展农村消费社会调查活动。

技能与证书

专业技能：初级营销员证书；初级物流员证书。掌握营销专业知识，熟悉商务流程，具备销售技巧。

语言技能：普通话二级甲等；大学英语B级。

办公技能：熟练使用Windows11和Office2023，熟悉互联网基本操作。

获奖情况

×××技能大赛二等奖　　　　　　　　　　　××年一等奖学金

××年校优秀学生干部　　　　××年×市大学生足球联赛"最佳射手"称号

自我评价

热爱营销工作，有较强的交流沟通能力和良好的人际关系。善于团队合作，具有组织管理经验。开朗大方、兴趣广泛、适应力强、认真负责、勇于迎接新挑战。

附件：技能证书、获奖证书（略）

简析

这是一份文字式简历。求职者根据应届生的身份和自身的具体情况，围绕求职岗位，精选项目进行展示，重点写与求职岗位相关的能力和经历，针对性强。采用分条的方式，依次写出，条理清晰。文字式简历写作灵活方便，在排版时要注意各板块间的界限清晰。

除了文字式简历以外，简历还常以表格的形式出现（见表格式简历模板），设定项目，逐一填写，简洁明了，易于操作。使用时，可自制合适的表格，也可以在网上下载模板，适当修改项目设置，使其切合自身情况，突出自己的优势。

表格式简历模板

个人简历

姓　名		性　别		年　龄		相片
学　历		专　业		毕业学校		
民　族		籍　贯		政治面貌		
电　话				E-mail		
地　址						
求职意向						
教育背景						
技能与证书						
专业实习及工作经验						
学校工作及社会实践						
获奖情况						
自我评价						

写作指南

一、个人简历的格式及内容

个人简历由标题和正文构成。

1. 标题

标题常用"个人简历""求职简历"等，也可采用"×××（姓名）简历"的写法。

2. 正文

个人简历的正文写作形式有文字式、表格式、文字表格综合式。无论何种形式的简历，都应包括以下几方面内容：

① 个人自然信息，如姓名、性别、健康状况、地址、邮编、电话、电子信箱等内容。

② 求职意向。

③ 教育背景。

④ 与申请职位相关的个人能力。

⑤ 实践、工作经历经验，重点是与此申请职位相关的内容。

⑥ 特长爱好、性格、健康等情况。

⑦ 获奖和获取职业资格证书的情况。

二、写作注意事项

① 针对职位。有的放矢，紧扣职位要求来写。如有必要，可分别写作针对不同职位的求职简历。

② 突出优势。要精选内容，安排好详略，突出自己的优势。

③ 客观真实。求职简历务必实事求是，不能注水，不能有任何虚假的内容。

④ 简洁表述。语言精练，常采用简洁的无主句式表达。

⑤ 不要把私人与工作无关的事都一览无遗地写进去，例如婚姻状况、家庭状况等。一般也不填薪水要求，履历表的作用在于争取面试的机会。

⑥ 罗列材料时应合理安排顺序，体现逻辑性。

三、个人简历与求职信的区别与联系

1. 区别

① 求职信有交流作用，要特别注意措辞和态度，做到热情诚恳，适度得体，自信而不自傲；简历则是材料的呈现。

② 求职信注重表述求职者的主观愿望与态度；简历主要罗列求职者的客观情况。

③ 求职信有重点地向对方概括展示自己的总体形象；简历则更具体地展示相关材料，充分体现自身条件。

2. 联系

① 二者写作目的相同，都是为了展示自己，引起招聘方的重视和认同，争取面试或录

取机会。

②写作时都要有针对性,突出与岗位匹配的能力与特质。

③二者常结合使用,一般将简历附在求职信之后交给招聘单位。

技能实训

一、指出下面这份求职简历存在的问题。

个人简历

姓　　名:陈××

联系地址:××市中山路29号

联系电话:××××××

求职目标:经营部、营销部、广告部、管理部

资格能力:2019年7月毕业于×××职业学院经济管理系。所修课程主要有:商业经济、商业管理、市场营销、广告学、公共关系学等。选修课程有:零售企业管理、消费者行为和计算机原理与应用等。在校期间学习成绩一直优秀,撰写的毕业论文曾受到奖励,并在全国多家报刊上发表。

工作经历:2019年7月至现在皆在××市百货公司负责市场营销及有关管理工作。

社会活动:求学期间曾担任××协会主席,曾在××市营销管理论坛上代表协会发表演讲,并在该论坛2020年5月举行的会议上当选为年度"明日之星"。

其他情况:1997年出生,未婚,能熟练运用各种现代办公设备,英语会话能力强,书写能力略逊。爱好旅游、打网球、摄影。

二、完成开头设置的任务。

模块七 经济文书

经济文书,指在经济管理领域,人们用于处理经济事务、传播经济信息、协调经济活动、规范经营管理的具有惯用格式的各种文体的总称。

经济文书伴随经济活动而产生,是从事经济管理工作最基本的工具,其撰写、生效与现代经济管理同步,具有效益性、政策性、专业性、程式性等特点,其写作也应遵循目的性、层次性和时效性等原则。本模块将对几种常用经济文书加以重点介绍,力求使学生触类旁通,提高经济文书的撰写能力,以更好适应现代社会需要。

 学习目标

 一、知识目标

了解经济文书的特点。
初步了解市场调查和营销活动的基本做法。
熟悉合同、市场调查报告、策划书的特点与种类。
掌握合同、市场调查报告、策划书的结构和基本写法,领会其写作要求。

 二、能力目标

能运用一定方法进行市场调查。
能根据设定情境或实际情况撰写格式规范、内容合理、表达清楚明确、语气恰当的经济文书。
具备一定的交流表达、与人合作、解决问题的能力。

三、素质目标

树立遵纪守法的意识,培养签订合同的严肃慎重的态度。

任务一　合同

任务设置

小王临近毕业，正忙于实习和毕业设计，为方便工作和学习，急需在学校附近租房，正巧李阿姨家有一套32平方米带厨房和卫生间的闲置住房愿意出租。经过双方协商，拟签订一份为期半年的租房合同，月租600元。请你代小王草拟这份租房合同。

知识探究

一、合同的概念及作用

《中华人民共和国民法典》（以下简称《民法典》）规定："合同是民事主体之间设立、变更、终止民事法律关系的协议。"民事主体即民事法律关系的当事人，指参加民事法律关系享受权利和承担义务的人，根据《民法典》的规定，民事主体有自然人、法人和非法人组织三类。

合同具有法定约束力，不仅可以保护合同当事人的合法权益，还有利于规范市场行为，优化经济环境，提高经济效益，更是政府加强社会经济管理，维护社会经济秩序，进行宏观经济调控的重要依据之一。

二、合同的特点

1.合法性

合同的撰写必须严格遵守《民法典》相关规定，亦必须按照国家法令、政策签订。合同一经签订即具有法律效力，受到国家法律的承认和保护。

2.制约性

合同是制约性的文书，合同关系一旦成立，各方当事人就都受到法律的约束，不得随意违反合同约定，否则就要承担相应的法律责任。

3.平等性

合同的当事人，不论其主体资格大小、职务高低、经济实力强弱，在合同协商和履行过程中法律地位是平等的，不可将自己的意志强加给另一方。

4.一致性

合同是当事各方协商一致的结果。合同的所有条款，都必须通过平等协商达成共识后才能写入合同中，未取得一致的意见不能写入，更不允许单方面修改或中止合同。

5. 双向性

合同当事人都享有要求对方履行承诺的权利，同时也应承担保证对方权利实现的义务。也就是说，在合同中，己方的权利就是对方的义务，而对方的权利就是己方的义务。

三、订立合同的原则

1. 平等原则

平等原则是指地位平等的合同当事人，在充分协商达成一致的前提下订立合同的原则。这一原则包括三方面内容：第一，合同当事人的法律地位一律平等。不论所有制性质，也不论单位大小和经济实力的强弱，其地位都是平等的；第二，合同中的权利义务对等；第三，合同当事人必须就合同条款充分协商，取得一致，合同才能成立。任何一方都不得凌驾于另一方之上，不得把自己的意志强加给另一方，更不得以强迫命令、胁迫等手段签订合同。

2. 自愿原则

自愿原则包括：第一，订不订立合同自愿；第二，与谁订合同自愿；第三，合同内容由当事人在不违法的情况下自愿约定；第四，当事人可以协议补充、变更有关内容或协议解除合同；第五，可以自由约定违约责任，在发生争议时，当事人可以自愿选择解决争议的方式。

3. 公平原则

合同双方当事人之间的权利义务要公平合理。具体包括：第一，在订立合同时，要根据公平原则确定双方的权利和义务；第二，根据公平原则确定风险的合理分配；第三，根据公平原则确定违约责任。

4. 诚实信用原则

诚实信用原则要求当事人在订立合同的全过程中，行使权利、履行义务都要诚实，讲信用，不得有欺诈或其他违背诚实信用的行为。

5. 遵纪守法

当事人订立、履行合同，应当遵守法律、行政法规，尊重社会公德，不得扰乱社会经济秩序，损害社会公共利益，要遵守善良风俗原则。

四、合同的种类

1. 按合同性质和内容分类

根据《民法典》合同编第二分编，"典型合同"可以分为19种基本类型：买卖合同、供用电、水、气、热力合同、赠与合同、借款合同、保证合同、租赁合同、融资租赁合同、保理合同、承揽合同、建设工程合同、运输合同、技术合同、保管合同、仓储合同、委托合同、物业服务合同、行纪合同、中介合同、合伙合同。以上各类在《民法典》中专门列出的合同，法学理论上称为"有名合同"。需要注意的是，实际使用中，并非只有有名合同才是有效的。凡是人们自愿订立的合同，只要不违反国家法律法规，不违反社会公序良俗，即使《民法典》中没有专门将它列出，也同样受到国家法律保护，具有法定约束力。

2. 按合同表达形式分类

《民法典》第四百六十九条规定，当事人订立合同，可以采用书面形式、口头形式或者其他形式。书面形式是合同书、信件、电报、电传、传真等可以有形地表现所载内容的形式。以电子数据交换、电子邮件等方式能够有形地表现所载内容，并可以随时调取查用的数据电文，视为书面形式。

3. 按照签订渠道分类

按照签订的渠道，合同可以分为线下纸质合同和线上电子合同。电子合同是指平等主体的自然人、法人、其他组织之间以数据电文为载体，并利用电子通信手段设立、变更、终止民事权利义务关系的协议，如网购、网上支付凭证、电子协议等。

4. 按合同书写形式分类

按合同书写形式分，合同可分为条文式合同、表格式合同和条文表格综合式合同。

条文式合同，是用文字记述的方式，将当事各方协商一致的内容逐条记载下来的合同（如例文一、例文二）。

表格式合同，指把合同中的内容分项设计成表格形式，填写双方商定内容的合同。

条文表格综合式合同，指综合运用了条文和表格形式的合同（如例文三）。

范文示例

例文一

宣纸买卖合同

甲方：河南××书画社　　　　　　　　　　合同编号：

　　　　　　　　　　　　　　　　　　　　签订地点：

乙方：安徽×县××宣纸股份有限公司　　　签订时间：

根据《中华人民共和国合同法》及有关规定，为明确甲乙双方权利与义务，经双方协商一致，签订合同如下：

一、甲方向乙方购买××牌4尺洒金宣纸1000刀（一刀为500张），每刀单价850元，总价款850000元（人民币）。

二、甲方向乙方购买的××牌宣纸，要求纸质绵密、润墨性能好、外观均净、手感柔软、色泽莹白、金粉分布匀称，符合特级洒金宣纸国家标准。合同签订时，甲方将封存样品，以备验收时比对使用。

三、乙方应于2023年1月31日前用火车将货物托运至河南××火车站。宣纸内用塑料袋密封，外用瓦楞纸箱封装。包装费、运费由乙方承担。

四、甲方须在2023年1月15日前，通过银行托收承付方式，预付总价款的30%（255000元人民币）给乙方。

五、甲方收到货物后，委托国家商品质量检验部门按照特级洒金宣纸国家标准进行验收。在与封存样品比对验收合格后，于7日内通过银行转账，一次性向乙方付清余下的70%货款（595000元人民币）。

六、违约责任

合同签订后，在正常情况下

（一）拒不交货或拒付货款者，应向对方偿付货款总值12%的违约金；

（二）延迟交货或延迟付款者，每延期一日，须向对方支付货款总额3‰的滞纳金；

（三）不能完全交货或完全付款者，须向对方支付不足部分货款总值20%的违约金；

（四）如乙方宣纸质量未达双方议定标准，甲方可拒绝收货，并要求乙方按货款总值10%计赔，或由双方重新商定价格；

（五）若因不可抗力因素导致合同不能履行，经双方协商和合同鉴证机关查明证实，可免于承担违约责任。

七、争议解决的方式

合同履行过程中，甲乙双方若发生争议，由双方协商解决。协商不成，可向合同仲裁机关申请仲裁，或向人民法院起诉。

八、本合同一式三份，甲乙双方各执一份，鉴证机关一份。本合同自签字盖章之日起生效，至双方义务履行完毕失效。

甲方：河南××书画社（章）　　　　乙方：安徽××县××宣纸股份有限公司（章）
法定代表人：王××　　　　　　　　法定代表人：陈××
委托代理人：××　　　　　　　　　委托代理人：××
开户银行：××市工商银行　　　　　开户银行：安徽省××县工商银行
银行账户：××××××××　　　　银行账户：××××××××
地址：××市××区××路××号　　地址：安徽省×县××路××号
电话：××××××××　　　　　　电话：××××××××
邮编：××××××　　　　　　　　邮编：××××××

　　　　　　　　　　　鉴证意见：
　　　　　　　　　　　经办人：
　　　　　　　　　　　鉴证机关：安徽省××县工商行政管理局（章）
　　　　　　　　　　　　　　　　　　　2022年×月×日

> **简析**
>
> 　　此例文为条文式买卖合同。标题由标的、合同类别和文种词构成。首部介绍合同当事双方、合同编号、合同签订时间和地点等。正文引言简述签订合同的依据、目的和原则，第一至第七条为合同主体，按照《民法典》规定写明买卖合同的标的、数量与质量、价款、履行的期限地点和方式、违约责任、争议解决的方式等主要条款，第八条为合同附则，介绍合同份数和保管情况、有效期等。最后，在落款处详细列出甲乙双方及鉴证机关相关信息。
>
> 　　本合同语言简洁，格式规范，合同主要条款齐备，符合国家有关部门所提供的合同示范文本格式。

模块七　经济文书

例文二

商铺租赁合同

出租方（甲方）：_____ 承租方（乙方）：_____

证件编号：_____ 证件编号：_____

根据《中华人民共和国民法典》及相关规定，甲乙双方经平等协商，就商铺租赁事宜签订本合同：

一、房屋坐落地址

甲方出租的商铺坐落地址：_____，建筑面积_____平方米。

二、租赁期限

租期_____年，自_____年____月____日起至_____年____月____日止。

三、租金和押金

1. 每年租金为人民币_____元整（_____元）。

2. 从第二年起，租金每年比上一年度增加_____元（即第二年为_____元，第三年为_____元，第四年为_____元）。

3. 租金按月缴交。乙方须每月_____日前将当月租金交给甲方。甲方收取租金后，只开具普通收款收据给乙方作为凭证，甲方不负责提供任何税金发票（税金由乙方支付）。

4. 乙方必须按照约定向甲方缴纳租金。如无故拖欠租金，甲方给予乙方_____天的宽限期，从第_____天开始甲方有权向乙方每天按实欠租金_____%加收滞纳金。

四、租赁期间房屋修缮

甲方将房屋交给乙方后，乙方不得破坏房屋已装修部分及房屋架构，其余装修及修缮，由乙方自行承担。

五、各项费用的缴纳

1. 物业管理费：由乙方自行向物业管理公司交纳。

2. 水电费：水表底数为_____度，电表底数为_____度，此度数以后的费用由乙方自行缴纳，直至合同期满。

3. 维修费：租赁期间，由乙方导致的租赁房屋质量或房屋内部设施损毁，包括门窗、水电设施等，维修费由乙方承担。

4. 使用该房屋进行商业活动产生的其他各项费用均由乙方缴纳，其中包括乙方自己申请安装电话、宽带、有线电视等设备的费用。

六、在租赁柜台经营活动中，甲方应当履行下列义务：

1. 必须制作租赁柜台标志并监督乙方在承租的柜台或者场地的明显处悬挂或者张贴。

2. 监督乙方遵守经营场所内的各项规章制度，对乙方违反法律法规和损害消费者权益的行为要及时报告有关部门。

3. 不准将柜台出售给与柜台原有经营范围不符或反向的承租人。

4.违反城市规划及城市管理规定,擅自在商店门前或占道设置的柜台(包括在店内自行设置妨碍顾客出入的柜台),禁止出租并予以撤销。

5.不准为乙方提供银行账号、票证和服务员标牌。

6.不准为乙方非法经营提供方便。

七、在租赁柜台经营活动中,乙方应当履行下列义务:

1.不得超出核准登记的经营范围。

2.必须在承租柜台或者场地的明显处悬挂或者张贴租赁柜台标志。

3.不得私自转租、转让承租的柜台,不得以甲方的名义从事经营活动。

4.文明经营,礼貌待客,出售商品时,要明码标价,出售商品后,要向消费者提供正式的销售凭证。

5.不得销售假冒伪劣商品和腐烂变质、有损健康的食品,不得销售无厂名、厂址的商品以及从事其他违反国家法律法规和损害消费者权益的活动。

6.必须按税务部门的规定,办理纳税登记,依法纳税。提前停租的,应向原纳税机关办理注销税务登记和缴清税款等有关手续。

7.禁止转借、出卖、出租和涂改租赁经营许可证和营业执照。

8.自觉接受工商、税务、物价、卫生、城市管理等部门的监督检查,服从甲方的指导与管理,执行营业场所管理的有关规章制度。

八、出租人与承租人的变更:

1.如果甲方将房产所有权转移给第三方时,本租赁合同对新的房产所有者继续有效。甲方出售该商铺,须在3个月前通知乙方,在同等条件下,乙方有优先购买权。

2.租赁期间,乙方如欲将租赁房屋转租给第三方使用,必须事先书面向甲方申请,由第三方书面确认,征得甲方的书面同意。取得使用权的第三方即成为本合同的当然承租方,享有原承租方的权利,承担原承租方的义务。

九、违约责任

1.若甲方在乙方没有违反本合同的情况下提前解除合同或租给他人,视为甲方违约,负责赔偿违约金_____元。

2.若乙方在甲方没有违反本合同的情况下提前解除合同,视为乙方违约,负责赔偿违约金_____元。

3.乙方违反合同,擅自将承租房屋转给他人使用的,应支付违约金_____元。如因此造成承租房屋损坏的,还应负责赔偿。

十、续租

1.乙方若要求在租赁期满后继续租赁该处商铺的,应当在租赁期满前_____日书面通知甲方,甲方应当在租赁期满前对是否同意续租作出书面答复。如甲方同意续租的,双方应当重新订立租赁合同。租赁期满前甲方未作出书面答复的,视为甲方同意续租,租期为不定期,租金同本合同。

2.租赁期满乙方如无违约行为的,则享有同等条件下对商铺的优先租赁权。

十一、合同中止

乙方有下列情形之一的，甲方可以中止合同，收回房屋：

1.乙方擅自将房屋转租、转让或转借的；

2.乙方利用承租房进行非法活动的，损害公共利益的；

3.乙方拖欠租金累计达30天的，并赔偿违约金_____元。

十二、合同终止

1.本合同期限届满，双方不再续签合同的；

2.双方通过书面协议解除本合同；

3.因不可抗力致使合同目的不能实现的；

4.在委托期限届满之前，当事人一方明确表示或以自己的行为表明不履行合同主要义务的；

5.当事人一方迟延履行合同主要义务，经催告后在合理期限内仍未履行；

6.当事人有其他违约或违法行为致使合同目的不能实现的；

7._____。

十三、免责条件

若租赁房屋因不可抗力的自然灾害导致损毁或造成乙方损失的，双方互不承担责任。租赁期间，若乙方因不可抗力的自然灾害导致不能使用租赁房屋，乙方需立即书面通知甲方。

十四、争议处理方式

1.本合同受中华人民共和国法律管辖并按其进行解释。

2.本合同在履行过程中发生的争议，由双方当事人协商解决，也可由有关部门调解；协商或调解不成的，按下列第_____种方式解决：

（1）提交_____仲裁委员会仲裁；

（2）依法向_____人民法院起诉。

十五、通知

1.根据本合同需要发出的全部通知以及双方的文件往来及与本合同有关的通知和要求等，必须用书面形式，可采用_____（书信、传真、电报、当面送交等方式）传递。以上方式无法送达的，方可采取公告送达的方式。

2.各方通讯地址如下：_____。

3.一方变更通知或通讯地址，应自变更之日起_____日内，以书面形式通知对方；否则，由未通知方承担由此而引起的相应责任。

十六、解释

本合同的理解与解释应依据合同目的和文本原义进行，本合同的标题仅是为了阅读方便而设，不应影响本合同的解释。

十七、补充与附件

本合同未尽事宜，依照有关法律、法规执行，法律、法规未作规定的，双方可以达成书面补充合同。本合同的附件和补充合同均为本合同不可分割的组成部分，与本合同具有同等的法律效力。

十八、合同效力

本合同自双方或双方法定代表人或其授权代表人签字并加盖单位公章或合同专用章之日起生效。有效期为_____年，自_____年_____月_____日至_____年_____月_____日。

本合同正本一式_____份，双方各执_____份，具有同等法律效力。

甲方（盖章）：_____　　乙方（盖章）：_____
法定代表人（签字）：_____　　法定代表人（签字）：_____
联系地址：_____　　联系地址：_____
联系电话：_____　　联系电话：_____
　　　____年____月____日　　　　　　　　____年____月____日

> **简析**
>
> 　　这是一份商用的条文式房屋租赁合同范本。条款具体，格式规范，语言明晰，行文周密，比较详尽地表述了房屋租赁合同的必要内容。

例文三

借款合同

合同编号：

贷款方：　　　　　　　借款方：　　　　　　　保证方：
法定代表人：　　　　　法定代表人：　　　　　法定代表人：
职务：　　　　　　　　职务：　　　　　　　　职务：

借款方为进行_____生产（或经营活动），向贷款方申请借款，并由_____作为保证人，贷款方业已审查批准，经三方协商，特订立本合同，以期共同遵守。

第一条　贷款种类：_____。
第二条　借款用途：_____。
第三条　借款金额：_____。
第四条　借款利率为月息千分之_____，利随本清，如遇国家调整利率，按新规定计算。
第五条　借款和还款期限

1. 借款时间共_____年零_____个月。自_____日起，至_____止。
2. 借款分期如下：

模块七　经济文书

贷款期限	贷款时间	贷款金额
第一期	年　　月底前	元
第二期	年　　月底前	元
第三期	年　　月底前	元

3.还款分期如下：

还款期限	还款时间	还款金额	还款利率
第一期	年　　月底前	元	
第二期	年　　月底前	元	
第三期	年　　月底前	元	

第六条　还款资金来源及还款方式

1.还款资金来源：_____

2.还款方式：_____

第七条　保证条款

1.借款方用_____作抵押，到期不能归还贷款方的贷款，贷款方有权处理抵押物。借款方到期如数归还贷款的，抵押权消灭。

2.借款方必须按照借款合同规定的用途使用借款，不得挪作他用，不得用借款进行违法活动。

3.借款方必须按合同规定的期限还本付息。

4.借款方有义务接受贷款方检查、监督贷款的使用情况，了解借款方的计划执行、经营管理、财务活动、物资库存等情况。借款方应提供有关的计划、统计、财务会计报表及资料。

5.有保证人担保时，保证人履行连带责任后，有向借款方追偿的权利，借款方有义务对保证人进行偿还。

第八条　约定条款

借款方由于经营管理不善而关闭、破产，确实无法履行合同的，在处理财产时，除了按国家规定用于人员工资和必要的维护费用外，应优先偿还贷款。由于上级主管部门决定关、停、并、转或撤销工程建设等措施，或者由于不可抗力的意外事故致使借款方无法履行合同时，经向贷款方申请，可以变更或解除合同，并免除承担违约责任。

第九条　违约责任

一、借款方的违约责任

1.借款方不按合同规定的用途使用借款，贷款方有权收回部分或全部贷款，对违约使用的部分，按银行规定的利率加收罚息。情节严重的，在一定时期内，银行可以停止发放新贷款。

2.借款方如逾期不还借款，贷款方有权追回借款，并按银行规定加收罚息。借款方提前还款的，应按规定减收利息。

3.借款方使用借款造成损失浪费或利用借款合同进行违法活动的，贷款方应追回贷款本息，有关单位对直接责任人应追究行政和民事责任。情节严重的，由司法机关追究刑事责任。

二、贷款方的违约责任

1.贷款方未按期提供贷款，应按违约数额和延期天数，付给借款方违约金。违约金数额的计算应与加收借款方的罚息计算相同。

2.银行工作人员，因失职行为造成贷款损失浪费或利用借款合同进行违法活动的，应追究行政和民事责任。情节严重的，应由司法机关追究刑事责任。

第十条　合同变更或解除

1.本合同非因《中华人民共和国民法典》规定允许变更或解除合同的情况发生，任何一方当事人不得擅自变更或解除合同。

2.当事人一方依照《中华人民共和国民法典》要求变更或解除本借款合同时，应及时采用书面形式通知其他当事人，并达成书面协议。本合同变更或解除后，借款方已占用的借款和应付的利息，仍应按本合同的规定偿付。

第十一条　合同争议的解决方式

本合同在履行过程中发生的争议，由双方当事人协商解决；协商不成的，按下列第_____种方式解决：

1.提交_____仲裁委员会仲裁；

2.依法向人民法院起诉。

第十二条　其他

本合同如有未尽事宜，须经合同各方当事人协商，作出补充规定。补充规定与本合同具有同等效力。

本合同正本一式三份，贷款方、借款方、保证方各执一份；合同副本一式_____份，报送_____等有关单位（如经公证或鉴证，应送公证或鉴证机关）各留存一份。

| 贷款方：（公章）
法定代表人：
地址：
开户银行：
银行账号：
电话：
邮政编码：
　年　月　日 | 借款方：（公章）
法定代表人：
地址：
开户银行：
银行账号：
电话：
邮政编码：
　年　月　日 | 保证方：（公章）
法定代表人：
地址：
开户银行：
银行账号：
电话：
邮政编码：
　年　月　日 |

简析

　　这是一份条文表格综合式借款合同范本，不仅结构完整，格式规范，而且各内容项目较为细致周密。订立合同时，将各方商议的合同内容逐项填写即可。

模块七　经济文书

写作指南

一、合同的格式及内容

无论何种形式的合同，一般都由标题、首部、正文、落款四个部分组成。

1. 标题

合同标题居中书写于合同第一行，须明确写出合同性质，如"买卖合同""建设工程合同"等，也可同时注明标的物名称，如例文一"宣纸买卖合同"。

2. 首部

包括合同当事人名称（或姓名）、住所和合同编号、签约时间、地点等。法人组织、单位间签订的合同，除注明单位全称外，还应同时注明签约代表的姓名、职务。为行文方便，可注明"甲方""乙方"。

3. 正文

合同的正文主要包括引言、主体和附则三个部分。

（1）引言　写明当事各方签订合同的依据、目的和主要原则等，可表述为"根据《中华人民共和国民法典》及相关规定，为明确甲乙双方权利与义务，经双方协商一致，签订合同如下"。

（2）主体　合同的主体即合同主要条款，包括《民法典》中规定的必备条款和其他商定内容。

① 标的。标的是合同当事人各方权利和义务所共同指向的对象，它可以是货币或者实物，也可以是某项服务、某个工程项目、科技成果或专利等。比如，买卖合同的标的是某种商品，建设工程合同的标的是工程建设项目，房屋租赁合同的标的就是被租赁的房屋，物业服务合同的标的就是物业提供的服务。标的是签订合同的前提，绝不能含混不清。它是合同成立的必要条件，没有标的或者标的不明，合同就不能成立。

② 数量和质量。这是合同的必要条款，是标的物的精确度量和质量要求，也是日后合同履行的重要依据。

数量是合同标的物量的规定，以计量单位和数字来确定当事人权利和义务的大小，如借款金额、房屋面积、工作量等。标的物的数量规定必须准确具体，计量单位也要明确规定。

质量是标的物的性能和特征的综合，也是衡量是否履行合同的重要尺度。签订合同时应明确规定标的物的品名、成分、效用、规格、型号、等级等。对产品规格与质量应按《中华人民共和国标准化法》相关规定来执行。标准包括国家标准、行业标准、企业标准等，若三者均无，由当事各方协商确定，也可采取封存样品、现状买卖等方式确定标的物的质量要求。

③ 价款或酬金。指合同一方取得对方商品或者接受对方劳务时所支付的货币数量，由当事各方协商议定。它体现了合同所遵循的等价有偿原则，因此，合同中应明确规定价款或酬金的单价、总价，并明确其计算标准、结算和支付方式以及程序等。

④ 履行的期限、地点和方式。履行期限是交付标的和支付价款或酬金的时间界限，应写明具体日期，超过时限即属违约。履行地点是指合同规定的义务履行地，如交货地点、施工地点、付款地址等。履行方式是合同当事人交付标的或支付价款、酬金的具体办法，比如

是一次性履行还是分期履行，是送货、自提还是代运，是现金支付还是转账支付等。另外，合同的履行方式还包括标的的包装、运输方式及包装费、运输费的承担结算办法等。

注意：通过互联网等信息网络订立的电子合同的标的为交付商品并采用快递物流方式交付的，收货人的签收时间为交付时间。

电子合同的标的为提供服务的，生成的电子凭证或者实物凭证中载明的时间为提供服务时间；前述凭证没有载明时间或者载明时间与实际提供服务时间不一致的，以实际提供服务的时间为准。

电子合同的标的物为采用在线传输方式交付的，以合同标的物进入对方当事人指定的特定系统且能够检索识别的时间为交付时间。

电子合同当事人对交付商品或者提供服务的方式、时间另有约定的，按照其约定。

⑤ 违约责任。这是对违反合同约定的当事人的制裁条件和处罚措施，一般以违约方向对方支付违约金或经济赔偿的形式来体现。违约责任是履行合同的重要保证，也是解决合同纠纷的可靠依据，因此，合同应明确具体处罚条件和内容，否则一旦出现合同违约，就难以追究违约方责任。

⑥ 争议解决的方式。指在合同的履行过程中发生争议时解决问题的方式和程序。根据法律规定，合同当事人之间发生合同争议可选择协商、向合同仲裁机构申请仲裁以及向人民法院起诉等方式解决。

⑦ 其他条款。除以上法律规定的必备条款外，合同当事人还可根据法律规定或合同签订的实际需要，协商确定其他条款。例如签订工程承包合同时，对于新建工矿企业，根据《环境保护法》和基建相关规定，应当具备清除"三废"污染、保护环境的条款。再如买卖合同或运输合同中，需方若对包装或装卸有特殊要求，经与供方协商一致，也可列入相应条款。

（3）附则　包括合同的份数和保管、合同的有效期等。

① 合同的份数和保管。应写明合同正本、副本的份数，分别由谁保管，如"本合同一式×份，甲乙双方各执×份，鉴证机关一份"。

② 合同的有效期。指合同发生和失去法律效力的时限，如"本合同自双方签字盖章之日起生效，有效期一年"，或"本合同自双方签字盖章之日起生效，至双方义务履行完毕失效"。

有些合同尚有特殊要求，或有附件，也应在此处注明。如"本合同未尽事宜，经双方协商可补充，补充条文与本合同具有同等效力"，或"合同附件、附表均为本合同组成部分，且有同等法律效力"等。

4.落款

即在合同正文后依次注明当事人的单位名称和法定代表人姓名、签章、开户银行及账号、地址、邮编、电话等信息，如有主管部门鉴证的也应签署鉴证意见并加盖鉴证机关公章，最后注明签订合同的具体日期。

二、写作注意事项

合同的写作除了要严格遵循《民法典》及相关规定外，在写作中还应注意以下三点：

1.内容具体，条款完备

撰写合同时，标的物的品牌、名称、数量、质量、价款或酬金、履行的期限地点和方式、违约责任、争议解决的方式等内容一定要明确具体地写入合同，必要条款绝不能遗漏，否则若产生纠纷，后患无穷。

2. 表达准确，措辞严密

合同一经签订便具有法律效力，而不少合同纠纷都由语言疏漏所致，因此，撰写合同时应字斟句酌，力求语言的周密严谨，避免表意不明或出现漏洞。

3. 增删更改须协商

合同是当事各方协商一致的结果，一旦签订生效，任意一方不能随意涂改。如遇特殊情况或突发状况需对合同进行增删修改，须经双方协商并获得对方同意，否则改动内容无效。

技能实训

一、指出以下合同中的错误并改正：

合同书

××橡胶厂（以下简称甲方）

××市××建筑工程公司（以下简称乙方）

根据《中华人民共和国民法典》及《建筑工程承包合同条例》相关规定，为明确甲乙双方的权利和义务，经双方协商一致，签订如下合同。

1. 甲方委托乙方修建厂房一座。
2. 全部建造费用（包括材料、人工）80万5000元。签订合同后，甲方先交一部分建造费，其余费用在厂房建成以后尽快付清。
3. 待乙方筹备就绪后，建设工期正式开始，力争三月中旬开工，争取十一月左右竣工。
4. 建筑材料由乙方全权负责购买。
5. 本合同一式二份，甲乙双方各执一份。

甲方：××橡胶厂　　　　乙方：××市××建筑工程公司

二、请根据下述材料，代双方拟写买卖合同，条文式、表格式均可。

合肥市××机械厂法人代表李××于2022年3月25日与成都市××有限公司法人代表程××签订工矿产品买卖合同，商定由合肥市××机械厂向成都市××有限公司提供卧式千斤顶3000台，每台单价900元。由合肥市××机械厂按照外贸常规包装，负责于2022年12月15日前将货物运到成都市××有限公司仓库，并承担包装费和运输费。成都市××有限公司凭合肥市××机械厂出具的省级商品检验证明验收，验收标准为徽Q995-78。验收合格后，于收货10天内通过银行托付货款，并承担相应的商品检验费。如果合肥市××机械厂不能交货或成都市××有限公司中途退货，应向对方偿付不能交货或中途退货部分货款总值10%的罚金。本合同一式四份。

三、完成开头设置的任务。

任务二 市场调查报告

任务设置

在这个信息交流异常便捷的时代,手机特别是智能手机逐渐成为当代大学生学习生活中不可缺少的工具,手机通讯费用也成了大学生们一笔不小的开支。请就大学生手机消费习惯(包括品牌偏好、消费档次、购买关心要素、选购意向、影响购买决策的因素等)和使用情况(包括手机的功能使用、通讯费用支出等)设计调查问卷,并撰写一份大学生手机消费调查报告。

知识探究

一、市场调查报告的概念及作用

市场调查是市场营销领域中的重要元素。所谓市场调查报告,就是运用科学方法,有目的、有计划地对市场营销情况和重要经济现象进行调查,并对所获信息进行分析、研究和处理后写成的报告性文书。

市场调查一般针对产品的市场供求状况、消费者购买能力和购买趋势、消费对象等多方面进行,而撰写市场调查报告需要对通过市场调查获得的情况、资料进行整理、筛选、分析、归纳,得出恰当结论,提出合理建议。市场调查报告是市场信息的集中反映,能为企业和政府了解市场提供帮助,具有为决策者提供经营决策依据、为生产者指示产品生产方向、为企业增强竞争力的作用。

二、市场调查报告的特点

1.真实性

实事求是,是写作市场调查报告的基本原则。它要求通过深入调查获取反映市场现状和变化规律的真实信息,写出客观的市场调查报告。写入调查报告的一切材料都必须确实无误,决不允许无中生有或掺假隐瞒,这样才能提供科学的意见与建议供决策者参考。

2.针对性

市场广阔,信息错综复杂,市场调查只能有选择地进行,因此,市场调查报告不可能面面俱到,一般是抓住产、供、销中的某一环节,或者围绕某一专题性问题,集中而有深度地反映。

3.时效性

市场瞬息万变，因此，为经济决策提供依据的市场调查报告必须快速反映市场变化，这就要求作者讲究时效，及时抓住市场变化中的有效信息，迅速、准确地发现和反映市场的新情况、新问题，从而让决策者及时掌握情况，不失时机地作出相应决策，提高企业的应变能力和竞争能力，确保产销对路，避免和减少风险。过时的市场调查报告是没有任何价值的。

三、市场调查报告的种类

市场调查报告是调查报告的一个分支，属专用性调查报告，根据其内容与作用不同，可分为以下三类。

1.产品（或商品）情况调查报告

此类调查报告通过对消费者的调查，反映他们对某种或某些产品（或商品）的质量、价格、包装、广告宣传及促销、使用情况与售后服务等多方面的评价、建议和要求，了解产品（或商品）的市场占有率及其走向、新产品的市场前景等。

2.消费者情况调查报告

此类调查报告通过对消费者的广泛调查，反映其数量、地区分布及经济收入状况，了解他们因职业、年龄、性别、民族、受教育情况不同而导致的消费心理、消费习惯、消费水平的差异，掌握不同消费者消费与实际购买能力的规律。

3.销售情况调查报告

此类调查报告通过对销售情况的调查，反映产品（或商品）在市场上的供求比例，分析销售能力和影响销售的主要因素，了解销售渠道是否合理、畅通，应该如何拓展市场等。

四、市场调查报告的基本要素

市场调查报告根据写作目的和种类不同，其内容上的侧重点也有所不同，不过一般而言，市场调查报告具有如下基本要素：

1.市场状况

市场状况是市场调查的直接成果，是对调查对象基本情况的陈述，大致涉及市场需求状况、本企业经营状况和竞争者状况等方面。

市场需求状况主要反映市场对产品的需求量，分析影响需求量的诸多因素。一般先从总体上说明产品用户分布状况，诸如用户的主要社会阶层以及年龄层次的分布、新老用户的比例、经常用户和偶然用户的变化趋势等，然后再分析消费者的实际购买能力、购买动机和潜在需求以及对新产品的认可程度等因素。

本企业经营状况主要反映本企业产品开发战略、营销战略、技改措施和销售网络运行现状等方面内容。

竞争者状况主要调查竞争对手资金实力、生产规模、技术和设备水平、产品结构与数量、市场占有率以及新产品开发方向等，力求知己知彼，以利于及时调整和确定本企业发展战略和方向。

2.分析预测

分析预测是对市场调查所获信息的处理和处理结果。市场调查报告不是数据资料的简单罗列，应该对市场状况进行具体分析，作出合理判断，并在此基础上对未来的市场发展趋势进行科学预测。

3. 建议措施

建议措施是写作市场调查报告的最终目的所在，即在市场调查和分析预测的基础上，提出合理的建议与具体的措施。

五、市场调查的程序和方法

（一）市场调查的程序

1. 确定调查目标

市场调查的目标由调查对象、调查时间、调查地点、调查次数等构成。

2. 设计调查方案

调查方案是指导市场调查活动的大纲，是以书面形式表达的对调查程序的说明和对调查方法的详细规定。设计调查方案一般应考虑方案的实用性、调查时间的安排、调查方法的选择、调查成本的控制等方面因素。

3. 收集调查资料

该环节主要是遵循调查方案中设定的目标、范围和方法，收集与本次调查主题相关的企业内部资料和外部资料，包括来自企业内部的各种会计、统计资料，如报表、原始凭证、账目及分析总结报告、进货统计、销售和库存动态记录、合同签订和执行情况、广告宣传效果和消费者意见反馈以及以往的市场调查报告等，也包括来自企业外部的相关资料，诸如政府机构及经济主管部门公布的数据、文件、各种有关信息及报刊资料等。

4. 处理调查资料

对调查资料的处理分为整理和分析两个环节。整理是对所获调查资料的分类统计和检查，看是否有所遗漏。分析则需要借助各类先进的统计分析工具对资料信息进行汇总和归纳。信息处理质量的好坏直接关系着对市场需求的评估和预测的科学性，进而影响企业决策，因此，这是市场调查的关键环节。

5. 撰写调查报告

在市场调查的基础上，将通过调查获得的信息资料以及对这些资料的分析处理结论写入市场调查报告。调查报告应有的放矢，言简意赅，图文并茂，并力求易读易懂。

（二）市场调查的方法

调查人员应根据调查目的和调查对象的不同选择适当的调查方法，或综合使用各种调查方法。常见的调查方法有以下几种。

1. 询问调查法

包括口头询问和书面问卷两种，是由调查人员在小型座谈会、流动性人群和固定性人群中按照事先准备的调查项目展开询问来收集市场信息资料的方法。这是市场调查中收集第一手资料最主要的方法，既可独立使用也可与其他调查方法结合使用。

2. 观察调查法

调查人员凭借自己的感官和各种记录工具，深入调查现场，在调查者未察觉的情况下，直接观察和记录被调查者行为，以收集市场信息的方法。比如企业的市场观察员定期或不定期地深入市场第一线，对本企业产品的销售情况及顾客对产品的反映作现场观察。

这种调查方法可实地记录市场现象的发生，且不要求被观察者具有配合调查的语言或文字表达能力，简便易行，资料可靠性高，但只能观察人的外部行为而无法了解其内部动机。

3. 实验调查法

指市场调研者有目的、有意识地改变一个或几个影响因素，来观察市场现象在这些因素下的变动情况，以认识市场现象本质特征和发展规律的方法。按照实验场所，可分为实验室实验和现场实验两种。

这种调查方法通过积极改变条件来解释现象之间的相关关系，除了解释为什么外，还具有可重复性，参考性较强，但花费时间较多，调查费用也较高，且实验情况不易保密。

4. 文案调查法

也叫资料调查法，是指调查人员在充分了解市场调查的目的后，通过搜集有关统计数据和其他文献资料，摘取现成数据加以整理、分析，进而得出结论、提出建议的方法。

这种调查方法适应面广，任何调查都可使用，可以节省实地调查的费用及时间，并可协助鉴定实地调查资料的准确性，但资料搜集相对困难，因此一般应配合其他调查方法使用。

范文示例

例文

大学生网络购物调查报告

互联网和通信技术的高速发展，使电子商务迅速普及，网络购物悄然改变着社会的商业结构和人们的生活方式，网上购物已成为人们日常生活的一部分。大学生作为对网络极其敏感的人群，是网购市场上一股不可忽视的力量，对大学生网络购物情况进行研究具有商业价值和现实意义。2023年3月18日至25日，我们对×市大学生网上购物的情况进行了一次调查。

一、调查情况概要

（一）调查目的

了解大学生网上购物情况及对网购的看法、态度，分析大学生网购行为特征，为我国网络购物的发展提供一定的参考。对大学生网购遇到的问题进行研究，提出解决建议，指导大学生理性购物，使之在网购中获得更好的体验与效果。

（二）调查对象

×市15所高校的大学生。

（三）调查内容与方式

调查内容包括：大学生网购参与情况、网购行为特征、网购遇到的问题。调查采用问卷方式，随机抽取×市15所高校的大学生进行调查。线上线下相结合，共发出调查问卷938份，其中线上751份，线下187份，回收有效问卷927份。

二、调查结果与分析

（一）大学生网购参与情况

统计结果显示，大学生网购现象比较普遍。有网上购物经历的大学生占95.68%。而没有网上购物经历的大学生,其中只有4.35%的人没有浏览过购物网站。这说明大学生对网上购物是接受和欢迎的,也不难看出大学生网购的市场潜力是巨大的。

大学生选择网购的原因为:方便快捷、品种齐全、价格便宜、时尚有趣、实体店难以买到、网购时间不受限制等等。其中选择比例较大的是:方便快捷、品种齐全、价格便宜,网购时间不受限制(见图1)。网购改变了传统的购物方式,其便捷迅速的优点是传统商业购物渠道所不及的。

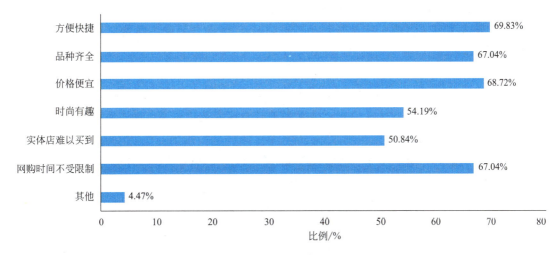

图1 选择网购的原因

(二)大学生网购行为特征

1.网购商品种类

调查结果显示,大学生网购产品多样化,最常购买的包括:生活日用品(66.48%)、服饰鞋帽(63.69%)、电子产品(63.13%)、食品(62.57%)、书籍(35.75%)、其他(14.53%)。其中生活日用品、服饰鞋帽、电子产品和食品占的比例最大。(见图2)

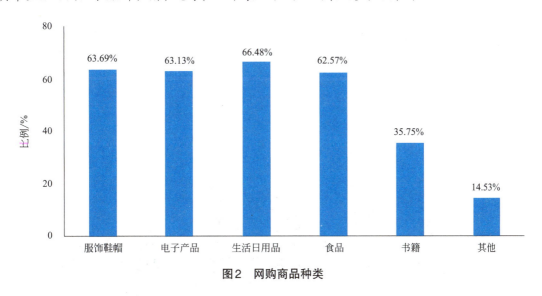

图2 网购商品种类

大学生网购商品多样化的原因主要源于大学生的多元化需求。生活日用品、食品等属于必需品，会经常购买。大学生个性张扬，追求时尚，服饰鞋帽既是必需品，也是体现时尚的重要物品。作为站在时代前沿的大学生，信息时代的重要产物电子产品，已是他们生活中常用的物品。大学生思想开放，学习的范围相比中学生更加广泛和多元化，单纯的课本已经不能满足大学生学习的需求，网购能满足他们对学习及各种兴趣爱好相关书籍的需求。

大学生在生活、学习和文化娱乐等方面具有多元化需求，而网络购物中商品的低价格，也促使他们更愿意在网上购买所需物品，尤其是购买折扣比较大的商品。调查数据显示，学生比较关注的商品中，生活日用品和服饰折扣是最大的，能达到50%以上；其次是电子产品，平均折扣在40%；书籍，一般折扣为20%~30%。这也与大学生网购商品种类的统计数据吻合。

2.购物频率

从调查结果来看：购物频率月均4~6次者最多（37.43%），月均7~9次和月均10次及以上的合起来占到了27.93%。这反映出大学生网购行为确实是比较普遍的（见图3）。

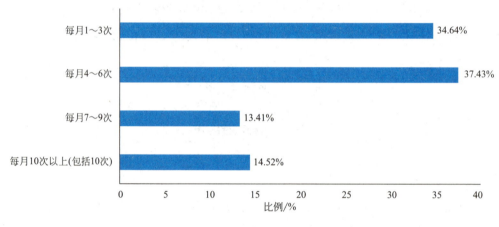

图3　月均购物次数

3.购物金额

月均购物金额101~300元者最多（29.61%），100元以内的占13.41%，300元以上占大部分（56.98%），其中千元以上7.27%。购物金额基本符合经济上未独立的学生身份，但呈现出明显的差异性（见图4）。

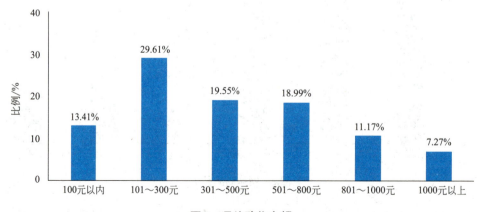

图4　月均购物金额

4.购物网站的选择

大学生选择的网购地址主要包括：淘宝（89.39%）、拼多多（62.57%）、天猫（48.6%）、得物（44.13%）、京东（40.22%）。可见大学生有着较清晰的品牌意识，对知名度高、信誉良好的网站更加青睐，如淘宝、天猫、得物、京东等网上零售深受大学生的欢迎。此外，具有价格优势的拼多多也是大学生使用颇多的平台（见图5）。

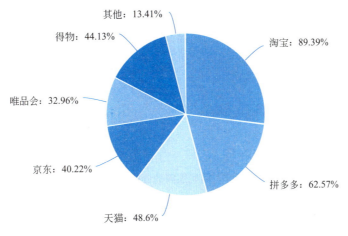

图5　购物网站的选择

5.喜欢的促销方式

调查结果显示大学生喜欢的网购促销方式有打折（68.16%）、送积分送赠品（59.78%）、赠送优惠券（58.66%）、免邮费（58.1%）、其他（11.17%）（见图6）。

大学生有着旺盛的消费需求，但由于经济上未独立，消费受到很大制约。这些促销方式能让学生感受到实实在在的优惠，尤其是处于第一位的直接打折。

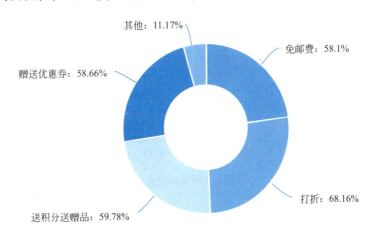

图6　喜欢的促销方式

（三）大学生网购遇到的问题

1.网购遇到的问题

（1）侵权行为

调查显示，在网络购物中大学生遇到的侵权情况如下：商家不及时发货（55.31%），无售后服务（49.16%），单方面取消订单（43.58%），虚假宣传收款（38.55%），未遇此类问题（37.99%），其他（18.44%）（见图7）。

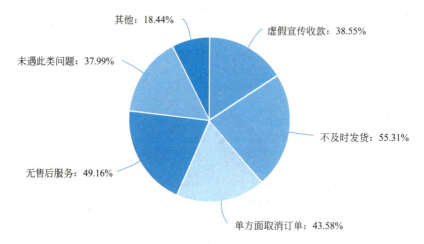

图7　网购遇到的侵权行为

（2）网购的缺点

调查显示，在网络购物中，大学生认为网购的缺点如下：实际商品与网上看到的不同（63.1%），商店描述不清楚（50.27%），物品试用不方便（46.52%），容易出现网上欺骗行为（40.64%），程序复杂、不易操作（20.86%），其他（11.76%）（见图8）。

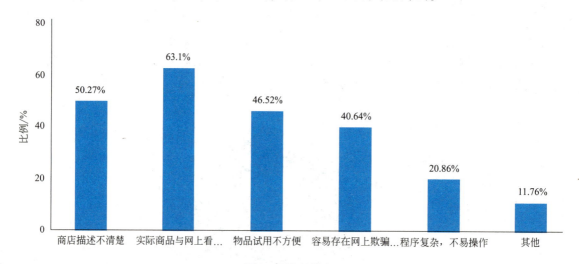

图8　网购的缺点

2. 网购问题产生的原因

一是网购本身的问题。网购方式存在一定的不足，如实物不可触摸，无法现场了解沟通等，如果厂家宣传不清楚或虚假宣传就会导致消费者买到手的实物与期待的商品不符。交钱与交货分开，商家有可能出现不诚信或欺诈现象等。

二是商家信誉问题。在网络交易中，由于网络的虚拟性使得买卖双方之间存在着信息的不对称性，大学生很难接触到商品、不清楚商品的质量，某些商家缺乏信誉，不诚信经营，从而影响大学生网上购物。

三是交易安全问题。传统的消费环境，支付是面对面发生的，一手交钱，一手交货，不会存在延后性和虚拟性，所以基本上不存在交易的安全性问题。但是在网络购物过程中，由于交易是在虚拟空间中进行的，容易出现诈骗，个人信息和账户的安全也存在一定风险，这也会影响大学生网上购物。

四是物流配送问题。由于存在各种不完善的环节，导致物品在配送过程中出现诸多问题，如商品的损毁、丢失、传递不及时等等。

五是售后服务问题。网络购物时，消费者并没有实际接触到商品，如在网上购买服装，消费者没法进行试穿，仅凭在网络上的信息有时很难确定是否合适，若买回来之后发现不合适，有的商家同意退货，但要自己承担邮费；有的商家根本不同意退货，给消费者带来损失。

三、结论与建议

大学生在网上购物已成为一种流行趋势，只有少部分大学生不选择网上购物。青年大学生具有追求时尚和容易从众的心理特点，网上购物的快捷性、时尚性，与大学生的心理特点相适应，而且网上商品种类丰富，价格相对低廉，故网购已经成为大学生主要的购物方式。从调查结果看，大学生这一未来的主要消费群体对网上购物的前景看好，网上购物这个市场还是具有很大开发和提升潜力的。

但网购这种购物方式快速发展的同时，也存在较多的问题。对于大学生网购面临的问题，我们从管理者和消费者两个方面提出以下几点解决建议。

（一）加强对网络经营的管理

（1）加强商品的管理。很多大学生喜欢购买一些品牌商品，之所以在网上购买，就是看中了网络商品的价格低，但是虚假商品的掺入使大学生受到欺骗，影响其购物的积极性。因此必须加强对网络商品质量的管理与鉴定，确保商品的真实性。

（2）加强商家信誉度的管理。很多购物网站都设立了信誉度的测评，消费者每成功交易一次，就可以对交易对象做一次信用评价。在交易中卖家的信用度分为若干个级别，级别越高，信誉度越高。平台管理者应加强对卖家信用的监管，大学生在网上购物的过程中可以通过信誉来确定购买哪个商家的产品。

（3）加强交易过程的管理。对商家的售前宣传、发货、运输、售后等各环节监管到位，防患于未然，杜绝或减少问题的出现。一旦出现问题，及时介入，妥善解决。

（4）严格执行相关法律法规。随着网络购物迅速发展，相关法律法规已陆续出台。我国涉及网络购物纠纷适用的法律法规主要有《民法典》《消费者权益保护法》《产品质量保护法》《电子商务法》《最高人民法院关于审理网络消费纠纷案件适用法律若干问题的规定》等，相关部门应严格执行法律法规，切实保护消费者权益，维护正常的市场秩序。

（二）倡导大学生理性消费

在网购时，大学生应该擦亮眼睛，学会鉴别商品的真实性和商家的信誉度，多与商家沟通，深入了解商家、商品和物流情况，理性消费。要做到以下三个"选择"：选择良好的网站。尽量选择一些自己熟知的、信用度较高的网站，谨慎选择新网站。选择良好的商家。购物时首先查看商家的信用等级，开店时间长短，以及差评情况等。选择优质的商品。网络中商品的价格不统一，同一种商品价格有很多种，因此，在网购时要注意货比三家，寻找质量好、价格低的商品。此外大学生还要加强自身保护意识，了解相关法律与规定，遇到欺诈、损失时，要勇敢地拿起法律武器保护自己。

> **简析**
>
> 报告采用问卷调查的方式，调查分析了大学生网购参与情况、网购行为特征、网购遇到的问题，并针对网购问题产生的原因，从管理者和消费者两个方面提出了解决问题的看法和建议。报告层次分明、数据翔实，分析较为细致，对行业发展和引导大学生理性消费有一定的参考价值。

写作指南

一、市场调查报告的格式及内容

市场调查报告，一般由标题、正文构成。

（一）标题

市场调查报告标题必须体现文章主旨，应简洁明了、高度概括，力求新颖醒目，具有较强吸引力。常见的有两种形式：

1. 公文式标题

一般包括调查对象、内容和文种名称。基本格式为"××关于××××的调查报告""关于××××的调查报告"，如《关于2022年全市儿童服装销售情况的调查报告》。

2. 文章式标题

即用概括的语言直接交代调查的内容或主题，一般采用双标题的形式，用正标题点明市场调查报告的主要内容或主题，副标题点明调查的对象、事项和文种名称，如《市场在哪里——××地区长安微型客车用户调查》《竞争在今天，希望在明天——全国洗衣机用户调查》。

（二）正文

包括引言、主体、结尾三部分。

1. 引言

引言又称导语，一般应写明调查的基本情况，如调查的目的、时间、地点、对象与范围以及采用的调查方法等。也可概括市场调查报告的主要内容和基本观点，以便使读者对报告内容有一个大致了解。引言要写得简明扼要，精练概括，切忌啰唆芜杂。

2. 主体

主体是市场调查报告的核心部分。它要求完整、准确、具体地说明调查的基本情况，进行科学合理的分析和预测，在此基础上提出有针对性的对策和建议。具体包括以下三方面内容：

（1）基本情况　以通过调查获得，且经过归纳整理的资料将调查对象的历史和现实情况包括生产与消费情况、价格情况、广告与推销情况、市场占有情况等表述清楚。重点放在现实情况上，必要时可附上相应数据或图表。这部分要力求准确具体，富有条理性，以便为下文进行分析和提出建议提供坚实充分的依据。

（2）分析预测　对调查所获得的资料进行科学的分析，找出市场的特点、变化规律或存在的问题。有的还立足于分析对市场发展趋势作出预测。这部分内容直接影响到有关部门和企业领导的决策行为，因而应言简意明，析理入微，切忌脱离调查所获资料随意发挥。

（3）结论与建议　从科学分析中形成符合事物发展变化规律的结论性意见，并将此结论与本企业现状对照，提出具体的建议和措施供决策者参考。也可只作结论而不提建议。这部分内容是市场调查报告写作目的和宗旨的体现，应注意建议的针对性和可行性，以期切实解决问题。

3.结尾

市场调查报告的结尾无固定写法，可以总结全文重申观点，也可说明调查中存在的问题，或预测可能遇到的风险，或提请有关方面予以重视等。也可直接以正文自然收束，不另加结尾。

二、写作注意事项

1.实事求是，客观全面

市场调查报告必须客观全面地反映市场情况和存在问题，才能得出可靠结论，作出准确预测，从而为科学决策服务。因此，作者要亲自参加市场调查，适时捕捉瞬息万变的市场变化情况，以获取客观的数据、真实的材料和全面的信息。

2.科学分析，观点鲜明

市场调查报告不是资料信息的简单罗列，必须要运用数学、经济学原理及其他科学方法对资料信息进行认真分析、深入研究，这样，所作出的市场预测和提出的对策、建议才会获得坚实的支撑。

3.突出重点，详略得当

一份市场调查报告一般选择一个重要问题或针对某一方面写作为宜，切忌所涉问题太大太多，面面俱到。如果涉及的内容和问题过多，可分专题撰写多份调查报告，以突出各自重点。

技能实训

完成开头设置的任务。

任务三　策划书

任务设置

近年来，许多学者对大学生心理健康状况的调查研究结果表明，我国当代大学生心理健

模块七　经济文书

康状况不尽如人意，而且有相当数量的在校学生存在着不同程度的心理健康问题，有的甚至出现了非常严重的心理障碍，在校大学生因心理问题而轻生或伤害他人的事件也时有发生。为此，教育部、卫生部、共青团中央联合下发了《关于进一步加强和改进大学生心理健康教育工作的意见》（以下简称《意见》），对进一步加强和改进大学生心理健康，切实做好心理咨询工作提出了具体建议和要求。

为了贯彻落实《意见》精神，宣传普及心理健康知识，帮助大学生消除心理困惑，培养良好品质和自尊、自爱、自律、自强的优良品格，珍爱生命，善待他人，进一步推动大学生心理健康教育工作，××大学机电工程学院打算在今年5月举办主题为"和谐、友善、幸福"的"5·25"大学生心理健康节，开展征文比赛、现场心理测试和心理咨询、主题教育班会、心愿征集、阳光大学生评选等系列活动，请你根据以上材料并结合自身实际，为该学院撰写一份活动策划书。

一、策划书的概念

策划书也叫企划书、策划案或者策划文案。

所谓策划，是指对一定的行为或活动的目标、内容、实施方法、操作步骤等进行预先的分析、论证、设计、规划和评估，从而制定详细的、可执行的，并在执行中可不断进行完善的方案的过程。因此，策划是一种思维活动，而策划书就是反映这种思维活动过程和内容的专用文书。

二、策划书的作用

1.行动指南

策划书是对相关活动的构思、创意和安排，对活动的主题、内容、形式、步骤、人员分工、经费安排等均有明确阐述，实施者按照策划开展活动，因此，策划书是活动的行动指南，是相关活动成功的重要保障。

2.评估依据

上级可对照策划书的内容，检查活动的开展情况、效果，以及活动方案的可行性等，因此，策划书是相关活动的评估依据，亦是衡量策划者绩效的重要依据。

3.参考文献

策划书除在当时发挥作用外，在活动结束后一定时期甚至很长时期仍具有参考价值，一般都应存档，成为今后相关工作的重要文献资料。

三、策划书的特点

1.创意性

策划是人们思维智慧的结晶，需要综合研究市场环境、竞争形势等因素，结合自身特点和优势，打破常规，标新立异，从而出奇制胜。可以说，创意是策划的灵魂，具有创意的策划，才是真正的策划。因此，策划书要充分表现出独特的创意，点子新、内容新、表现形式新，才能先声夺人，取得事半功倍的效果。

2. 可行性

策划是在调查研究的基础之上进行的预测和筹划，是一门实践的科学，而非坐而论道的理论。策划书亦是用于指导实践活动的，不具有可行性的策划方案，不管多么新颖独特充满创意，都只能是异想天开。策划书的可行性表现在策划方案要能够解决现实中的许多难题，能够提出一套行之有效的策划思路，要说明所策划的行动的理由、步骤、途径、实施方法、可能出现的结果及其应对策略等，而且要充分考虑行动中每个人的工作及各环节关系的处理，有效地组合和分配各类操作人员，以便达到理想的效果。

3. 前瞻性

策划是为实现一定目标而事先进行的谋划、构思和方案设计的过程，因此策划书具有一定的前瞻性和预测性。但这种预测必须建立在充分的调查研究和对现状事实的正确认识和理解基础之上，要经历确定目标、调查研究、设计主题、形成创意、行动分解、作出预算等过程，是科学的预测和筹划，"沙上建塔"和"纸上谈兵"式的预测，只会给策划带来误导。

四、策划书的种类

社会生活和工作中，策划无处不在，因此，策划书的种类相当庞杂，比较常用的有企业战略策划书、市场营销策划书、融资策划书、品牌策划书、管理策划书、广告策划书、公关策划书、形象策划书、旅游策划书、新闻策划书、影视策划书、活动策划书等。

范文示例

例文一

××公司春节营销策划书

一、促销目的

1. 利用元旦春节期间重点消费机会，提升××产品销量和市场占有率。

2. 利用元旦和中国重要节日春节，将××品牌与消费者紧密连接、与家庭团聚的氛围相联系，提高××品牌亲和力。

3. 借助新形象代言人、新包装，全面打造××品牌新形象。

二、促销策略

1. 在元旦春节期间通过××产品全面让利来吸引消费者购买。

2. 在各种渠道以不同促销形式全方位传递××产品新年的新气象，提升产品销量。

三、促销地点

1. 直辖市：北京、天津、上海、重庆，共计4个。

2. 省会城市：合肥、石家庄、太原、呼和浩特、沈阳、长春、哈尔滨、南京、杭州、福州、南昌、济南、郑州、武汉、长沙、广州、南宁、成都、贵阳、昆明、西安、兰州，共计22个。

模块七 经济文书

3. 一般地级市：

销售一部：65个

销售二部：65个

销售三部：65个

共计195个（各销售部根据市场状况进行调配）

四、促销时间

1. 生动化陈列：××××年12月20日—××××年2月23日
2. KA卖场促销：××××年12月20日—××××年2月23日
3. B类商超促销：××××年12月20日—××××年2月23日
4. 批市陈列促销：××××年12月20日—××××年2月4日

五、促销方式

（一）促销方式1：生动化陈列展示

1. 促销内容：在允许张贴的小餐馆内张贴××产品新版海报，同时在KA、BC、D类店开展生动化陈列展示。

2. 启动目标餐馆：

直辖市600家/市×4个城市=2400家

省会城市300家/市×22个城市=6600家

3. 海报张贴要求：

（1）必须张贴在小餐馆室内。

（2）张贴距离地面1.5米左右墙面上。

（3）每个小餐馆张贴海报2张。

（4）我司人员必须亲自将海报张贴在店内。

（5）张贴要有记录。（见《户外海报张贴登记表》）

（6）所有张贴均争取免费张贴。

4. 卖场货架陈列要求：

（1）陈列位置：××产品必须摆放在炒货区货架上，位于炒货区货架的第一个或第二个位置。

（2）陈列面积：××产品必须集中陈列，每个规格不低于4个陈列面，产品陈列饱满。

（3）陈列氛围：产品必须有明确的价格牌，陈列整齐干净，产品货龄小于三个月，包装一律正面朝向消费者。每个卖场不少于5个跳跳卡，5个插卡。

5. BC店陈列要求：

（1）陈列位置：××产品必须摆放在炒货区货架上，位于炒货区货架的第一个或第二个位置。

（2）陈列面积：××产品必须集中陈列，每个规格不低于3个陈列面，产品陈列饱满。

（3）陈列氛围：产品必须有明确的价格牌，陈列整齐干净，包装一律正面朝向消费者，产品货龄小于三个月。B类商超不少于5个跳跳卡，5个插卡。C类超市户外墙体不少于2张产品海报张贴。

6. D类店陈列要求：

（1）陈列位置：××产品必须摆放在消费者最容易看到和拿到的地方。

（2）陈列面积：××产品必须集中陈列，每个规格不低于2个陈列面，产品陈列饱满。

（3）陈列氛围：陈列整齐干净，包装一律正面朝向消费者。D类店户外墙体不少于2张产品海报张贴。

（二）促销方式2：卖场特价促销

1.促销内容：在KA卖场进行堆头展示，同时在进场新规格340g、240g中选择最大规格开展特价活动，并在重点KA卖场安排导购员。

2.340g、240g未进的活动卖场，开展383g或300g堆头陈列，零售价格不变。（要标明优惠价）

3.堆头陈列规定：活动城市堆头全部争取为异型堆头陈列，最低异型堆头数量不得低于开展堆头数量的60%。各省根据公司异型堆头统一风格在当地制作完成，凭正规发票报账。

4.特价规定：

（1）340g原卖场供价5.7元/袋，售价6.6元/袋，活动期间供价下调至5.4元/袋，售价5.5元/袋。

（2）240g原卖场供价4.3元/袋，售价4.9元/袋，活动期间供价下调至3.9元/袋，售价4元/袋。

5.堆头陈列标准：

a.陈列位置：××产品堆头必须位于人流密集的购物主通道上。

b.陈列面积：堆头面积不小于1.2米×1.2米，堆头上产品陈列要饱满。

c.陈列氛围：堆头上方必须有明确的价格牌和吊旗，四周要有香瓜子产品帷幔，堆头上陈列促销产品，产品货龄小于三个月，陈列要整齐干净。

（三）促销方式3：B类商超捆绑

1.促销内容：活动期间，B类商超开展240g或340g捆绑45g香瓜子活动。

2.说明：240g和340g都进店的商超，必须选择340g进行捆绑。

（四）促销方式4：批发商生动化陈列竞赛

促销内容：选择当地最大批发市场选择一定数量批发商开展生动化陈列竞赛。陈列合格批发商将在其被告之合格的2天内获得2件45g*90袋××香瓜子。

六、公司资源支持

1.直辖市：

a.15000张产品海报

b.2000张空白海报

c.2卷帷幔

d.500个插卡

e.500个跳跳卡

f.500个吊旗

g.20个卖场特价费用（有客户城市，公司承担50%）

h.20个卖场堆头费用（有客户城市，公司承担50%）

i.10名导购员两个月工资（有客户城市，公司承担50%）

j.8个商超捆绑费用（有客户城市，公司承担50%）

k.30家批发客户陈列费用（有客户城市，公司承担50%）

2.省会城市：

a.8000张产品海报

b. 1000张空白海报

c. 1卷产品帷幔

d. 500个插卡

e. 500个跳跳卡

f. 100个产品吊旗

g. 10个卖场特价费用（有客户城市，公司承担50%）

h. 10个卖场堆头费用（有客户城市，公司承担50%）

i. 5名导购员两个月工资（有客户城市，公司承担50%）

j. 5个商超捆绑费用（有客户城市，公司承担50%）

k. 20家批发客户陈列费用（有客户城市，公司承担50%）

3. 一般地级市：

a. 5000张产品海报

b. 1卷产品帷幔

c. 公司承担5个卖场特价费用50%

d. 公司承担5个卖场堆头费用50%

e. 公司承担15家批发客户陈列费用50%

七、方案执行

1. 各城市根据城市级别参照执行。

2. 为了实现××××年新年新春促销活动规范和统一，方便公司集中进行资源规划和配置，全国市场自××××年12月12日起停止提报××××年12月份—××××年2月份所有地级市以上市场促销方案。（刮卡和经销商进货搭赠除外）

3. 各省区必须在××××年12月12前，按公司元旦春节促销执行标准，提报省区活动参与城市及活动明细。逾期不报的公司将不予受理。（详见《××××年新年新春促销城市提报表》）

4. 深圳、大连、青岛、苏州4城市参照省会城市标准执行。

5. 各城市根据公司零售业态划分标准，确定当地KA、BC、D数量。活动终端必须符合公司零售业态划分标准，活动开展按客观数量执行。

6. 各城市必须严格按照活动内容方式执行，不得随意修改。如需调整必须以书面形式向销售部说明，报市场部备案，报营销总经理批准。

7. 导购员上班放假时间安排：

××××年12月20日—××××年2月7日：正常上班

××××年2月8日—××××年2月13日：春节休息

××××年2月14日—××××年2月23日：正常上班

8. 导购员工作时间安排（各城市根据卖场营业时间参照安排）

上午：10：00—12：00

下午：13：00—21：00

9. 导购员工资：

导购员工资采用底薪+提成方式，导购员凭卖场电脑销售清单，每月进行提成核算。

直辖市：1700元/月+每销售1件奖励1元。

省会城市：1500元/月+每销售1件奖励1元。

10.导购员必须每日填写工作日报表。

11.分公司、办事处商超业代负责无驻店导购员卖场的理货工作。

八、活动监控

1.各省区经理负责活动具体统筹安排。

2.各省区活动城市检查：

（1）生动化检查不得低于5次/月。

（2）KA、B类商超活动检查不得低于5次/月。

（3）批市活动不得低于3次/月。

3.检查必须按表填写检查记录。

4.公司相关领导将进行不定期抽查。

5.市场专员负责活动最终真实性核查。

6.公司活动督战小组成员：

（1）活动总指挥：曹××

（2）活动监督：张××、王××、市场专员

（3）活动第一负责人：

销售一部：吴××

销售二部：方××

销售三部：刘××

（4）活动第一执行人：各省区经理

（5）活动协助：李××、谢××、吴××

九、费用预算

（一）单个城市费用预算：

1.直辖市：

a.海报费用：0.7元/张×15000张=10500元

b.空白海报：0.7元/张×2000张=1400元

c.帷幔：180元/卷×2卷=360元

d.500个插卡：0.16元/个×500个=80元

e.500个跳跳卡：0.22元/个×500个=110元

f.吊旗：0.52元/个×100个=260元

g.卖场特价费用：900件/月/店×2个月×90元/件×20店×6.35%=205740元

h.卖场堆头费用：5000元/月/店×2个月×20个店=200000元

i.导购员工资：1500元/月/名×2个月×10名=30000元

j.商超捆绑费用：300件/月/店×2个月×8个×90元/件×11.67%=50414.4元

k.批发客户陈列费用：63元/件×2件×30家=3780元

费用合计：502644.4元

2.省会城市：

a.海报费用：0.7元/张×8000张=5600元

b.空白海报：0.7元/张×1000张=700元

c.帷幔：180元/卷×1卷=180元

d.插卡：0.16元/个×500个=80元

e.跳跳卡：0.22元/个×500个=110元

f.吊旗：0.52元/个×500个=260元

g.卖场特价费用：600件/月/店×2个月×90元/件×10店×6.35%=68580元

h.卖场堆头费用：3000元/月/店×2个月×10个店=60000元

i.导购员工资：1000元/月/名×2个月×5名=10000元

j.商超捆绑费用：200件/月/店×2个月×5个×90元/件×11.67%=21006元

k.批发客户陈列费用：63元/件×2件×20家=2520元

费用合计：169036元（公司承担50%为84518元）

3.一般地级市：

a.产品海报：0.7元/张×5000张=3500元

b.帷幔：180元/卷×1卷=180元

c.卖场特价费用：200件/月/店×2个月×5个店×90元/件×6.35%=11430元

d.卖场堆头费用：1500元/月/店×2个月×5个店=15000元

e.批发客户陈列费用：63元/件×2件×15家=1890元

费用合计：32000元（公司承担50%为16000元）

（二）活动全国销量及费用预算：

1.活动期间全国销量：

（1）直辖市：200万元×2个月×4个城市=1600万元

（2）省会城市：40万元×2个月×22个=1760万元

（3）一般地级市：20万元×2个月×195个=7800万元

销量总计：11160万元

2.全国费用预算：

（1）直辖市：502644.4元×4个直营城市=2010577.6元

（2）省会城市：169036元×10个直营城市+84518元×16个非直营城市=3042648元

（3）一般地级市：16000元×191个城市=3056000元

费用合计：8109225元（810.92万元）

3.费用率：810.92万元/11160万元=7.27%

简析

　　这份策划书由活动目的、策略、实施方案、费用预算等组成。其中重点写实施方案，包括促销时间、地点、促销方式及措施、人员安排及执行的相关要求等，具体、详细，操作性强。

例文二

"3·15消费安全进校园"活动策划方案

　　大学生社会经验少、阅历相对较浅，往往缺乏消费常识和法律知识。在大学生中加强消费常识和消费者权益的宣传，对于提高大学生的维权意识和维权能力，使其知法懂法，学会正确地维护自身合法权益有着重要的意义。

学生会学生服务站是在校团委指导下成立的综合性、一站式服务窗口,服务站为全校同学提供学习、工作和生活等各方面的信息服务和具体帮助。在3·15国际消费者权益日即将到来之际,为了更好地服务广大同学,我们拟开展"3·15消费安全进校园"系列宣传服务活动。

一、活动主题

天天都是315,人人都能享权益

二、活动时间与地点

2023年3月15日 9∶30—17∶30

本校青春广场

三、活动内容

(一)法律咨询

时间:9∶30—12∶00

1.活动组织:学生服务站法律咨询与援助中心,由×××总负责。

2.活动形式:邀请法律专业人士提供维权知识现场咨询。

(二)消费安全和维权知识系列宣传服务活动

1.活动组织:学生服务站权益中心,由××总负责。

2.活动形式

(1)邀请校后勤集团商贸中心主任和质量监控部主任进行消费安全和维权知识现场答疑。时间:9∶30—14∶00

(2)消费和维权知识有奖竞猜。时间:10∶30—15∶30

(3)发放宣传传单。时间:9∶30—17∶30

四、活动实施

(一)现场活动实施

由××负责组织。

活动当天,场地分为3个区,分别为:现场咨询区、礼品领取区及宣传材料发放区。

1.现场咨询区:桌子排成一字型,备好姓名牌和纸笔若干,由×××负责。

2.礼品领取区:由2名同学负责核对竞猜答案,并对答对者赠予小礼品,由××负责。

3.宣传材料发放区:组织若干名同学分散在各个场地进行发放,另外安排2名同学在咨询区与礼品领取区进行发放,由×××负责。

(二)现场活动宣传

由××负责组织协调。

1.由编辑部××拍摄现场图片。

2.校电视台、校广播台、校报记者站成员进行相关的采访报道宣传。

3.校电视台对"大学生消费维权宣传进课堂"进行录制。

五、后勤安排

由××负责组织。

1.活动现场布置:包括桌椅排放、横幅悬挂及姓名牌、纸笔、矿泉水准备等。

2.场地租借、购置奖品及发放。

3.各个区人员自行负责本区所需物品。

4.活动结束后,各工作人员按照活动前的安排进行收场工作,设施物品收回。

六、前期工作

由××负责组织。

（一）前期准备

1.准备各种宣传资料，包括活动横幅、海报、宣传展板、宣传单等。

制作活动横幅宣传活动名称及内容。

（1）活动横幅2条

内容：

① 天天都是315，人人都能享权益。

② "有困难，找我们！"——学生会学生服务站竭诚为广大同学服务。

（2）活动海报5张

（3）宣传展板2块

（4）宣传传单1000张

2.联系咨询专家。

3.联系校园内媒体单位，包括校电视台、广播台等。

（二）前期宣传

1.张贴活动海报5张

张贴地点：××、××、××、××、××

2.布置宣传展板2块

展示地点：×××、×××

3.通过qq群、微信群等宣传此次活动。

七、后期工作

由编辑部××负责组织。

1.在报纸、电台、网站等报道本次活动。

2.活动成果汇编。

3.写作总结进行活动汇报。

八、经费预算（详见附件）

附件1《经费预算表》（略）

简析

　　这是一份活动策划书，开头简要交代活动背景和目的，然后重点突出了准备工作、活动内容及实施、后期工作的安排，思路清晰，简洁明了。人员分工明确，措施具体，具有操作性。

写作指南

一、策划书的格式及内容

（一）策划书的内容要素

　　不同种类的策划书内容差异很大，同一种类的策划书也因为策划目标、内容与对象的不同而不尽相同。不过，无论何种策划书，按照策划行业的约定俗成一般都包括8大要件，通常以"5W、2H、1E"概括：

① What（何事）——策划的目标与内容。
② Who（何人）——策划团队与相关人员。
③ When（何时）——策划实施的时间以及具体的日程安排。
④ Where（何处）——策划实施的环境场所。
⑤ Why（何因）——策划的缘由与背景。
⑥ How（何法）——策划的方法、步骤和表现形式。
⑦ How much（预算）——策划涉及的人、财、物与进度的预算。
⑧ Effect（效果）——策划实施效果的预测。

以上8大要件是策划书应包含的一般内容，实际操作时，可根据具体情况有所增减。

（二）策划书的结构与具体内容

一般来说，策划书分为封面、正文、附录三大部分。

1. 封面

封面是一份策划书的"脸面"，一定要精心设计、制作，要表现出一定的风格和品味。策划书的封面一般由策划名称、策划者、策划日期、策划书编号等项目组成。

策划名称即策划书标题，必须做到简单明确，一目了然。策划书标题可以用公务文书的形式，直接表明策划的内容和性质，如《西溪西博会成果展暨西溪龙舟文化节策划案》《小米手机市场营销策划书》；也可以用正副标题，正题表现策划的主题，副题指出策划书的内容和性质，如《时、空、安、静——奥迪A8新产品上市推广策划》。

在以策划主题为名时，要注意新颖响亮、富有魅力，同时要名副其实。如山东绿源集团所做的提升企业核心竞争力的全面策划名为"跨越巅峰工程"。

2. 正文

策划书的正文通常包括摘要、目录和策划书主体内容三部分。

（1）摘要　这是对策划目的和内容的简要说明。主要描述策划项目的来龙去脉、背景资料，介绍策划团队，概括策划书要点、亮点等，目的是使阅读者立刻对策划者的意图与观点予以了解。一般要求简明扼要，以控制在一页以内为宜。

（2）目录　策划书的目录与一般书籍目录一样，起着提纲挈领的作用，能让人快速清晰地把握整个策划书的结构及策划者思路，同时也使阅读者能方便地查询策划书具体内容。若策划书内容篇幅不是很多，可令前言与目录同处一页。

（3）策划书主体内容　这是策划书的核心内容，不同种类的策划书差异较大。以市场营销策划书为例，一般包括以下项目。

① 前言。这是对整个策划的提示、导引和铺垫。可以简要说明策划项目的由来、背景、意义和经过，即策划主题为什么被提出，策划活动为什么会进行，又是经过何种程序去完成等等。

策划书的前言可详可略。可以直接写接受营销策划委托的情况，如"××企划有限公司接受××的委托，在详细的市场分析和调研基础上，就××年度营销推广计划进行具体策划"，也可不设单独前言，而将有关内容纳入背景分析。

② 背景分析。策划是在充分的市场调研和分析基础上进行的，特定的环境与需要，是策划活动赖以展开的前提，背景分析就是对市场调研结果的梳理和表述。

背景分析通常使用SWOT分析工具。SWOT即strengths（优势）、weaknesses（劣势）、opportunities（机会）和threats（威胁）。所谓SWOT分析就是组织结合自身优势、劣势以及所处环境的机会、威胁进行战略构思、战略选择和策略制定，其中，优势、劣势属于内部因素，机会、威胁属于外部力量。

策划书的背景分析部分通常围绕内部的优势、劣势，外部的机会、威胁进行，就是以企业或项目机会和威胁对其优势、劣势进行评估，再根据对市场运动轨迹的预测，从这四种因素的平衡中大致找到企业或项目的问题所在，从而确定项目实施的目标、方法和时机。

③ 策划目标。任何策划都要围绕一定目标展开，因此，策划书要明确、具体地写明策划目标，要突出准确性、挑战性、现实性、可衡量性和时间性，尽量采用标准、规范的专业术语，避免概念含糊不清，能量化的指标要尽可能量化。如把策划目标定为"企业利润率有较大幅度增长"就不够明确具体，而改为"截止到×年×月×日企业资金利润率提高20%"就表达准确了。策划目标也要避免大包大揽、盲目许诺。

④ 战略及行动方案。这是策划书中最主要的部分。在撰写这部分内容时，必须非常清楚地提出营销战略与具体行动方案，并简要说明实施过程的管理方法与措施。就像医生诊病应"对症下药""因人制宜"一样，制定营销战略及行动方案时一定要避免人为提高营销目标以及制定脱离实际难以施行的行动方案。可以说，营销战略和行动方案的现实性和可操作性是衡量此部分内容的主要标准。

另外，在制定营销方案时，还必须制定出一个行动时间表作为补充，以使行动方案更具可操作性，同时提高策划的可信度。

⑤ 费用预算。任何项目的实施都需要经费，费用预算可以使客户了解项目投入，权衡投入产出比，以决定是否实施这一项目。而项目一旦得到批准，预算又是投资方拨款的重要依据。

费用预算一般包括行政开支（如管理费用、劳务报酬、设施材料费用等）和项目开支（如赞助费、调研费、传播媒介费、场地费、接待费等）。费用测算必须科学、周密，最好列表说明实施项目所需费用的细目及其依据，排出预算进度时间表。也可以根据企业的承受能力，给出几种提供不同量的资金、人力、物力等约束条件和不同时间进度的费用预算方案，供企业选择。这样既便于核算，又方便事后查对。如费用预算表项目过细，可作为附录列在策划书最后。

⑥ 前景预测。一个成功的策划，其效果是可以预测的。所以，策划者应依据已有的资料，对策划实施后的效果进行科学的预测，并将分析成果体现于策划书中，以增强其策划力度。这一部分是对策划效果的预估和描述，一般包括经济效益和社会效益，也是项目实施后评估策划的重要依据。

以上六项是市场营销策划书主体部分的一般内容，实际上策划书主体部分内容项目并不固定，常常根据不同对象、要求进行分解、合并或错位，项目名称也不尽相同，对此，策划者应在策划过程中灵活运用。

3. 附录

附录的作用在于为策划提供客观性的证明，因此，凡是有助于阅读者理解、信任策划内容的资料都可以考虑列入附录。如可将策划者以前的相关策划案例列入附录，以增加客户对公司的信任度。也可概要列入策划的备选方案，简要说明其与策划书中优选方案的区别以及备选方案的考虑条件等。其他如相关统计资料、消费者问卷样本、座谈会原始照片等资料也可列入。

二、写作注意事项

1. 主题单一，项目精要

一次策划应该只有一个主题，策划书应突出这个主题，内容项目的设计须紧扣主题，且不宜太多，否则会导致主次不分、执行不力。内容较复杂的大型策划，为保证主题明确单一，可分解为多个子策划。

2. 求真务实，切忌臆断

策划之前必须进行调查研究，策划时更要实事求是。策划者的主观臆断可能直接导致项目实施者的错误认识，从而出现执行偏差，而且策划书上的主观言论过多，也会降低客户对策划工作的信任度。

3. 切实可行，备多用寡

策划方案要有可操作性，必须对任务进行分解，合理安排策划实施的时间、方式、步骤以及进度。为保证策划案被客户顺利认可，策划者常常会准备优选、备选等多个方案，给客户选择的余地。

4. 版本不同，内外有别

策划书常常包含商业机密，因此，对同一策划对象，有时会有内部策划书和外部策划书两个版本，编撰时要注意把握好分寸。

技能实训

一、你打算毕业后自主创业，选择一个合适的项目，写一份创业策划书。

二、完成开头设置的任务。

模块八 科技文书

科技文书是人们用于科学技术、学术研究和科技管理等方面的应用文。它具有凭证、资料、交流等作用。科技文书的特点是内容的科学性与创造性，形式的规范性，效果的应用性等。写作科技文书的基本要求有三：一是科学。指导思想和方法具有科学性。要有实事求是的工作态度，要深入调查，从客观实际出发，做到材料真实、数据可靠确凿。用事实说话，文风朴实、严谨、不卖弄。二是实用。科技文书与现实发展有紧密联系，记载和描述科学技术发展、产品的更新换代，交流科技信息。三是严谨。要求用语准确，结构合理。文书的组织结构具有逻辑性、系统性，论证讲究逻辑方法。

学习目标

一、知识目标

了解科技文书的作用、特点。

二、能力目标

掌握产品说明书、科技实验报告、实习报告、毕业论文和毕业设计报告的结构和主要内容，熟悉其写作要求。

具备一定的收集资料、分析资料的能力。

提高逻辑思维能力。

三、素质目标

培养严谨认真、实事求是的态度和创新精神。

任务一　产品说明书

任务设置

某村村民黄××买了一种名为"×××3号"的农药。农药说明书上写着"连续使用2次，间隔期为20天"。黄××看后，当天便对果园的柿树连续喷洒了2次农药，准备20天后再喷洒2次。七八天后，他家200棵柿树的叶子、果实全部掉落！咨询过农业专家后，黄××才知道，他喷洒农药用量多了1倍，这种农药正确的使用方法为"连续使用2次，两次之间的间隔期为20天"！由于农药说明书表述不够准确明白，造成了严重后果。可见，产品说明书的表述应准确无误，否则就会误导消费者，造成损失。

请选择一种你熟悉的生活用品或学习用品，撰写一份产品说明书。

知识探究

一、产品说明书的概念

产品说明书也称为商品说明书，是产品的生产单位向用户介绍产品的性能、规格、用途、保养和使用方法等知识的实用性书面材料，是一种指导消费的说明文。

二、产品说明书的特点

1. 科学性

撰写者必须以实事求是的精神，对被说明的事物做出准确、如实的说明，不能由于任何不正当的目的而故意隐瞒、歪曲事物的真相；还要求撰写者对被说明的事物有透彻的了解和客观的态度。即使在某类说明书中，为了增强感染力，引起读者兴趣，说明书的文字会带有一定的抒情色彩或倾向性，但必须以尊重内容的真实性为前提，决不能胡编乱造，子虚乌有。

2. 实用性

强调产品的实用性，突出产品优势，利于消费者使用产品。

3. 条理性

因文化、地理、生活、环境等的不同，人们对产品说明书的内容还存在着认识和理解上的差异，所以，说明书在陈述产品的各种要素时，要有一个由浅入深、循序渐进的过程。

4.通俗性

很多消费者没有专业知识,故有必要用通俗浅显和大众喜闻乐见的语言,清楚明白地介绍产品,使消费者使用产品得心应手,注意事项心中有数,维护维修方便快捷。

三、产品说明书的分类

产品说明书应用广泛,类型多种多样,按不同的分类标准可分类如下。

① 按对象、行业的不同分类,可分为工业产品说明书、农产品说明书、金融产品说明书、保险产品说明书等。

② 按文面形式的不同分类,可分为条款式说明书、短文式说明书。

范文示例

例文一

××牌抗病毒口服液说明书

【药品名称】抗病毒口服液

【成分】板蓝根、石膏、芦根、生地黄、郁金、知母、石菖蒲、广藿香、连翘。辅料为蔗糖、蜂蜜、环拉酸钠、橘子香精。

【性状】本品为棕红色液体;味辛、微苦。

【功能主治】清热祛湿,凉血解毒。用于风热感冒,流感。

【规格】每支装10毫升。

【用法用量】口服,一次10毫升,一日2～3次(早饭前和午、晚饭后各服一次)。

【不良反应】尚不明确。

【禁忌】孕妇、哺乳期妇女禁用。

【注意事项】

1.忌烟、酒及辛辣、生冷、油腻食物。

2.不宜在服药期间同时服用滋补性中药。

3.适用于风热感冒症见:发热,微恶风,有汗,口渴,鼻流浊涕,咽喉肿痛,咳吐黄痰。

4.发高烧体温超过38.5℃的患者,请上医院就诊;脾胃虚寒泄泻者慎服。

5.高血压、心脏病、肝病、糖尿病、肾病等慢性病严重者应在医师指导下服用。

6.本品不宜长期服用,服药3天症状无缓解,应去医院就诊。

7.严格按用法用量服用,儿童、年老体弱者应在医师指导下服用。

8.对本品过敏者禁用,过敏体质者慎用。

9.本品性状发生改变时禁止使用。

10.儿童必须在成人监护下使用。

11.请将本品放在儿童不能接触的地方。

12.如正在使用其他药品,使用本品前请咨询医师或药师。

【药物相互作用】如与其他药物同时使用可能会发生药物相互作用，详情请咨询医师或药师。

【药物贮藏】密闭，置阴凉干燥处保存（不超过20℃）。

【药物包装】管制口服液瓶包装。每盒装12支。

【有效期】18个月

【批准文号】国药准字××××××

【生产厂家】××市××制药股份有限公司

 简析

这是一份条款式产品说明书。对药品的成分、功效、使用方法等介绍全面、明晰、准确、清楚，注意事项详细，显示出说明书的科学性和对消费者认真负责的态度，充分体现了说明书的指导作用。

例文二

××剃须刀使用说明书

充电：

将电源插头插入AC220V电源之中，充电指示灯亮。充电12～16小时。

剃须：

将开关键上推至（on）开启位置，即可剃须。为求最佳之刮须效果，请将皮肤拉紧，使胡子成直立状，然后以逆胡子生长的方向缓慢移动。

修剪刀：

如有修剪刀功能的剃须刀，请在剃须前，先将修剪刀推出，修短胡须后再用网刀剃净。

清洁：

剃须刀要经常清洁。清洁前应先关上开关，旋下网刀，用毛刷将胡须屑刷净。清洁后轻轻放回刀头架，且到位。清洁时应轻拿轻放，避免损坏任何部件。

保修条例：

保修服务只限于一般正常使用下有效。以下情况不在保修范围内：一切人为损坏例如接入不适当电源，使用不适当配件，不依说明书使用；因意外而造成之损坏；非经本公司认可的维修和改造，错误使用或疏忽而造成损坏；不适当之安装等；剃须刀中内、外刃属消耗品不在保修范围内。保修服务不包括维修人员上门服务。

保修期外享受终身维修，维修仅收元器件成本费。

保修期：正常使用六个月。

注意事项：

充电时间不要过长，以免影响电池寿命。

换刀网刀头时一定要选用原厂配件。

> **简析**
>
> 该例文主要是产品的使用说明。对产品的使用方法、保养方法、保修方式等一一说明，层次分明、语言通俗、清晰易懂。

写作指南

一、产品说明书的格式及内容

产品说明书一般包括标题、正文、落款三部分。

1.标题

产品说明书的标题大致有三种写法：直接将产品名称作为标题，如《碧螺春茶》；由产品名称加上文种"说明书"构成，如《浓维生素E胶丸说明书》；有的产品说明书还可以加上产品的功效，如《补脑冲剂——神经系统滋补品》。

2.正文

正文是产品说明书的主要部分，在开头可以先介绍生产单位的历史和现状、规模、技术水平、产品声誉等，然后介绍产品各方面的情况，如设计目的、原料配方、技术要求、工业造型、性能特点、效率用途、使用方法、注意事项等内容。有些内容视产品具体情况可略写或不写，但通常应具备三方面内容：设计说明、使用说明、注意事项。

正文的写作形式主要有条款式和短文式。条款式采用分条列项的写法，其优点是内容具体、层次分明、条理清楚。短文式对产品采用概括性的陈述和说明，其优点是内容完整、意思连贯。

若有必要，在文字说明的同时还可以配上图表，其优点是能把事物说得清楚周密而又形象直观。

3.落款

落款应写明生产单位的名称、经销单位的名称，还可写上通讯地址、邮政编码、联系电话、E-mail等内容，便于消费者识别和联系。

二、写作注意事项

1.要注意科学性

所谓科学，就是要准确严谨地介绍产品，正确使用专业术语。

2.内容要全面、真实

应尽量作全面、真实、客观的介绍，使消费者正确认识产品，避免因不了解产品、错误操作而造成损坏，或因不能满足消费者的需要而造成消费者与经销者或厂家之间的争议。

3.要有责任意识和大众意识

要有强烈的责任意识，尤其是技术含量高或事关人身、财产安危的产品说明书，更要做

模块八 科技文书

到字斟句酌，周到细致，对消费者负责。要考虑大众特点，树立为大众服务的观念，尽可能适应和满足广大消费者的需要。

4. 要通俗易懂

尽量用平实的语言将专业术语解释明白。有些操作性产品，为了加强表述的形象性、直观性，还需要用图文配合的方式说明操作的步骤和方法。

三、产品说明书与广告的异同

产品说明书与广告的相同之处在于：它们在介绍商品或服务项目的性能、效果、特点等方面能起到宣传、告知的作用，都有吸引注意力，引导消费，提高品牌知名度的目的及功能。但产品说明书不能代替广告，广告也不能代替产品说明书。二者的不同之处在于：

1. 目的不同

说明书的目的是介绍产品知识，广告的目的主要是促进商品销售、推广经营理念。

2. 内容有别

说明书的内容一般比较全面具体，深入细致；广告的内容一般比较简明扼要，不拘一格。

说明书注重科学性、实用性，广告突出艺术性、感染力。

3. 表现手法各异

说明书属于说明文体，叙述客观冷静，不事夸张渲染；广告是一种宣传形式，表现方法丰富多彩，讲究创意求新，经常显示出一定的主观色彩。

4. 发布形式不同

广告一般需付费并通过一定的媒介形式直接或间接地介绍、推销商品或服务；参与者除广告主外，还需有广告经营者等，按《广告法》的规定，还必须订立书面合同，有规范的运作要求。而说明书的发送相对自由灵活，一般由企业独立撰写印刷，随商品赠送，往往是商品服务项目不可缺少的附件之一。

技能实训

一、产品说明书的内容主要由哪几个方面组成？

二、完成开头设置的任务。

任务二 科技实验报告

任务设置

进入大学后,你经常会进行一些实验,请选择某项实验,完成后写一份实验报告。

知识探究

一、科技实验报告的概念

科技实验报告是描述、记录科研课题实验过程和实验结果的报告类文体。人们为了进行科学研究和创造发明,往往要进行实验。科技实验报告就是通过实验进行观察、分析、综合、判断,再如实地将实验的目的、方法、过程、结果、结论等记录下来,经过整理而形成的文字材料。科技实验报告兼有实验和报告两种性质,不但要告诉人们实验的方法和步骤,还要告诉人们实验的结果以及所得出的结论。

二、科技实验报告的特点

1. 真实性

科技实验报告是实验过程和结果的如实记录,出现什么现象就记录什么现象,出现什么结果就记录什么结果,得出什么数据就记录什么数据,真实可靠。必须坚决杜绝主观想象、凭空捏造、任意取舍。

2. 准确性

实验者要以客观、冷静的态度进行整个实验工作,排除一切主观因素的干扰,不带任何个人偏见。整个实验过程,不以理论的推导为主,而以实证为原则。实验的结果要经得起反复的检验,实验的数据要经得住反复的核查。它所记录的实验结果,能经得住任何人的重复和验证。

三、科技实验报告的种类

根据划分的标准不同,科技实验报告有不同的种类。

按科学实验对象和科学研究的内容不同,可分为物理实验报告、化学实验报告、生物实验报告、心理实验报告等；

按照其功能可分为检验型实验报告和创新型实验报告；

按照实验方法不同可分为结构分析实验报告、模拟实验报告、对照实验报告和析因实验报告；

按实验性质的不同可分为定性实验报告和定量实验报告；

按实验作用不同可分为课堂实验报告和科学研究实验报告等。

范文示例

实验：滴定管的校准

一、实验目的

1. 初步掌握滴定管的使用方法。

2. 学习滴定管的校准方法，并了解容量器皿校准的意义并应用。

二、实验原理

容量器皿的体积与其所标出的体积并非完全相符。因此，在准确度要求较高的分析工作中，必须对容量器皿进行校正。

由于玻璃具有热胀冷缩的性质，在不同的温度下容量器皿的容积也会有所不同。因此校准玻璃容量器皿时，必须规定一个共用的温度值，这一规定温度值称标准温度，国际上规定玻璃容量器皿的标准温度为20℃。即在校准时都将玻璃容量器皿的容积校准到20℃时的实际容积。

实际应用时，只要称出被校准的容量器皿容纳或放出纯水的质量，再除以该温度时水的密度值，便是该容量器皿在20℃时的实际容积。

三、实验仪器

1. 50 mL酸式滴定管一支

2. 锥形瓶（50 mL，具有玻璃磨口塞）一只

3. 普通温度计（0～50℃或0～100℃，公用）

四、实验步骤

1. 将具塞的50 mL锥形瓶洗净，外部擦干，在分析天平上称出其质量，准确至小数点后第二位。

2. 在洗净的滴定管中，装满纯水，调节至0.00刻度，记下度数，按正确的操作，以每分钟不超过10 mL的速度，放出约10 mL水于已经称量好的锥形瓶中，盖紧盖子，称出"瓶+水"的质量。此两次质量之差即为放出水的质量，根据水的质量表来计算出这些水的实际体积。

3. 重复校正一次。两次相应的校正差应小于0.02 mL。求出其平均值。

五、实验记录

水的温度：13℃　　　　　　　　　　　　　　　　　　　　　　　　　r 值为 0.99814g

滴定管度数/mL	（瓶+水）的质量/g	总水质量/g	实际总容积/mL	总校准容积/mL
0.00	70.92			0.00
10.00	80.95	10.03	10.05	+0.05

续表

滴定管度数/mL	（瓶+水）的质量/g	总水质量/g	实际总容积/mL	总校准容积/mL
20.00	90.96	20.04	20.08	+0.08
30.10	101.03	30.11	30.17	+0.07
40.15	111.03	40.09	40.16	+0.01
50.00	120.88	49.96	50.05	+0.05

六、实验结果

根据上述表格用坐标纸画出折线图如下图所示：

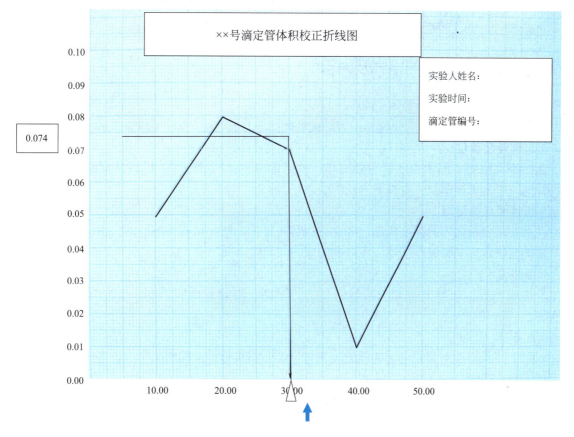

结论：

1. 根据此折线图可以看出，此滴定管在40 mL左右时读出的容积与实际容积之间的差距最小，即在此位置的误差最小。所以在使用该滴定管时，尽量使得滴定终点位于40 mL左右；

2. 根据此图，也可确定滴定溶液的任意体积。如：25.37mL，查图可知，校正容积为+0.07mL，校正后的实际体积为25.37+（+0.07）=25.44mL。

七、分析与讨论

1. 本次实验通过对滴定管进行校正，得到了此支滴定管在40 mL左右时滴定误差最小的结论，对以后的实验分析具有重要意义。

2. 本实验进行得较为成功，实验误差较小（误差在允许范围内）。

3.今后应加强对上述仪器的使用,做到熟练操作。

> **简析**
>
> 这篇实验报告写清了实验目的、实验原理、所需仪器、实验步骤与做法、实验结果及结论、分析讨论等,报告将测试数据采用表格的方式记录,清楚明白、一目了然,并根据数据表画出折线图,直观清晰。本实验报告条理清楚,语言简洁。

写作指南

一、科技实验报告的格式及内容

1.标题
以实验名称为标题,它是实验内容的高度概括,力求醒目,集中反映该实验研究的内容。

2.作者及单位
指该实验的实施者和承担主要工作、做出重要贡献的参与者。应按其贡献大小先后排列,同时署上工作单位、所属地区及邮编。

3.摘要与关键词
摘要是全篇内容的简要概括。关键词也称主题词,往往从实验的目的、条件、方法和所产生的变化效应方面进行提炼,多以名词或名词词组出现。

4.引言
也叫序言,简要说明此项实验的目的、范围、理论分析和依据、研究方法和实验方案等。

5.正文
(1)实验原理 简要说明实验的理论依据,介绍实验涉及的重要概念,实验依据和重要定律、公式等。

(2)实验仪器设备 列出实验器材、仪器设备装置和所需的原材料。

(3)实验方法和过程 这是极为重要的部分,一般按操作的时间先后划分成几个步骤,并加上序号,必要时还可以用图表加以说明。

(4)实验结果 通过文字、数字、表格及图,如实记录、描述和分析实验中所发生的现象。实验结果必须真实、准确、可靠。

(5)讨论 讨论包括对思考问题的回答,对异常现象和数据的解释,对实验方法及装置提出改进意见等。

(6)结论 结论就是根据实验结果所做出的最后判断,指出通过实验证实了某一理论。

6.参考文献
详细注明进行此实验过程中参考的资料与文献。

7.附录
极少数情况下,实验报告会列出附录,如实验中使用的特别材料或不同寻常的统计技术。学生实验报告中，可以列出实验的全部原始记录。

二、写作注意事项

① 要有实事求是的科学态度，要客观、公正，不得随意修改相关数据，更不能伪造数据，也不能掺杂主观色彩进行议论和夸张。

② 语言力求准确、简明。准确就是能够按照实验的客观实际，选择最恰当的词语来表达。简明就是言简意明，概括性强。

③ 在文字描述的同时可借用图表形式进行辅助说明。

技能实训

一、科学实验报告的格式及内容要点是什么？

二、完成开头设置的任务。

任务三　实习报告

任务设置

小张是重庆××学院大数据与会计专业大二的学生，2022年暑假期间在重庆××公司实习两个月，担任会计工作。9月返校后，学校要求她写一份实习报告。那么，该如何进行实习报告的写作呢？

知识探究

一、实习报告的概念

实习报告是指大学生在实习结束后，如实把实习的目标、时间、过程、结果以及体会经过加工用书面文字写出来的材料。实习报告是对实习内容的综合、分析和概括，用简练流畅的文字表达出来。写作实习报告是对实习内容的系统化、巩固和提高的过程，是思维的训练，是经验的积累。

模块八　科技文书

二、实习报告的特点

1. 客观性

写作实习报告时,实习时间地点、实习方式内容等都必须如实记录,做了什么事就记录什么事,做到绝对真实可靠,不能凭空捏造,这是对自己负责任的做法。

2. 主观性

实习过程是一个独立完成的过程,每个人所进行的实习活动的内容是不相同的,因此,实习报告有其主观性,即使两个人在同一时间,同一地点进行实习活动,但是因为实习主体的不同,所形成的实习报告可能也是完全不同的,原因在于获得的经验以及实习的心得体会是因人而异的。

3. 指导性

所有的实习结束之后都可以写成实习报告,而不论其结果是否达到预期的目标,无论成功或者失败。实习报告是对自己所作工作的一个总结,有积极的指导意义,无论是经验还是教训,都值得进行总结,以便更好地指导以后的学习和工作。

三、实习报告的种类

根据内容不同,实习报告可分为教学实习报告、生产实习报告、课程实习报告、毕业实习报告等。

范文示例

广州××酒店实习报告

2022年7月中旬至10月底,我在广州××酒店前厅礼宾部实习,担任酒店代表一职。三个半月的实习,使我受益匪浅。在实践中,我不仅对酒店的经营运作有了一定的了解,而且学会了沟通、交际、销售等诸多技巧,巩固了专业理论基础知识,掌握了酒店管理的专业技能,锻炼了自己独立生活的能力,为以后的职业生涯奠定了比较坚实的基础。为总结实习经验,做好今后的实际工作,特作如下报告。

一、基本情况

(一)实习目的

通过酒店实习,了解和认识酒店行业的基本情况,熟悉酒店经营管理架构和管理过程,掌握从事酒店职业所需的基本技能。在实践中寻找理论知识与实际操作的契合点,全面巩固在学校所学的专业理论基础知识,提高自己的管理能力和职业素质。

(二)实习时间

2022年7月14日至2022年10月31日。

(三)实习单位

广州××酒店,位于××东路××路段,是中国南方首家以白金五星级标准建造、中国南方最广阔的山水主题式酒店。酒店背倚郁郁葱葱的××山,面朝仪态万方的××湖。整体占地面积达20万平方米,建筑面积7.8万平方米,是广州面积最大、楼层最低的山水酒店。

（四）实习部门

前厅礼宾部。前厅部包括：接待处、礼宾部、总机、商务中心、订房部共五个分部门，酒店实行部门经理负责制，由前厅经理统筹安排，各分部主任或分部经理管理本部门事务，与其他部门密切配合，合作完成工作。礼宾部作为对宾客迎来送往最重要的部门之一，设行李生和酒店代表两个分部，由礼宾经理总体负责，包括行李生领班（3人）和行李生（11人），酒店代表主管（1人）、资深酒店代表（1人）和酒店代表（4人）。

（五）实习职位

酒店代表。酒店代表代表酒店在机场、火车站等出入境口岸迎送客人，及时向客人推销酒店和宣传酒店的形象，影响着客人对酒店的印象。酒店代表的主要任务是：提供快捷妥当的服务，将客人接回酒店入住或送机送车；作为最早和最后接触客人的酒店员工，酒店代表要把握每一个机会不失时机地为酒店宣传，争取更多的客源，负责保护客人的行李和人身安全，并为客人提供尊贵的礼宾服务。

二、实习内容与过程

（一）实习内容

1.酒店代表的日常工作

（1）利用××酒店的"××管理系统"查阅每天的"接机、接车服务报表"，详细登记当天的服务需求情况并按中文、英文、日文用A3纸打印成"SIGNBOARD"，在纸上写明接机（车）日期、航班号、始发地、预计到达时间、人数、是否收费等信息。

（2）查询航班信息，确定时间和到达情况，报告主管进行车辆和人员安排。

（3）带齐所需物品出车，在机场（车站）最后确认航班到达的时间和出口，提前到达出口处准备迎接客人。

（4）接到客人，确认其身份，核对无误之后带其乘车回酒店，安排登记和入住事宜。

（5）在礼宾部柜台为客人提供咨询、寄存等礼宾服务。

2.酒店代表的VIP/大客户接待工作

（1）与销售部相关人员核对当天预计抵达的VIP人数和姓名。

（2）准备相关物品，检查是否有遗漏。

（3）向有关部门了解客人信息，准备接待事宜。

（4）视客人要求和酒店安排，与订房部、销售部、接待处等部门共同安排客人到站活动和酒店活动。

3.酒店代表交易会期间的工作

（1）打印"接机接车报表"和"预抵报表"，核对接机接车报表和SIGNBOARD。

（2）带齐所需物品，与机场（车站）工作人员联系协商接站事宜。

（3）安排客人休息，为客人提供酒店信息咨询等服务。

（4）与酒店密切联系，负责机场与酒店之间的穿梭巴士的调度工作。

（二）实习过程

这次实习可分为三个阶段：

1.第一阶段（7月15日至7月31日）：岗前培训

通过参加岗前培训，熟悉企业情况，认知企业文化，适应工作环境，了解礼宾部岗位职责和工作内容，掌握礼宾部接待工作的要领。这一阶段以见习为主，观摩学习酒店礼宾部员工的接待流程和相关经验。

模块八　科技文书

2.第二阶段（8月1日至8月31日）：模拟接待

一对一跟着酒店老员工学习如何将客人接回酒店入住或送机、送车，如何在礼宾部柜台为客人提供酒店信息咨询、行李寄存、派送、转交等礼宾服务，进一步熟悉接待流程，学会处理突发情况。

3.第三阶段（9月1日至10月31日）：独立上岗

如同正式员工一样接受礼宾部分配的接待事务，兢兢业业地做好日常接待、VIP/大客户接待和交易会期间的客户接待工作。遇到问题虚心求教，总结反思，扬长避短，努力提高服务技能和服务质量。

三、实习收获与体会

（一）实习收获

1.服务意识的提高

对于酒店等服务行业来讲，服务质量无疑是企业的核心竞争力之一，是企业的生命线，高水平的服务质量不仅能够给顾客留下深刻的印象，为其再次光临打下基础，而且能够使顾客备感尊荣，为企业树立良好的品牌和形象。通过酒店组织的培训和平时部门的强化练习，我的服务意识得到极大的提升，并养成了面对客人微笑的好习惯；学会了用标准的礼仪礼貌待客；明白了学好外语的重要性。

2.服务水平的提高

经过三个多月的酒店实习，我对酒店的基本业务和操作有了一定的了解。礼貌是一个人综合素质的集中反映，在接待客人的过程中要敢于开口向客人问好，在向客人问好的过程中还要做到"三到"——口到、眼到、神到，一项都不能少。对于客人的要求，要尽全力去满足，尽管有些不是自己职责范围内的事，也要尽力帮其转达；客人提出的一些不合理的要求，要用委婉的语气拒绝，并帮他寻求其他解决方法。令我印象最深的是为酒店的日本客人（大多数是来自酒店大客户——××公司的）服务，他们通常不太会说英语，所以，要从他们的动作和只言片语中猜测他们想要做什么并快速帮他们办好。例如，当客人用蹩脚的英语说"airport"时，就要猜到他是想去机场，需要我们提供免费的送机服务。接下来就要为他们提供乘车预约表，并在确认了他们的信息后，再交由主管派车。

3.英语水平的提高

在五星级的涉外饭店中，英语的实际应用能力是特别重要的，包括听、说、写的能力。在接触来自世界各国的客人的过程中，英语作为国际通用语言发挥了它的重要性，没有它，我和客人就没法沟通，更谈不上为他们服务。交易会期间，客人们从世界各地赶过来，对广州、对××酒店都不熟悉，这就需要我们用英语为他们介绍，并回复他们对会馆、天气、地理、购物等信息的咨询，及时向客人推介广州和宣传酒店的形象。

（二）实习体会

1.实习是角色转换的宝贵体验

实习占用了我们大学里的最后一个暑假的时间。和以往打暑期工不同，在酒店实习过程中，我们不是单纯地用自己的劳动力去换取报酬，而是把自己当成酒店的一员，和各部门同事密切合作，共同维护酒店形象和创造最大的利益。实习期间，我们不会因为还是在读生而受到特别的礼遇，而是和其他新员工一样，从酒店最基础的本职工作开始做起，偶尔做错事，也不会有人袒护。

2.实习是建立人脉的良好契机

通过这次实习，我比较全面地了解了酒店的组织架构和经营业务，接触了形形色色的客人，同时还结识了很多很好的同事和朋友，他们让我更深刻地了解了社会，也教会了我如何去适应社会，融入社会。

3.实习是素质提升的有效途径

作为酒店的一员，穿上制服，一种职业人的责任感油然而生，自觉地处处维护××酒店的权益，把自己和酒店紧密联系起来，竭尽全力熟悉酒店的信息；令自己的一言一行都要代表酒店的形象，时刻为酒店做宣传，努力提升酒店和自己的形象。

4.实习是顺利从业的提前演练

实习让我提前接触了社会，认识到了当今的就业形势，并为自己不久后的就业计划做了一次提前策划。通过这次实习，我发现了自己与酒店的契合点，这对我今后的就业方向的选择产生了极大影响。另外，××酒店的人才培养制度为我们提供了良好的学习机会和就业机会。实习实际上就是一次就业前的演练。

报告人：××大学××级旅游管理本科2班×××
2022年11月15日

简析

这是一篇旅游管理专业大学生的实习报告。开头概述实习总体情况，包括时间、地点、收获等；主体部分由基本情况、内容过程、收获体会三部分组成；主体部分结束自然结尾。文章详尽真实，脉络清晰。

写作指南

一、实习报告的资料收集

从开始实习的那天起就要注意广泛收集资料，并以各种形式记录下来（如写工作日记等）。丰富的资料是写好实习报告的基础。主要收集这样一些资料：

① 党的路线方针政策是如何在工作中贯彻执行的。比如单位组织学习，内容是什么、什么学习方式、学习后的效果如何，对自己和同志们的思想有否提高。

② 专业知识在工作中如何灵活运用。比如法律专业，注意法官或法律工作者在执法过程中是如何灵活运用法律条款，深入了解优秀法官，如何运用法律以外的手段解决民事纠纷，提高结案率的；秘书专业的学生可以直接将秘书实务、应用写作等科目中的问题带到实践中去，在实践中寻求理论与实践的结合点等等。

③ 观察周围同事如何处理问题、解决矛盾的。实习是观察体验社会生活，将学习到的理论转化为实践技能的过程，所以既要体验还要观察。从同事、前辈的言行中去学习，观察别人的成绩和缺点，以此作为自己行为的参照。观察别人来启发自己也是实习的一种收获。

④ 实习单位的工作作风如何。单位的工作作风对你将来开展工作、发展自己提高自己有什么启发；某些同事的工作作风、办事效率哪些值得你学习、哪些要引以为戒，对工作对

事业会有怎样的影响。

⑤ 实习单位的部门职能发挥如何。对不同职能部门的工作作风、履行职能的情况有什么看法和认识。

二、实习报告内容的选择和组织

根据本专业特点，可以全面地写。如法律专业，去法院实习，获得的是作为一个法律工作者应该具有的全面素质材料，这时，可以将所实习的全部内容写进去，包括法律工作者的政治素质要求、业务素质要求；法律条文的运用；法官的个人魅力（言行举止、语言表达等综合因素）在法庭上的效果；法官需要的语言表达能力等等。又如文秘专业，作为一个办公室文员，实习中可能工作性质内容涉及所学大部分骨干课程。如会务工作，就包括会议之前的准备工作、会议过程中的服务工作、会后的总结工作，以及整个会议涉及的文书有哪些，领导对这些会议文件的写作要求有哪些，写作者在准备过程中有哪些成功的做法或失败的教训；文秘工作者的仪表礼仪有什么要求等等。

此外，也可以根据实习的内容确定某一局部的工作、就一个专题作为重点描述对象。如文秘中的档案管理，单位对工作人员的要求有什么、自己学的哪些知识在工作中运用上了，你运用的方式方法是否符合工作需要，效果如何；同事是怎么对待档案管理工作的，他们有什么值得你学习的地方等等。

三、实习报告的格式及内容

实习报告一般由标题、正文、落款三部分构成。

1.标题

标题常见写法有三种：一是文种式，如《实习报告》；二是由实习专业名称（内容）或单位加文种构成，如《工业分析与检验专业实习报告》《企业管理实习报告》《毕业实习报告》《鑫隆酒店实习报告》；三是正副式，正题概括全文的主题，副题标明实习的单位、文种，如《质量是企业的生命——××集团股份有限公司实习报告》。

2.正文

（1）前言　开头可以概要介绍实习背景、经过以及收获等情况。如将实习时间、地点、任务作为引子，或把实践感受、结果，用概括的语言写出来以引出报告的主要内容。

（2）主体

① 实习过程。包括实习中的工作任务、环节、具体做法等。实习是将学校里学到的理论、方式方法变成实践的行为，写实习报告要注意观察体验在学校没有接触过的东西，它们是以什么样的形态面貌、方式方法出现的，对自身有何启发等。

② 实习体会。主要总结自己在实习过程中的收获、感受及体会，同时客观准确地认识自己存在的不足。

③ 今后努力的方向。可针对存在的问题提出建议或改进措施等。

（3）结尾　可对全文进行总结、概括，得出结论，也可对提供实习机会的学校、单位、同事及领导等表示致谢，或表达自己的决心。如果正文部分言已叙尽，也可不写专门的结尾。

文章也可以将实习体会、经验为条目来结构全文。如在实践中发现了自己的优势：团队协作意识强；善于根据自己的知识、能力挑战新工作；事后善于总结等等。从实践中看到的缺陷：政治触觉不够敏感；专业知识欠扎实；动手能力差等等，用这些经验体会把自己实践的过程内容串起来。不过，这样的报告相对来说需要较高的写作能力。

3.落款

落款主要有两种形式：一是在实习报告右下方写上单位名称、实习者姓名及成文日期；二是在标题下方写单位名称、实习者姓名，在实习报告右下方写成文日期。

若实习报告单设封面，则封面按标题、实习单位、实习者姓名及报告撰写日期的顺序书写。

四、实习报告写作注意事项

① 写作实习报告时，必须写真实的实习经历，可参考别人的资料，但不能抄袭，要求以实习现场收集的材料为依据。报告必须是通过自己的组织加工写出来的，切勿照抄书本。

② 要有鲜明的主题，确切的依据，严密的逻辑性，要简明扼要，情文兼备。

③ 文字要工整通顺，语言流畅，如有图表，图表要美观整洁，布局合理，不应徒手画，必须按国家规定的绘图标准绘制。

技能实训

一、实习报告的格式及内容是怎样的？写作要求是什么？

二、结合自己的实习经历，写作一篇实习报告。

任务四　毕业论文

任务设置

2023年6月，黄晓就要离开大学校园，踏上人生的新征途了。在大学最后一年有一项很重要的任务，就是毕业论文的写作。

知识探究

一、毕业论文的概念

毕业论文是大学生在毕业之前，运用大学阶段所掌握的专业知识对相关学科中的问题进行研讨，表述其结论的文章。

二、毕业论文的特点

1. 学术性

写作者要对某一专业领域中繁杂凌乱的资料文献与理论研究状况进行分析、归纳；从中找出以往研究所存在的问题和不足，并提出自己的想法与相应的对策。

2. 科学性

研究内容准确，思维缜密，结构合乎逻辑。材料的收集、整理、分类、取舍科学，写法讲究，结论可信。

3. 规范性

在篇幅、内容、格式、文献、装订等方面有特定的要求。

4. 创新性

不抄袭，不照搬，不人云亦云，提倡创造，文章写得深刻、新颖，不新奇怪谬。在前人论述的基础上有所拓展、延伸。

5. 独立性

相信自己，依靠自己。自己动手选题、查找资料，在占有大量资料的基础上通过归纳、综合、比较，找出规律性的东西来，得出结论。独立思考，独立撰写，但可以借鉴别人的成果，征求别人的意见，尤其是要主动争取老师的指导。

三、毕业论文的分类

按内容性质和研究方法的不同可以把毕业论文分为理论性论文、实验性论文、描述性论文和设计性论文。后三种论文主要是理工科大学生选择的论文形式。文科大学生一般写的是理论性论文。理论性论文具体又可分成两种：一种是以纯粹的抽象理论为研究对象，研究方法是严密的理论推导和数学运算，有的也涉及实验与观测，用以验证论点的正确性；另一种是以对客观事物和现象的调查、考察所得观测资料以及有关文献资料数据为研究对象，研究方法是对有关资料进行分析、综合、概括、抽象，通过归纳、演绎、类比，提出某种新的理论和新的见解。

范文示例

传统家书、家训融入高职劳动教育的路径研究

摘要：劳动教育是青年成才的必修课，是新时代我国高等职业教育的重要组成部分。传统家书、家训中蕴含着关于培养劳动能力、养成劳动习惯等题小意宏、言近旨远的思想内涵，彰显了朴素勤劳的家风，是劳动教育的源头活水和重要的文化来源。当前，部分高职院校在落实劳动教育的过程中，仍存在"有劳动无教育"的问题，破解这一难题，需推动劳动教育高质量发展，从中华优秀传统文化的代表——传统家书、家训中汲取智慧，将传统家书、家训的劳动教育思想融入高职劳动教育中，厚植高职劳动教育的文化底蕴，促使学生形

成正确的劳动价值观,增强学生的技能和创造能力,弘扬劳动精神。

关键词:劳动教育;高职;家书;家训

中共中央、国务院在《关于全面加强新时代大中小学劳动教育的意见》(以下简称《意见》)中强调劳动教育在全面发展教育体系中的重要地位。当前,高职院校在落实劳动教育的过程中,仍存在忽视劳动价值观、劳动精神等更深层次的培养,造成将劳动教育简单化、浅表化的局面,缺乏积淀性文化内涵的支撑。传统家书、家训作为中华优秀传统文化历史文脉的重要宝藏,其中记载了育人的智慧、思想,应深入挖掘和分析其中蕴含的优秀劳动思想,使其融入高职劳动教育之中,厚植高职劳动教育的文化底蕴,促进高职劳动教育高质量发展。

一、融入前提:传统家书、家训的劳动思想内涵

现代信息技术飞速发展的今天,家庭成员以传统书信联系和以家训育人的方式离人们的生活越来越远,但作为世界文化的珍贵宝藏,传统家书、家训的教育思想经久不衰,价值不可替代,要深入挖掘古籍蕴含的哲学思想、人文精神、价值理念、道德规范,让中华优秀传统文化迸发出新的生机活力。传统家书、家训作为蕴含中华优秀传统文化的古籍代表,在正向引导和培育大学生正确的劳动思想上具有重要价值。具体来说,传统家书、家训劳动思想的内涵可大体划分为知稼穑之难、炼品格修养、铸民族精神三个方面。

(一)劳动实践中知稼穑之难

……

(二)习惯养成中炼品格修养

……

(三)家风传承中铸民族精神

……

二、融入基础:传统家书、家训融入高职劳动教育的契合点

高职院校的劳动教育应立足经济社会发展的需求,通过劳动实践培养学生具备满足生存发展需要的劳动技能,形成正确的劳动价值观和良好的劳动品质。传统家书、家训中的劳动教育思想能够为高职劳动教育提供丰厚文化滋养,利用好我国优秀传统教育资源,找准传统家书、家训劳动思想与高职劳动教育的融合基础,将以目标、形式、内涵这三个方面为切入点,促进学生形成正确的劳动观,做到知行合一,增强劳动技能,练就过硬本领,赓续工匠血脉,弘扬劳动精神。

(一)明确劳动教育目标,做到知行合一

……

(二)灵活劳动教育形式,增强劳动技能

……

(三)丰富劳动教育底蕴,弘扬劳动精神

……

三、融入方式:传统家书、家训融入高职劳动教育的路径

随着我国进入新的发展阶段,产业升级和经济结构调整不断加快,我国对技术技能人才的需求愈加紧迫,职业教育重要地位和作用愈加凸显。如何培养新时代的大国工匠是高职院校的重要命题,劳动教育是养成大国工匠的关键一环。基于传统家书、家训劳动思想与高职

劳动教育的契合点，以价值引导、素质提升、精神传承为融入路径，推动高职劳动教育高质量发展。

（一）价值引导：显性教育与隐性教育相统一

……

（二）素质提升：技能性劳动与创造性劳动相统一

……

（三）精神传承：内涵式发展和文化育人相统一

……

综上所述，高职院校应重视将传统家书、家训的劳动思想融入劳动教育中，通过价值引导、素质提升和精神传承来涵养学生大国工匠的情怀，提升学生的专业技能，增强学生弘扬劳动精神、劳模精神和工匠精神的责任感、使命感，从而实现高职劳动教育的高质量发展。

简析

这是一篇关于高职院校劳动教育路径探索的论文。论文开篇说明我国高职院校在落实劳动教育的过程中存在的一些问题，指出传统家书、家训融入高职劳动教育的意义，然后依次从融入前提、融入基础和融入方式几方面进行了阐述。文章中心突出，论据充分，结构严谨，层次分明，文笔流畅，是一篇较好的毕业论文。

写作指南

一、毕业论文撰写的步骤

毕业论文撰写一般有选题、编制写作提纲和撰写三个步骤。

1. 毕业论文的选题

从论文的价值来看，选题的理论意义和现实意义是首要的。

选题可从以下几个方面考虑：

① 从业务强项或兴趣出发进行选题。

② 从实习或实践中所发现的问题中进行选题。

③ 从有必要进行补充或纠正的课题中进行选题。

选题的方向不限于以上三种。无论怎样选题，都必须考虑毕业论文的时间要求和容量要求，以及自身的学术水平和研究条件，切不可脱离实际去选题，如不能选择方向虽好但无法完成的课题。

选题离不开资料的搜集和整理。资料的搜集通常通过以下四种方式：

① 利用图书馆。到图书馆查阅相关资料。

② 上网搜索。即利用互联网搜集有关资料。

③ 实地调查。调查的方法有普遍调查、典型调查、抽样调查等。调查途径有座谈会调查、访问调查、问卷调查等。

④ 科学实验和科学观察。即通过实验和观察，以求获得第一手的事实资料。实验方法有定量法、定性法、对照法、模拟法等。

2. 编制写作提纲

论文写作前绝不可缺少提纲的编写。通过拟写作提纲，实现下列目的：

① 初步确定论文的标题。
② 确定论文的中心思想，写出主题句子。
③ 确定论文的总体框架，安排有关论点的次序。
④ 确定大的层次段落，确定每个段落的段旨句。
⑤ 确定每段选用的材料，标示材料名称、页码、顺序。

拟写提纲一般可用标题法、句子法。标题法即以标题形式把内容概括出来，句子法是用一个句子概括一个部分的内容。

3. 撰写毕业论文

见下文。

二、毕业论文的格式及内容

毕业论文由标题、作者署名、摘要、关键词、前言、正文、结论（结尾）、致谢、注释、参考文献目录等部分构成。

1. 标题

又称题目，以最恰当、最简明概括的语词反映论文的内容。如《正确认识加入WTO的利与弊》《论文秘课程设置与"双证书"教育》。

2. 作者署名

署名是作者研究成果拥有著作权和责任感的体现。

3. 摘要

摘要是论文内容不加注释和评论的简短陈述，其作用是不阅读论文的全文，就能获得必要的信息。摘要的内容应包含与论文同等量的主要信息，供读者确定有无必要阅读全文，也供文摘等二次文献采用。包含的内容：从事这一研究的目的和重要性；研究的主要内容，完成了哪些工作；获得的基本结论和研究成果，突出论文的新见解；结论或结果的意义。

摘要一般不超过300字。

4. 关键词

用来描述文献资料主题和给出检索文献资料的一种新型的情报检索语言词汇，主要是为了适应计算机检索的需要，以及适应国际计算机联机检索的需要。显示论文主要内容的词汇，或出现频率较高且具有比较关键意义的词汇可以从论文标题中去选取，也可以从论文内容中去选取。

一般每篇论文应选取3～5个词作为关键词，以显著的字符排在摘要的下方。如有可能，尽量用《汉语主题词表》等词表提供的规范词。关键词之间一般用分号隔开。

5. 前言

也称引言、绪言、绪论等，前言部分常起到画龙点睛的作用。一篇论文的前言写好了，就会吸引读者，使他们对你的选题感兴趣，愿意进一步了解你的工作成果。

前言包括研究背景、研究目的、研究范围、研究方法、主要观点及成果、评价意义诸方面的内容。

6. 正文

正文是论文的主体，是其核心部分，它占据着论文的最大篇幅。论文所体现的创造性成果或新的研究结果，都将在这一部分得到充分反映。因此，要求这一部分内容充实，结构合理，论据充分、可靠，论证有力，主题明确。为了满足这一系列要求，同时也为了做到层次分明、重点突出、脉络清晰、文字简练、通顺，常常将正文分成几个大的段落，这些段落即所谓逻辑段。一个逻辑段可包含几个自然段，每一逻辑段落可冠以适当标题（分标题或小标题）。其结构根据需要有不同形式，常见的有并列式、递进式和综合式等。

（1）并列式　亦称横式结构。即围绕总论点并列排出几个分论点，从不同角度、不同侧面对总论点进行阐释、论证。

（2）递进式　亦称纵式结构。即由浅入深，一层一层地对总论点进行阐释、论证，后一个层次是前一个层次的深化，后一部分是前一部分的发展。

（3）综合式　亦称纵横式或混合式结构。或者大层次为并列式，而一些层次中又采用递进式结构；或者大层次为递进式，而一些层次中又采用并列式结构；或者并列式和递进式分散用在不同部分。

不管采用何种结构形式，都是为了展开论证过程，即运用论据以说明观点、证明观点，通俗地说，就是摆事实、讲道理。

学术论文的论证方法通常有下列几种：

例证法。又叫举例法。是用典型的事例作论据来证明论点的方法，运用归纳推理进行论证，从个别事例的正确归纳出一般的正确。

引证法。又叫引用法。即用一些权威性的理论作论据来证明论点的方法。

比较法。它是通过事物之间的比较来证明论点的方法。

比喻法。即用具体的事物、道理作比喻，来说明不易理解的深奥的抽象事物或道理的方法。

因果法。即通过分析，揭示论点和论据之间的因果关系以证明论点正确的方法。

归谬法。就是先假定某论点是正确的，接着就以此为前提，进行推理，却只能引出荒谬的结论，从而证明该论点错误的方法。

7. 结论（结尾）

一般需对正文中的观点作一个归纳，表明总的看法和意见，或者强调某些要点等，结论应写得简明扼要。如果因为某些原因不能得出结论，也可以没有结论，而进行必要的讨论，提出自己的建议。

8. 致谢

感谢在论文写作过程中帮助过自己的有关单位和个人。也有的论文不写"致谢"内容。

9. 注释

是对正文中某些问题、专有名词或所引用文字的解释。

10. 参考文献目录

其作用是：表示对他人成果的尊重；便于读者了解该领域情况，为读者研究或查找文献提供线索；反映作者对本课题、本领域的历史和现状的了解程度，便于读者相信论文水平与增进资料的可信度。

文后参考文献的标注采用"顺序编码制",即按照参考文献在论文中出现的前后顺序标注,其表示格式为:

> 1.专著
> [序号]主要责任者.文献题名[M].出版地:出版者,出版年:页码.
> 2.期刊
> [序号]主要责任者.文献题名[J].刊名,出版年份,卷号(期号):起止页码.
> 3.学位论文
> [序号]主要责任者.文献题名[D].保存地:保存单位,年份.
> 例如:
> [1]潘克勤.会计学原理[M].北京:经济科学出版社,2022:25-31.
> [2]李士雨.化工分离过程[M].北京:科学出版社,2022:103-118.
> [3]安琪,杨宇峰,石岩.糖尿病肾脏病竞争性内源RNA网络构建及潜在中药预测研究[J].中草药,2023,54(02):620-630.
> [4]黄锋.博弈系统动力学与学习理论研究[D].北京:北京大学,2022.

三、写作注意事项

1.选好课题,找准方法

选题是论文撰写的第一步也是成败的关键,它解决"写什么"的问题,确定了科学研究的方向。根据自己的选题和讨论的具体问题,选择适合的有效的研究方法。可以以一种研究方法为主,辅以其他的方法。

2.逻辑清晰,论证严密

逻辑是否清晰,很大程度取决于我们思路构架的质量。文章要有层次,有条理,这和材料的安排处理关系极大。要厘清事物间的相互关系,并在结构中体现出来。

作者提出问题、分析问题和解决问题,要符合客观事物的发展规律,全篇论文形成一个有机的整体,使判断与推理言之有序,严谨周密。

3.理论客观,具有独创性

文章的基本观点必须来自于具体材料的分析和研究,通过独立研究,提出自己一定的认知和看法,所提出的问题在本专业学科领域内有一定的理论意义或实际意义。

4.体式明确,标注规范

论文必须以论点的形成构成全文的结构格局,以多方论证的内容组成文章丰满的整体。论文的整体结构和标注要求规范得体。

四、毕业论文的答辩

1.毕业论文答辩的准备

毕业论文的答辩是审查论文的一种形式,也是老师当面考查学生学术水平的一种方式。答辩时老师会对论文涉及的有关内容进行提问,所以学生在答辩前必须根据论文内容做好充分准备,并把准备好的内容写成较具体的提纲以备答辩时使用。除了论文内容方面准备充分外,还要注意自己衣着和举止等细节性问题。

答辩老师在答辩会上提出的问题,在答辩前不得泄露。答辩以民主、公开的方式举行,全程答辩时要有详细记录。

2. 毕业论文答辩的程序

① 宣布答辩委员会(答辩小组)成员名单。

② 答辩委员会主席(答辩小组组长)主持答辩,宣布答辩有关事宜及答辩次序。

③ 论文作者走上答辩席,简明、清晰地报告论文的主要内容(时间约15分钟)。

④ 答辩委员(答辩老师)针对论文涉及的学术范畴,提出问题(3~5个)。这时论文作者必须集中注意力仔细倾听,并简要地笔录下来,若没有听清可以请老师再说一遍。

⑤ 答辩老师提问完毕,论文作者退出答辩席,到旁边的座位上进行大约10分钟的准备。规定的时间已到,听到答辩委员会主席(答辩小组组长)点名后,论文作者再入答辩席回答问题。回答要有针对性,不要偏离题目,也不要遗漏提问内容。另外,回答时要心理冷静,态度从容,语言流利,声调适度,条理清楚。

⑥ 各论文作者回答完毕,答辩会暂时休会。答辩委员会(答辩小组)举行会议,讨论答辩情况,并以无记名投票的方式对论文是否通过和是否建议授予学位进行表决。

⑦ 答辩会复会,答辩委员会主席(答辩组组长)宣布对论文的表决结果和论文评语。答辩会结束。

技能实训

一、毕业论文的特点是什么?

二、毕业论文如何选题?

三、试结合自己所学专业,写一篇毕业论文。

任务五　毕业设计报告

任务设置

××科技大学的小李是建筑电气与智能化专业的一名学生,毕业前在老师指导下,选择了"丽华大厦火灾报警及消防联动系统设计"这一课题。经过十四周时间,终于完成了课题。他现在要把成果展示出来,这就需要掌握毕业设计报告的写作方法。

知识探究

一、毕业设计报告的概念

毕业设计是高等学校技术科学专业及其他需培养设计能力的专业或学科应届毕业生的总结性独立作业。要求学生针对某一课题，综合运用本专业有关课程的理论和技术，作出解决实际问题的设计。毕业设计通常包括：毕业设计图纸、开题报告、任务书、实习报告、毕业设计报告。这里仅介绍毕业设计报告的写作。

毕业设计报告，是大学生综合运用所学知识对其工程设计进行解释和说明的科技文书。它又叫毕业设计说明书，是大学生毕业前的总结性教学作业，主要考核其是否具有工程设计的初步能力。毕业设计报告在本质上是工科毕业生的科技论文。

二、毕业设计报告的特点

1. 应用科技性

毕业设计报告是学生应用所学到的科技知识，进行工程设计或解决工程难题的成果。

2. 解释说明性

解释、说明成果的原理、应用范围、技术参数、工作流程等。

3. 体现设计者的设计能力及综合素质

毕业设计报告是工科类毕业生对基本理论、专业知识和技能的掌握运用情况，以及思维能力、创新能力乃至于文字表述水平的综合体现。

三、毕业设计报告的种类

常见的类型有下列两种。

1. 发明型毕业设计报告

即毕业设计的产品或成果乃现实生活中的首创。

2. 改革（造）型毕业设计报告

即毕业设计产品的类型或成果的类型在现实中已经存在，毕业设计是在原有基础上的改进或改良。

范文示例

路口红绿灯电子警察系统分析

1 绪论

1.1 研究背景

随着我国社会与经济的发展，基础设施的不断完善，日益拥堵的城市交通状况迫切需要更为先进、有效的交通管理方式。以通信技术、计算机图像处理技术为核心的智能化道路交通系统——电子警察系统应运而生,成为了公路交通管理的发展方向。

现如今世界各国都在建设并完善电子警察系统。路口电子警察系统的作用不仅仅在于抓拍违章车辆,它对于路口交通配时调控、此路口到下个路口的车流衔接、区域的交通流控制、整个城市新建道路的规划、老路的修缮,甚至对整个城市路口的重新布局都有着深远的影响。

电子警察系统在国内的发展并不完善。在路口监控系统布设中,通常存在着车牌抓拍灵敏度过高、因施工时间过长而阻塞交通、信号灯配时不合理、拍摄废片率高、识别率差等问题,解决这些问题就有待电子警察系统的进一步完善。电子警察系统在现代交通系统中起着举足轻重的作用,建立高质量的电子警察系统是交通管理方面的迫切需求,交通管理自动化也是城市现代化的标志之一。

1.2 国内外研究现状

二十世纪八十年代后,全世界各国开始大量投入人力、物力、财力开展智能交通系统的研发。

……

我国在ITS领域的研究起步较晚,但随着时代的发展、科技的进步,我国也在逐渐加快智能交通系统的研发步伐。科技部安排的"智能交通系统关键技术开发和示范工程"及"智能交通系统标准和检测技术开发"项目就是适合国情的智能运输系统发展模式。

2 电子警察系统介绍

2.1 电子警察系统的构成

电子警察系统从结构上划分,由路口前端数据采集系统、中心管理信息系统组成。目前,外部与其相关联的系统有车管和驾管系统,向上还有可能关联智能交通集成系统。具体如图2-1所示(图表从略,编者。下同)。图中所示设备为组成系统所需,可以与现有电子警察系统设备共用或与其他系统设备共用。

在整个电子警察系统中,路口前端数据采集系统是整个系统正常运行的基础,其主体设备包括:路口主机、摄像部分、车检部分、LED辅助照明部分和通信部分。其组成如图2-2所示。

2.2 系统相关技术分析

2.2.1 车辆检测技术

目前在交通检测及采集系统中,集中应用了许多高新技术。如电磁传感、视频雷达、超声波通信等,均被应用到交通控制中。常用的交通信息检测器主要有:电感量检测器(环形线圈检测器)、超声波检测器、红外检测器、雷达检测器等。按照安装方式的不同,交通信息检测器可分为埋设式和悬挂式。就目前而言,由于性价比和可靠性上的优势,环形线圈式车辆检测器仍占据市场的大部分份额。

(1)环形线圈检测

环形线圈检测是目前世界上使用量最大、最广泛的一种检测方式。当车辆通过埋设于车道内的环形线圈时,感应线圈利用切割磁感线原理对车流量进行检测。……环形线圈检测方法具有施工工艺纯熟,施工手段简便易行,以及成本低廉等优点。

(2)波频检测

波频车辆检测器多以悬挂式检测系统的方式呈现。波频车辆检测器的工作原理为:检测器向车辆发射微波、红外线等电磁波,接收反馈信息对车辆产生感应。……目前常见的波频车辆检测器有微波车辆检测器，它是一种性价比相对高的交通检测器。

（3）视频检测

视频车辆检测是通过视频摄像机进行拍摄，先在监控范围内划分出虚拟线圈对车道进行监控，背景灰度值会在车辆进入检测区时产生变化，以此原理可检测出车辆的存在，同时可根据需要来检测车流量和车行速度。

……

2.2.2 线圈检测

（1）线圈检测原理介绍

环型线圈检测利用的是电磁感应原理，它利用环形线圈来感应车流，环形线圈的规格一般为：行车道2m×2m的口字型线圈，路口处2m×1m的矩形线圈。环形线圈工作时，因为有电流的通过，会在线圈周围形成电磁场，车流经过线圈上方时，根据切割磁感线的原理，线圈回路电感量会发生变化。这又会引起电路的振荡频率以及相位出现变动，环形线圈依此原理可以对是否有车辆通过做出检测。

……

（2）传统线圈检测工作流程

当路口绿灯长亮时，系统判定是否有车辆通过检测区域且这种判定有一定的延续性，同步于信号灯状态（图2-4）。

当路口红灯亮起，有车辆靠近停车线并压上第一个线圈时，系统监控功能启动。在整个红灯周期内，若是车辆没有继续前行而只是停留在第一个线圈内，系统判定车辆并不违法（图2-5）。

若是车辆在红灯周期内继续前行，车辆越过第一个线圈而压上了停车线，此时系统判定违法事件发生，电子警察主机拍摄第一张视频照片（图2-6）。

当车辆压上第二个线圈，系统拍摄第二张违法照片，同时拍摄特写照片，启动违法车辆的录像监控，对车辆越过停车线前后5秒内的活动进行录制，之后对视频录像进行收缩存储，为后续的违章处罚提供佐证，减少争议（图2-7）。

车辆最终离开第二个线圈时，拍摄第三张违章照片（图2-8）。为了避免抓拍相邻方向的左转车辆或是对向来车，系统必须对车辆压线圈的顺序进行逻辑判断，与正常闯红灯压线圈顺序相反的车辆则不拍摄，但在抓拍违章调头车辆时，逻辑顺序则相反。

3 电子警察系统设计及工作原理

3.1 设计原则与设计标准

3.1.1 设计原则

……

系统设备的选型在符合要求的前提下，要综合考虑性能指标和性能价格比。其具体原则为：

（1）先进性

……

（2）实用性

……

（3）经济性

……

（4）可靠性

……

（5）可行性

……

（6）规范性

……

（7）开放性和兼容性

……

（8）可扩展性和易升级性

……

（9）良好的可管理性和易维护性

……

3.1.2　设计标准

公安部交管局《全国城市道路畅通工程总体方案》；

公安部《闯红灯自动记录系统通用技术条件》；

国家技术监督局《测量、控制和试验室用电气设备的安全要求》；

……

3.2　系统工作原理

前端路口数据采集系统作为闯红灯电子警察的核心部分，直接对违法车辆生成可作为执法依据的违法记录。其取证原理如图3-1所示。

当红色信号控制灯处在亮的状态时，中央控制模块将采集卡当前跟踪画面自动切换到由已亮红色信号灯所控制的车道全景画面，线圈检测器不间断地对感应线圈进行扫描，当检测到有车辆进入线圈时，立即由中央控制模块进行逻辑判断是否为闯红灯行为，若不是则放弃对该车辆的跟踪，若是则通知中央控制模块调用图像采集过程，此时前端设备系统将对违法车辆自动采集四张图片，其中三张是记录车辆闯红灯动态过程的全景图片，一张是牌照特写图片。

……

以上过程就完成了路口单次闯红灯行为的检测、数据生成和数据存储。

4　电子警察路口布设方式改良研究

4.1　降低电子警察抓拍灵敏度研究

为了降低电子警察抓拍灵敏度，提升拍照的合理性，本文采用将线圈向停车线后方移动的方式，如图4-1所示。

图中线圈移至停车线后方30cm处，线圈位置考虑因素如下：线圈不能紧挨停车线，一方面切割线圈容易破坏路面标线，而路面标线翻新也会破坏线圈，另一方面浅埋于地下的线圈必须承受车辆加速或是制动的累积破坏效应；线圈也不能远离停车线，否则会造成过松执法。根据现场实验与经验积累，确定为停车线后30cm处。

……

4.2　提高施工作业时效及节约线材方法的研究

由于线圈的切缝埋线工作是在路口标线画完并已经开始通车后才开始进行的，怎样尽快完成路口施工，并尽早解除对道路的封堵，关系到市民的出行和正常交通秩序的维持。对于线槽合理的切割应当在不影响线圈灵敏度的前提下,尽量缩短切割长度,以达到节约施工时间的目的。

……

改进后的方法与前两种方法对比,切缝与接线的理论值都达到了最小,从而节约了施工时间和线材量。

此种线圈布设方式、切缝、拉线的施工方法在后续的现场试验阶段已经验证了其可靠性。在不影响其检测灵敏度的前提下,能够提高抓拍车辆照片的合理性,减小汽车的制动和起步对线圈的影响,避免对路面标志的破坏,延长了线圈的寿命,同时节约线材,缩短了施工时间。

4.3 车检器线圈布设位置的改良

在安装战术车检器时,应注意将其设于车辆变道位置之前,如图4-3所示,车检器线埋设在理论变道位置后的位置,车检器此时不仅可以精确地统计出车辆变道各方向的车流量,而且减少了因司机未及时变道而引起的对车流走向的误判。

……

总结

如今,电子监控系统正处于飞速发展阶段,新的技术、新的算法不断出现,电子警察系统不论从外部硬件配置、整个系统配合紧密性、车牌识别算法上都还有很大的发展空间,很多问题都需要进行更加深入的研究。

(1)线圈检测以其稳定、廉价等优势在车辆检测方式上仍处于主导地位,但诸如视频检测这样的高新技术方法正在蓬勃地发展中。高新技术取代传统工艺是一种趋势,也是时代进步的标志。

(2)车牌识别率目前处于一个相对稳定的状态,算法改进对识别率的提高效果不算明显。应着力于研发和利用可靠度、分辨率、实时性等性能更加优越的硬件设备上。特别是在夜间,车牌识别的准确率和有效照片抓拍率比白天有明显的降低,这对电子警察、补光设备和线圈之间的配合提出更高的要求,应加强整个电子警察系统之间的配合与联系。

(引自第一范文网,有删减)

 简析

　　这是一篇工科毕业设计。标题由设计项目加"分析"二字构成。正文首先描述了系统的建设背景,然后对电子警察系统及其相关技术做了详细的介绍,核心章节重点介绍了电子警察系统的设计及工作原理,并结合当前存在的一些问题提出了电子警察路口布设方式的改良措施。

　　本文条理清楚,重点突出,图文结合,直观清晰,语言准确简洁,是一篇较好的毕业设计。

写作指南

一、毕业设计报告的格式和内容

毕业设计报告的写法多样化，没有统一的模式。一般说来，主要包括以下几部分：

1. 标题

由设计项目加"设计""设计报告"或"毕业设计说明书"等构成。如《关于学生成绩管理系统的设计报告》《××商业大厦报警系统毕业设计说明书》。

可在标题下一行作者的专业、班别和姓名，再下一行写指导老师及姓名。

2. 前言（导言）

前言主要涉及四个方面的内容：本设计项目的性质；本设计项目的目的、效益；本设计项目的原理；设计过程。也有的毕业设计在前言中还写及设计缘由。前言不要求详细展开。

3. 主体

内容主要涉及以下五个方面：

（1）设计原理与设计方案的论证　利用什么原理进行工程或产品设计，工程或产品遵循什么样的工作原理，设计方案是怎样的，是否可行。常采用图示和文字解释结合的方式表述。

（2）主要技术参数　选择何种技术参数，技术参数的计算公式与结果。如大厦空调系统设计，技术参数有年均气温、相对湿度、太阳辐射负荷强度等。

（3）工作流程及技术性能　工作流程即工作过程。技术性能包括设计的工程或产品的型号、容量、生产率、动力等。这部分内容多用图纸说明、模型展示或实验结果的验证加以说明。图纸是产品制造的蓝图。

（4）适用范围　一般以文字作出说明。若涉及安装等问题时，则需以图文结合的方式说明。

（5）资金预算　实施本项目所需经费的数额。

需着重说明的是：对于以上主体五个方面的内容，不同专业、不同类型的工科毕业设计报告会有所取舍，或各有侧重，内容结构顺序也不尽相同。

有的毕业设计报告还采用分章式结构。

4. 结尾

结尾通常综述上述设计报告的内容，或对有关技术问题作出补充。若前言部分内容较完备了，也可不写结尾。

5. 致谢

对指导教师和其他给予指导或协助完成毕业设计工作的组织和个人表示感谢。内容应简洁明了、实事求是。

6. 注释及参考文献

列出主要的参考资料、文献及作者和出版社、出版年度等。罗列参考文献既是对被引用文献作者的尊重，也是报告的有力补充。

二、写作注意事项

1. 选题要合适

应根据自身情况和客观条件，选取可行的题目，不宜选择难度过大、过于复杂的题目，由于受时间和条件的限制，选取此类题目很难按时完成。

2. 重点突出，特色鲜明

写作重点应放在技术性强的部分或设计的关键部分，不要平均用力。自己设计中的独到之处，或是有所改进、创新之处，应该凸显出来。

3. 注重解释、说明的技巧

充分利用图形说明和图文结合式说明方法。

技能实训

一、工科毕业设计报告的标题如何写？

二、工科设计毕业报告的前言一般写哪些内容？

三、工科毕业设计报告的主体一般写哪些内容？

四、从网上或报刊上选择一篇工科毕业设计报告，根据本节所学过的知识，写一篇短评，并在学习小组上交流。

模块九
法律文书

　　法律文书是国家专门的执法机关、公民、法人或其他组织按照法定程序，在参与办理刑事、民事、行政案件等法律活动和处理其他各项法律事务中所制作和使用的、具有法律效力的一类应用文。它具有制作的合法性、形式的程序性、内容的法定性、语言的精确性等特点。法律文书的写作要求是：遵循格式，写全事项；主旨鲜明，阐述精当；叙事清楚，材料真实；依法说理，折服有力；语言准确，朴实庄重。

学习目标

一、知识目标

了解法律文书的特点。

掌握起诉状、答辩状、授权委托书的写作格式、内容，领会其写作要求。

二、能力目标

能根据设定情境，写出格式规范、内容合理、表达清楚明确、语气恰当的法律文书。

具备一定的交流表达、解决问题的能力。

三、素质目标

树立法律意识，培养依法办事、认真负责、实事求是的态度，树立严谨、朴实的文风。

任务一　起诉状

任务设置

2021年3月,江×泉在南京××房产经纪公司租赁了位于南京市江宁区×幢×室的房屋,并签订《房屋租赁合同》。合同约定,租金每月1100元,押一付三。原告入住房屋后,感到全身不适,其怀孕的妻子亦生病。江×泉即与南京××房产经纪公司协商换房或退租事宜,但南京××房产经纪公司一直不愿处理,无奈之下江×泉于同年6月自费找到检测机构对房屋的室内空气质量进行检测。检测报告显示,室内空气中的甲醛值、总挥发性有机物值均超标。考虑到妻子有孕在身,江×泉夫妇不愿再住在该房屋内,但多次与被告协商退房无果。为了保护自身权益,江×泉诉至法院,要求解除与南京××房产经纪公司之间的《房屋租赁合同》,退还其所交纳的各项费用。请以江×泉的名义向人民法院写一份民事起诉状。

知识探究

一、起诉状的概念

起诉状亦称"诉状",是公民、法人或其他组织认为自己的权益受到侵害或者与他人发生纠纷时,为维护自身的合法权益,依据事实和法律,按照法定程序向人民法院提起诉讼,请求依法裁判的法律文书。

二、起诉状的特点

1. 主动性

起诉状是公民、法人及其他组织,认为自己的合法权益受到侵害时,主动向人民法院提起的诉讼。

2. 自诉性

起诉状的作者必须是案件的当事人或其法定代理人,为了维护自身的合法权益而对被告提起诉讼,不是检察机关代表国家而指控被告。

3. 阐述性

起诉状要提出明确的诉讼请求,叙述并分析事实、列举证据,援引法律法规政策条款,阐明理由。

三、起诉状的作用

① 当事人提交起诉状是行使起诉权利的表现,有利于自身合法权益依法得到保护。
② 起诉状是人民法院受理案件,予以立案的凭证。
③ 起诉状是人民法院对纠纷进行调解、审理和裁判的基础,通过起诉状可以使法院了解原告的诉讼请求、事实和理由,为公正、合理地解决纠纷打下基础。
④ 起诉状是被告应诉答辩的依据。

四、起诉状的种类

根据诉讼的性质和目的,起诉状可以分为民事起诉状、刑事自诉状和行政起诉状三类。

1. 民事起诉状

指公民、法人或其他组织,在认为自己的合法民事权益受到侵害,或者与他人发生权利与义务的争议等民事纠纷时,向人民法院提起诉讼,请求依法裁判的法律文书。

2. 刑事自诉状

是法律规定的自诉案件中,由受害人或者他们的代理人,直接向人民法院控告刑事被告人,要求法院追究其刑事责任的法律文书。它是用于告诉才处理和其他不需要进行侦查,由人民法院直接处理的轻微的刑事案件。

3. 行政起诉状

是公民、法人或其他组织认为行政机关或行政机关工作人员,在行使具体的行政权力时侵犯了其合法权益,向人民法院提起诉讼,请求依法裁判的法律文书。行政诉讼的被告,是具有独立行政权的"行政机关或其授权的组织",行政机关的"工作人员"不能成为行政诉讼的被告。

范文示例

例文一

民事起诉状

原告:张××,女,1995年×月×日出生,汉族,户籍地××省××市××区××路×号×室,现住户籍地××省××市××区××路×号×室,身份证号:××××××××,联系电话:××××××

委托诉讼代理人:王××,身份证号:××××××××,联系电话:××××××

被告:赵××,女,1999年×月×日出生,汉族,户籍地××省××市××区××路×号×室,现住户籍地××省××市××区××路×号×室,身份证号:××××××××,联系电话:××××××

诉讼请求:

1. 依法判令被告偿还原告借款本金5万元及利息。（注：利息计算至债务全部清偿为止。现暂从2021年10月1日起计算至起诉之日即2023年3月27日，以5万元为本金，按年利率××计息，本息共计××元整。）

2. 诉讼费由被告承担。

事实与理由：

被告于2021年10月1日向原告借款人民币5万元，并出具了借条一张，双方约定2021年12月1日还清，利息按年利率××计算。约定的还款日到来后，原告多次向被告催要欠款，被告一直借故拖延至今，分文未还。原告为维护自身合法权益，诉至法院，请求法院支持原告诉请。

此致

××市××区人民法院

起诉人：（原告签字按印）

2023年3月27日

附：

1. 本诉状副本1份

2. ××××××（证据名称、数量）

简析

这份民事起诉状标题正确，项目齐全，内容完整，格式规范。层次排列有序。诉讼请求明确适当，事实叙述清楚，语言运用得当。

例文二

行政起诉状

原告：李××，男，汉族，1968年8月20日生，现住××市××区石屏街12号，系××市××冶金有限责任公司员工。

被告：××市××区人力资源和社会保障局。

法定代表人：×××，系该局局长。

请求事项：

1. 依法撤销被告原《工伤认定决定书》，并责令被告依法重新作出《工伤认定决定书》，认定原告下班途中因交通事故受到的伤害为工伤。

2. 本案诉讼费用由被告承担。

事实与理由：

2022年8月8日，原告下班后骑摩托车回家途中，一辆迎面驶来的货车因刹车不灵，驾驶员操作不当，将原告撞伤。此次交通事故不幸发生后，原告向被告提出工伤认定申请，被告于2022年10月6日作出《工伤认定决定书》，认定原告不符合工伤认定范围，不予认定。

原告认为，在上下班途中发生交通事故，且事故非本人责任，根据国家《工伤保险条例》有关规定，应当认定为工伤。

为此，原告特向贵院依法提起行政诉讼，请求贵院依法撤销被告关于原告的原《工伤认定决定书》，并责令被告依法重新作出《工伤认定决定书》，认定原告在下班途中因交通事故受到的伤害为工伤。

此致
××市××区人民法院

具状人： 李××
二〇二二年十月二十日

附：
1. 本诉状副本1份
2. ××××××××（证据名称、数量）

简析

这份行政起诉状内容完整，格式规范。事实陈述简洁明晰，依据事实和法律法规，说明被告方面行政行为的不妥之处，诉讼请求清楚适当。

写作指南

一、起诉状的格式及内容

起诉状由首部、正文和尾部三部分组成。

1. 首部

（1）标题　直接写"起诉状"，或标明诉讼的性质，写成"××起诉状"，如"民事起诉状"。标题中不写案由，如起诉离婚不能写"离婚起诉状"。

（2）当事人的基本情况

① 当事人是公民的，应写明其姓名、性别、年龄、民族、籍贯、工作单位和住所。如果当事人不具有民事诉讼行为能力，应写明法定代理人的基本情况，并写明其与当事人的关系。

② 当事人是法人或其他组织的，应写明其全称、地址、法定代表人姓名、职务、电话、企业性质、工商登记核准号、经营范围和方式、开户银行及账号等项内容。

③ 当事人应按先原告、后被告的顺序，依次写明。如果有数个原告、被告，则依据他们在案件中的地位和作用，分别依次排列。若当事人委托了诉讼代理人，应写明其姓名及所在律师事务所名称及其职业。

2. 正文

正文包括诉讼请求、事实和理由、有关证据材料。

（1）诉讼请求　诉讼请求是原告通过人民法院向被告所主张的具体权利。诉讼请求的提出应当明确、合法、具体，应根据事实和法律，慎重、周密地提出。

（2）事实和理由　这是起诉状的核心部分，是请求人民法院裁决当事人之间权益纠纷和争议的重要依据。

① 事实。应针对诉讼请求，全面、客观、详细地阐明当事人双方争议的事实或被告侵权的事实。主要写清当事人之间的法律关系，双方纠纷的发生和发展情况，当事人之间争执的主要焦点和双方对权益争执的具体内容，与案件有直接关联的客观情况和实质性分歧意见。

② 理由。依据事实和有关法律规定阐明理由。分析出双方纠纷的性质，分清是非责任，被告所应承担的责任，指明解决问题所适用的相关法律法规政策条款。

（3）有关证据材料　写明向人民法院提供的能够证明案情的证据的名称、件数或证据线索，并写明证据来源。有证人的，则应写明证人的姓名和住址。

3.尾部

（1）致送法院的名称　在正文后提行空两格写"此致"二字，再提行顶格写上致送法院名称"×××人民法院"。

（2）落款　在起诉状的右下方写上起诉人的姓名（签名或盖章），若是由别人代写的，在起诉人下面写明代书人姓名，最后写明成文日期。

（3）附项　分别列出副本的数量（与被告人数相同），证据名称、数量。

二、写作注意事项

1.诉求明确，合法合理

诉求要明确具体，不能笼统含混，涉及量化的标的时，应写出具体的数额；所提要求应是原告的合法权益，要切合实际，不能提出非法无理或过分的要求。

2.事实清楚、理由有据

陈述事实时，要完整明晰，即叙述被告的侵权行为的具体事实，写出事件的全过程及产生的原因；要抓住重点，分清主次，围绕诉讼请求组织材料。理由的陈述要以事实为基础，以法律法规为依据，分析被告侵权行为的性质，产生的后果以及应承担的法律责任，以确立其诉讼请求的合法性。

3.证据确凿、来源合法

原告所提供的证据不得伪造，必须真实无误；证据的来源（包括取证的方式）必须合法，否则不具有法定效力；证据还应力求充足，否则难以证明自己主张的正确和被告的过错。

技能实训

一、根据下面的材料，以王廷潇的名义写一份民事起诉状。

> 2022年5月6日，毛小天（男，汉族，1987年8月2日出生，身份证号：××××××××，住××省××区××镇××村××组。）因急需资金周转，向刘明（男，1981年12月15日出生，身份证号：××××××××，住××省××区××镇

××村××组。)借款4万元,并向刘明出具《借条》《收条》各一张,约定利息按照月息3.5‰计算,该款应于2022年10月6日前归还,若逾期未还,除归还本金和利息以外,还应当支付违约金和实现债权的相关费用(包括律师费、诉讼费、交通费、差旅费、鉴定费等)。

刘明向毛小天交付借款后,毛小天未按照约定时间归还刘明本金和利息,经过刘明多次催收仍未归还。2023年4月10日,刘明向人民法院提起诉讼,要求毛小天归还所借款项的本金和利息,并支付违约金及律师费、诉讼费、交通费、差旅费、鉴定费。

二、完成开头设置的任务。

任务二　答辩状

任务设置

邹建平向林江县人民法院递交了民事起诉状,说自己在为林江县人民医院安装变压器时,因公负伤,要求医院对其进行人身损害赔偿。

林江县人民医院方面认为医院与邹建平之间没有建立劳动合同关系,林江县人民医院与林江建筑安装工程公司签订了安装施工合同,由林江建筑安装工程公司负责为医院安装变压器,邹建平是林江建筑安装工程公司的合同制工人,是由该公司安排到医院来安装变压器的,其人事劳动关系属于该公司。

根据我国法律的有关条款规定,林江建筑安装工程公司对其职工在履行劳动合同期间因工伤害所造成的损失应负有责任,而不应由林江县人民医院负责。并且邹建平在安装变压器的过程中,也存在着严重违反施工操作安全规程的行为,这也是其负伤的重要原因。

请以林江县人民医院的名义写一份答辩状,表明医院不应承担邹建平所要求的因公负伤人身损害赔偿责任。

知识探究

一、答辩状的概念

答辩状是指在民事、刑事和行政诉讼活动中,被告针对原告的起诉状,或被上诉人针对上诉人的上诉状向人民法院递交的进行答复和辩驳的法律文书。

二、答辩状的特点

① 被动性。答辩状是因被起诉或上诉而被动产生的法律文书。
② 针对性。答辩状是针对起诉状或上诉状对自己的有关指控作出答复和辩驳的法律文书。
③ 时效性。答辩状必须在收到起诉状或上诉状副本之后于法定时间之内提交才具有法律效力。

三、答辩状的种类

根据不同的分类标准,有不同的种类。
① 按审判的程序不同,分为一审程序答辩和二审程序答辩。
② 按诉讼的性质和目的不同,分为民事答辩状、刑事答辩状(只适用于刑事自诉案件)和行政答辩状。

范文示例

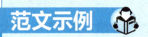

民事答辩状

答辩人:××市××房地产公司
地址: ××市××路××号
法定代表人:×××,公司董事长
案由:起诉人张××因我公司拓宽新建丝绸百货大楼前面场地,将其租住房屋拆迁,提出起诉一案,现答辩如下:

一、张××诉我公司拓宽新建丝绸百货大楼前面的场地未经批准,这是没有根据的。我公司为拓宽新建丝绸百货大楼前面场地,曾给××市城建局写有报告并有××市城建局城建字[20××]71号的批文,均有案可查。

二、张××诉我公司未征得她本人同意,与房主杨××订立房屋拆迁协议是非法的。这个理由是不能成立的。张××是租住此房屋,并无此房屋所有权。所有权属房主杨××。我们拓宽场地,拆迁场地内的房屋,理当找房主即产权人杨××联系处理,张××无权干涉。

三、对于拆迁房屋,影响张××居住一事,我公司已作了考虑和安排。答应在离她原居住房屋所在地500米处的华艺小区,给她提供住房一间,计25平方米,租给她居住,租金与她原居住房屋的租金不变。而张××还不满意,漫天要价,坚持不搬迁。

综上所述,我公司认为张××的起诉请求是毫无道理的,且没有法律依据,法院应不予支持。

此致
××市人民法院

答辩人:××市××房地产公司
××××年×月×日

附：
1. 本状副本1份
2. ××××××（证据名称、数量）

简析

这份民事答辩状的项目构成符合要求。内容层次分明，先陈述事实情况，然后讲明道理，驳斥上诉人的要求，最后要求法院不支持起诉人的请求。答辩状的针对性强，表述清楚，语言规范。

例文二

民事答辩状

答辩人：××省高级人民法院

住所地：××市××路××号

法定代表人：胡××，××省高级人民法院院长

××省高级人民法院（以下称答辩人）对××市××区人民法院（2019）××××号朱×娟起诉侵权责任纠纷一案，答辩如下：

通过原告诉状及查阅有关资料获知，1992年朱×娟女士之子被犯罪嫌疑人何×平拐走，1995年××省××县公安局在打击拐卖妇女儿童专项行动中解救了一批被拐卖的儿童，其中被取名为"许×盼"的男孩疑似朱×娟女士之子；××县公安局遂委托答辩人进行亲子鉴定，答辩人法医技术室依据当时的DNA指纹检测技术，作出"许×盼"与朱×娟女士具有亲权关系的意见。2018年何×平主动向××警方投案，朱×娟女士被拐走的儿子出现。经××市公安局物证鉴定中心运用PCR扩增和基因检测技术重新鉴定，朱×娟女士与"许×盼"亲权关系不成立，对以上情况，答辩人均予认可。

答辩人获知以上情况后，高度重视，派人赴××与朱×娟女士见面，了解情况，并表示希望通过协商妥善处理相关问题，同时，答辩人通过咨询有关专家，积极查找鉴定结论出现错误的原因，答辩人了解到：DNA指纹检测技术于20世纪90年代初引入我国，由于实验环节复杂，技术要求严格，特别是实验方法难以标准化等原因，该项技术存在局限性，自九十年代中后期开始，随着PCR-STR分型技术的推广和应用，DNA指纹检测技术逐步被更加成熟的技术取代。

由于技术条件有限，答辩人1996年出具的案涉亲子关系鉴定结论错误，为此，答辩人向朱×娟女士深表歉意，答辩人充分理解朱×娟女士作为一个母亲的感受，并尊重其通过诉讼主张自己的合法权益。

答辩人将依法参与并积极配合××区人民法院的审理工作，在此特别声明：答辩人始终抱有对朱×娟女士的深深歉意，秉持最大的诚意在诉讼全过程继续与朱×娟女士协商、和解；尊重接受合法公正的裁判结果，愿意承担相应的法律责任。

此致

××市××区人民法院

附：本答辩状副本3份

答辩人：××省高级人民法院

2019年5月10日

>   **简析**
>
> 这份民事答辩状在答辩理由的写作上全面周密、针对性强，摆事实讲道理，有理有据有节，真实可信；答辩人的答辩意图表述清楚，文字简洁规范。

写作指南

一、答辩状的格式及内容

答辩状由首部、正文和尾部三部分组成。

1. 首部

（1）标题　直接写"答辩状"，或标明答辩状的性质，写成"××答辩状"，如"民事答辩状"。

（2）答辩人及委托代理人的基本情况，其项目与起诉状当事人项目格式相同。

2. 正文

（1）案由　案由是正文的开头，通常表述为"因原告××诉××××（案由）一案，现提出答辩如下"或"上诉人××因××××（案由）一案不服×××人民法院×年×月×日×字第×号判决，提起上诉，现答辩如下"。

（2）主体

① 阐明答辩的意见和理由，揭示原告提出的请求及所依据的事实与理由的不当之处，或没有法律依据。

② 提出相反的事实和证据，说明自己行为的合法性，主张的正确性，对其中涉及到举证事项，还应当具体写明证据和证据来源、证人姓名及其住址。并引用有关法律、法规及政策规定。

③ 在澄清事实和分析理由的基础上，请求法院驳回原告的不正当诉求，维护自己的合法权益。

3. 尾部

写明致送的人民法院，由答辩人签名或盖章，注明成文日期，并在附项中写清答辩状副本及有关证据材料的名称与份数。

二、写作注意事项

① 有针对性，要有的放矢地予以说明、辩解和反驳。

② 要在答辩中同时阐明自己的观点、主张和根据。

③ 要依法答辩，不能无理狡辩，如果对方的指控或上诉的确有理，并有事实和法律依据，只能据实承认、依法接受。

技能实训

一、根据下面的材料,以赵××的名义,写一份民事答辩状,指出起诉人的指控不能成立,请法院根据事实予以处理。

> 赵××(男,1996年3月12日出生,汉族,××市××公司职工,住××市××区××路××小区××号楼201室)与王×××(女,1998年5月10日出生,汉族,××市××公司职工,住××市××区××路××小区××号楼805室)为恋人关系。2019年1月21日,王××与赵××签订了一份赠予协议,协议约定:(1)属于王××所有的坐落于×市×区莲花村19号北方三间、西方三间、南方两间,共八间房产,均作为王××的婚前财产。(2)属赵××所有的坐落于××区槐树小区3号楼6单元B02号两居室住房,赵××自愿赠与王××,也作为王××的婚前财产。(3)王××的婚前财产在与王××与赵××的夫妻关系存续期间均不作为夫妻共同财产处理。(4)本协议一式两份,经公证后生效。
>
> 本协议虽经公证,但是王××作为婚姻登记处工作人员,利用职务之便从其工作单位开出假结婚证欺骗赵××,致使答辩人在公证书上签了字。可见其与赵××对赠与协议进行公证,是为了骗取赵××赠予的财产,其行为是以合法形式达到其占有赵××财产的非法目的,因此赵××认为,该赠与协议无效,王××无权根据双方订立的赠与协议和房产赠与公证取得赵××的房产。
>
> 赵××认为王××要求赵××给付赠与合同标的物(即坐落于本市××区槐树小区3号楼6单元B02号的两居室)并要求办理产权过户手续的诉讼请求不合理,请求法院依法判决予以驳回。

二、完成开头设置的任务。

任务三　授权委托书

任务设置

××公司研发部的李××从重庆调动到广州工作后,户口和档案均没有及时办理,如今工作中涉及到档案等相关事宜,但公司产品研发正处在关键时候,他不能离开,于是他写了一份委托书,让公司办公室工作人员郑××回重庆为自己办理。

模块九　法律文书

知识探究

一、授权委托书的概念

授权委托书，是委托人委托他人在授权范围内代表自己实施民事法律行为的书面法律文书。它是委托人实施授权行为的标志，是产生代理权的直接根据。

授权委托书采用书面形式的，授权委托书应当载明代理人的名称（姓名）、代理事项、权限和期间，并由被代理人签名或盖章，如果授权委托书缺乏上述要件会作无效处理。

作为委托人不得以任何理由反悔委托事项。被委托人如果做出违背国家法律的任何权益，委托人有权终止委托协议。在委托书上的合法权益内，被委托人行使的全部职责和责任都将由委托人承担，被委托人不承担任何法律责任。

二、授权委托书的种类

按性质可分为民事代理授权委托书和诉讼代理授权委托书。

民事代理授权委托书是委托代理人取得一般民事行为代理资格，为被代理人行使一般民事行为的证明文书。在民事代理中，委托人授予代理人代理权的范围有三种情况：一次委托，即代理人只能就受托的某一项事务办理民事法律行为；特别委托，即代理人受托在一定时期内连续反复办理同一类性质的民事法律行为；总委托，即代理人受托在一定时期内办理有关某类事务或某一种标的物多种民事法律行为。

诉讼代理授权委托书是指在诉讼中，委托代理人取得诉讼代理资格，为被代理人进行诉讼的证明文书。在民事诉讼代理中，委托代理权分为两种：一般委托，即委托代理人只能代理当事人一般的诉讼行为，如提出证据、进行辩论、申请财产保全等。特别委托，即委托代理人除可代理一般诉讼行为外，还被授予实体处分权利，如有权代理当事人承认、变更、放弃诉讼请求；有权提起上诉或反诉；有权与对方当事人和解等。

范文示例

例文一

个人授权委托书

委托人：杨×× 工作单位：×××× 住址：×××× 身份证号：××××××××

受托人：王×× 工作单位：×××× 住址：×××× 身份证号：××××××××

委托人杨××购买成都市××开发有限公司所售"××城市花园"××栋××号房屋，因委托人在外地上班，无法亲自办理相关事宜，特委托王××为代理人，代为办理如下事宜。

一、领取该房屋的钥匙，实测房屋面积并核算验收，办理产权事务及领取产权证。

二、房屋日常管理、装修等事宜。
三、支付和领取委托事项涉及的相关费用。
委托代理期限：×年×月×日至×年×月×日。
附件：委托人及代理人身份证复印件（签字按印）

委托人（签字按印）：
受托人（签字按印）：
××年×月×日

例文二

授权委托书

委托人：张三，男，身份证号××××××××，×××工程局第×公司××工程项目总监理工程师，住陕西省西安市××路×号×室，电话××××××××。

代理人：李四，女，身份证号××××××××，系委托人配偶。××医院妇产科主任医师，住陕西省西安市××路×号×室，电话：××××××××。

一、委托代理事项：委托人因与王五公司合同纠纷一案，现委托人委托代理人参与该案第一审民事诉讼法律活动。
二、委托代理权限：特别授权。
三、委托代理期限：自本授权委托书签订之日起至本案一审审结为止。
四、本授权委托书壹式贰份，壹份递交受理人民法院，壹份留存委托人备档。
附件：委托人及代理人身份证复印件（签字按印）

委托人（签字按印）
2022年9月9日
代理人（签字按印）
2022年9月9日

简析

　　这两份授权委托书介绍了委托人和被委托人的基本情况，委托和代理的事项、权限、期限交代明确具体，分条列项，眉目清晰，是较为规范的委托书。

写作指南

一、授权委托书的格式和内容

1. 首部
（1）标题　"委托书"或"授权委托书"。可写明事由，如"诉讼委托书"。

模块九　法律文书　215

（2）双方信息　委托人和被委托人姓名、性别、出生日期、民族、籍贯、职业、工作单位和住址。如果委托人是法人的，则应写明法人的全称、地址、法定代表人姓名等情况。

2.正文

这部分是委托书的实质内容。包括三个方面：

一是委托代理事件的名称，如继承案或是经济合同纠纷案等。

二是点明委托行为。

三是具体写明委托的事项和权限及期限。

应当注意的是，在民事代理中，代理人受托的事项必须是具有法律意义的，能够产生一定法律后果的民事行为。《中华人民共和国民法典》第一百六十一条明确规定："依照法律规定、当事人约定或者民事法律行为的性质，应当由本人亲自实施的民事法律行为，不得代理。"如具有人身性质的遗嘱、收养子女、婚姻登记等法律行为。

3.结尾

委托人和受委托人分别签名并盖章，注明成文时间（年、月、日）。

二、委托书写作的注意事项

① 委托期限要写明起与止的时间，否则容易引起争议。

② 委托的事项、权限要写得明确具体清楚。

③ 特别授权委托书如果是公民之间的，应当办理公证，以确保委托行为的真实性、合法性。

技能实训

一、完成开头设置的任务。

二、根据以下材料以刘海力的名义写作一份委托书。

> 重庆××职业学院的刘海力毕业前就到外地工作了，七月初同学冯丹丹打电话告诉他学校可以办理离校手续和拿毕业证了，问他何时回来。刘海力说工作太忙回不来让冯丹丹帮他办理相关手续，冯丹丹也痛快地答应了。冯丹丹在准备帮刘海力拿毕业证时，教务处老师告知必须有刘海力的委托书才可以。于是冯丹丹打电话告诉了他，刘海力立即写了一份委托书并快递给冯丹丹。

附录

附录一

《党政机关公文处理工作条例》

(中共中央办公厅、国务院办公厅2012年4月16日印发，2012年7月1日起施行)

第一章 总 则

第一条 为了适应中国共产党机关和国家行政机关(以下简称党政机关)工作需要，推进党政机关公文处理工作科学化、制度化、规范化，制定本条例。

第二条 本条例适用于各级党政机关公文处理工作。

第三条 党政机关公文是党政机关实施领导、履行职能、处理公务的具有特定效力和规范体式的文书，是传达贯彻党和国家方针政策，公布法规和规章，指导、布置和商洽工作，请示和答复问题，报告、通报和交流情况等的重要工具。

第四条 公文处理工作是指公文拟制、办理、管理等一系列相互关联、衔接有序的工作。

第五条 公文处理工作应当坚持实事求是、准确规范、精简高效、安全保密的原则。

第六条 各级党政机关应当高度重视公文处理工作，加强组织领导，强化队伍建设，设立文秘部门或者由专人负责公文处理工作。

第七条 各级党政机关办公厅(室)主管本机关的公文处理工作，并对下级机关的公文处理工作进行业务指导和督促检查。

第二章 公文种类

第八条 公文种类主要有：

(一)决议。适用于会议讨论通过的重大决策事项。

(二)决定。适用于对重要事项作出决策和部署、奖惩有关单位和人员、变更或者撤销下级机关不适当的决定事项。

(三)命令(令)。适用于公布行政法规和规章、宣布施行重大强制性措施、批准授予和晋升衔级、嘉奖有关单位和人员。

(四)公报。适用于公布重要决定或者重大事项。

(五)公告。适用于向国内外宣布重要事项或者法定事项。

(六)通告。适用于在一定范围内公布应当遵守或者周知的事项。

(七)意见。适用于对重要问题提出见解和处理办法。

(八)通知。适用于发布、传达要求下级机关执行和有关单位周知或者执行的事项，批转、转发公文。

(九)通报。适用于表彰先进、批评错误、传达重要精神和告知重要情况。

(十)报告。适用于向上级机关汇报工作、反映情况，回复上级机关的询问。

（十一）请示。适用于向上级机关请求指示、批准。

（十二）批复。适用于答复下级机关请示事项。

（十三）议案。适用于各级人民政府按照法律程序向同级人民代表大会或者人民代表大会常务委员会提请审议事项。

（十四）函。适用于不相隶属机关之间商洽工作、询问和答复问题、请求批准和答复审批事项。

（十五）纪要。适用于记载会议主要情况和议定事项。

第三章　公文格式

第九条　公文一般由份号、密级和保密期限、紧急程度、发文机关标志、发文字号、签发人、标题、主送机关、正文、附件说明、发文机关署名、成文日期、印章、附注、附件、抄送机关、印发机关和印发日期、页码等组成。

（一）份号。公文印制份数的顺序号。涉密公文应当标注份号。

（二）密级和保密期限。公文的秘密等级和保密的期限。涉密公文应当根据涉密程度分别标注"绝密""机密""秘密"和保密期限。

（三）紧急程度。公文送达和办理的时限要求。根据紧急程度，紧急公文应当分别标注"特急""加急"，电报应当分别标注"特提""特急""加急""平急"。

（四）发文机关标志。由发文机关全称或者规范化简称加"文件"二字组成，也可以使用发文机关全称或者规范化简称。联合行文时，发文机关标志可以并用联合发文机关名称，也可以单独用主办机关名称。

（五）发文字号。由发文机关代字、年份、发文顺序号组成。联合行文时，使用主办机关的发文字号。

（六）签发人。上行文应当标注签发人姓名。

（七）标题。由发文机关名称、事由和文种组成。

（八）主送机关。公文的主要受理机关，应当使用机关全称、规范化简称或者同类型机关统称。

（九）正文。公文的主体，用来表述公文的内容。

（十）附件说明。公文附件的顺序号和名称。

（十一）发文机关署名。署发文机关全称或者规范化简称。

（十二）成文日期。署会议通过或者发文机关负责人签发的日期。联合行文时，署最后签发机关负责人签发的日期。

（十三）印章。公文中有发文机关署名的，应当加盖发文机关印章，并与署名机关相符。有特定发文机关标志的普发性公文和电报可以不加盖印章。

（十四）附注。公文印发传达范围等需要说明的事项。

（十五）附件。公文正文的说明、补充或者参考资料。

（十六）抄送机关。除主送机关外需要执行或者知晓公文内容的其他机关，应当使用机关全称、规范化简称或者同类型机关统称。

（十七）印发机关和印发日期。公文的送印机关和送印日期。

第十条　公文的版式按照《党政机关公文格式》国家标准执行。

第十一条　公文使用的汉字、数字、外文字符、计量单位和标点符号等，按照有关国家标准和规定执行。民族自治地方的公文，可以并用汉字和当地通用的少数民族文字。

第十二条　公文用纸幅面采用国际标准A4型。特殊形式的公文用纸幅面，根据实际需要确定。

第四章　行文规则

第十三条　行文应当确有必要，讲求实效，注重针对性和可操作性。

第十四条　行文关系根据隶属关系和职权范围确定。一般不得越级行文，特殊情况需要越级行文的，应当同时抄送被越过的机关。

第十五条　向上级机关行文，应当遵循以下规则：

（一）原则上主送一个上级机关，根据需要同时抄送相关上级机关和同级机关，不抄送下级机关。

（二）党委、政府的部门向上级主管部门请示、报告重大事项，应当经本级党委、政府同意或者授权；属于部门职权范围内的事项应当直接报送上级主管部门。

（三）下级机关的请示事项，如需以本机关名义向上级机关请示，应当提出倾向性意见后上报，不得原文转报上级机关。

（四）请示应当一文一事。不得在报告等非请示性公文中夹带请示事项。

（五）除上级机关负责人直接交办事项外，不得以本机关名义向上级机关负责人报送公文，不得以本机关负责人名义向上级机关报送公文。

（六）受双重领导的机关向一个上级机关行文，必要时抄送另一个上级机关。

第十六条　向下级机关行文，应当遵循以下规则：

（一）主送受理机关，根据需要抄送相关机关。重要行文应当同时抄送发文机关的直接上级机关。

（二）党委、政府的办公厅（室）根据本级党委、政府授权，可以向下级党委、政府行文，其他部门和单位不得向下级党委、政府发布指令性公文或者在公文中向下级党委、政府提出指令性要求。需经政府审批的具体事项，经政府同意后可以由政府职能部门行文，文中须注明已经政府同意。

（三）党委、政府的部门在各自职权范围内可以向下级党委、政府的相关部门行文。

（四）涉及多个部门职权范围内的事务，部门之间未协商一致的，不得向下行文；擅自行文的，上级机关应当责令其纠正或者撤销。

（五）上级机关向受双重领导的下级机关行文，必要时抄送该下级机关的另一个上级机关。

第十七条　同级党政机关、党政机关与其他同级机关必要时可以联合行文。属于党委、政府各自职权范围内的工作，不得联合行文。党委、政府的部门依据职权可以相互行文。部门内设机构除办公厅（室）外不得对外正式行文。

第五章　公文拟制

第十八条　公文拟制包括公文的起草、审核、签发等程序。

第十九条　公文起草应当做到：

（一）符合国家法律法规和党的路线方针政策，完整准确体现发文机关意图，并同现行有关公文相衔接。

（二）一切从实际出发，分析问题实事求是，所提政策措施和办法切实可行。

（三）内容简洁，主题突出，观点鲜明，结构严谨，表述准确，文字精练。

（四）文种正确，格式规范。

（五）深入调查研究，充分进行论证，广泛听取意见。

（六）公文涉及其他地区或者部门职权范围内的事项，起草单位必须征求相关地区或者部门意见，力求达成一致。

（七）机关负责人应当主持、指导重要公文起草工作。

第二十条　公文文稿签发前，应当由发文机关办公厅（室）进行审核。审核的重点是：

（一）行文理由是否充分，行文依据是否准确。

（二）内容是否符合国家法律法规和党的路线方针政策；是否完整准确体现发文机关意图；是否同现行有关公文相衔接；所提政策措施和办法是否切实可行。

（三）涉及有关地区或者部门职权范围内的事项是否经过充分协商并达成一致意见。

（四）文种是否正确，格式是否规范；人名、地名、时间、数字、段落顺序、引文等是否准确；文字、数字、计量单位和标点符号等用法是否规范。

（五）其他内容是否符合公文起草的有关要求。

需要发文机关审议的重要公文文稿，审议前由发文机关办公厅（室）进行初核。

第二十一条　经审核不宜发文的公文文稿，应当退回起草单位并说明理由；符合发文条件但内容需作进一步研究和修改的，由起草单位修改后重新报送。

第二十二条　公文应当经本机关负责人审批签发。重要公文和上行文由机关主要负责人签发。党委、政府的办公厅（室）根据党委、政府授权制发的公文，由受权机关主要负责人签发或者按照有关规定签发。签发人签发公文，应当签署意见、姓名和完整日期；圈阅或者签名的，视为同意。联合发文由所有联署机关的负责人会签。

第六章　公文办理

第二十三条　公文办理包括收文办理、发文办理和整理归档。

第二十四条　收文办理主要程序是：

（一）签收。对收到的公文应当逐件清点，核对无误后签字或者盖章，并注明签收时间。

（二）登记。对公文的主要信息和办理情况应当详细记载。

（三）初审。对收到的公文应当进行初审。初审的重点是：是否应当由本机关办理，是否符合行文规则，文种、格式是否符合要求，涉及其他地区或者部门职权范围内的事项是否已经协商、会签，是否符合公文起草的其他要求。经初审不符合规定的公文，应当及时退回来文单位并说明理由。

（四）承办。阅知性公文应当根据公文内容、要求和工作需要确定范围后分送。批办性公文应当提出拟办意见报本机关负责人批示或者转有关部门办理；需要两个以上部门办理的，应当明确主办部门。紧急公文应当明确办理时限。承办部门对交办的公文应当及时办理，有明确办理时限要求的应当在规定时限内办理完毕。

（五）传阅。根据领导批示和工作需要将公文及时送传阅对象阅知或者批示。办理公文传阅应当随时掌握公文去向，不得漏传、误传、延误。

（六）催办。及时了解掌握公文的办理进展情况，督促承办部门按期办结。紧急公文或者重要公文应当由专人负责催办。

（七）答复。公文的办理结果应当及时答复来文单位，并根据需要告知相关单位。

第二十五条　发文办理主要程序是：

（一）复核。已经发文机关负责人签批的公文，印发前应当对公文的审批手续、内容、文种、格式等进行复核；需作实质性修改的，应当报原签批人复审。

（二）登记。对复核后的公文，应当确定发文字号、分送范围和印制份数并详细记载。

（三）印制。公文印制必须确保质量和时效。涉密公文应当在符合保密要求的场所印制。

（四）核发。公文印制完毕，应当对公文的文字、格式和印刷质量进行检查后分发。

第二十六条　涉密公文应当通过机要交通、邮政机要通信、城市机要文件交换站或者收发件机关机要收发人员进行传递，通过密码电报或者符合国家保密规定的计算机信息系统进行传输。

第二十七条　需要归档的公文及有关材料，应当根据有关档案法律法规以及机关档案管理规定，及时收集齐全、整理归档。两个以上机关联合办理的公文，原件由主办机关归档，相关机关保存复制件。机关负责人兼任其他机关职务的，在履行所兼职务过程中形成的公文，由其兼职机关归档。

第七章　公文管理

第二十八条　各级党政机关应当建立健全本机关公文管理制度，确保管理严格规范，充分发挥公文效用。

第二十九条　党政机关公文由文秘部门或者专人统一管理。设立党委（党组）的县级以上单位应当建立机要保密室和机要阅文室，并按照有关保密规定配备工作人员和必要的安全保密设施设备。

第三十条　公文确定密级前，应当按照拟定的密级先行采取保密措施。确定密级后，应当按照所定密级严格管理。绝密级公文应当由专人管理。公文的密级需要变更或者解除的，由原确定密级的机关或者其上级机关决定。

第三十一条　公文的印发传达范围应当按照发文机关的要求执行；需要变更的，应当经发文机关批准。涉密公文公开发布前应当履行解密程序。公开发布的时间、形式和渠道，由发文机关确定。经批准公开发布的公文，同发文机关正式印发的公文具有同等效力。

第三十二条　复制、汇编机密级、秘密级公文，应当符合有关规定并经本机关负责人批准。绝密级公文一般不得复制、汇编，确有工作需要的，应当经发文机关或者其上级机关批准。复制、汇编的公文视同原件管理。复制件应当加盖复制机关戳记。翻印件应当注明翻印的机关名称、日期。汇编本的密级按照编入公文的最高密级标注。汇编，确有工作需要的，应当经发文机关或者其上级机关批准。复制、汇编的公文视同原件管理。

复制件应当加盖复制机关戳记。翻印件应当注明翻印的机关名称、日期。汇编本的密级按照编入公文的最高密级标注。

第三十三条　公文的撤销和废止，由发文机关、上级机关或者权力机关根据职权范围和有关法律法规决定。公文被撤销的，视为自始无效；公文被废止的，视为自废止之日起失效。

第三十四条　涉密公文应当按照发文机关的要求和有关规定进行清退或者销毁。

第三十五条　不具备归档和保存价值的公文，经批准后可以销毁。销毁涉密公文必须严格按照有关规定履行审批登记手续，确保不丢失、不漏销。个人不得私自销毁、留存涉密公文。

第三十六条　机关合并时，全部公文应当随之合并管理；机关撤销时，需要归档的公文经整理后按照有关规定移交档案管理部门。

工作人员离岗离职时，所在机关应当督促其将暂存、借用的公文按照有关规定移交、清退。

第三十七条　新设立的机关应当向本级党委、政府的办公厅（室）提出发文立户申请。经审查符合条件的，列为发文单位，机关合并或者撤销时，相应进行调整。

第八章　附　则

第三十八条　党政机关公文含电子公文。电子公文处理工作的具体办法另行制定。

第三十九条　法规、规章方面的公文，依照有关规定处理。外事方面的公文，依照外事主管部门的有关规定处理。

第四十条　其他机关和单位的公文处理工作，可以参照本条例执行。

第四十一条　本条例由中共中央办公厅、国务院办公厅负责解释。

第四十二条　本条例自2012年7月1日起施行。1996年5月3日中共中央办公厅发布的《中国共产党机关公文处理条例》和2000年8月24日国务院发布的《国家行政机关公文处理办法》停止执行。

附录二

《党政机关公文格式》

(GB/T 9704—2012)

1 范围

本标准规定了党政机关公文通用的纸张要求、排版和印制装订要求、公文格式各要素的编排规则,并给出了公文的式样。

本标准适用于各级党政机关制发的公文。其他机关和单位的公文可以参照执行。

使用少数民族文字印制的公文,其用纸、幅面尺寸及版面、印制等要求按照本标准执行,其余可以参照本标准并按照有关规定执行。

2 规范性引用文件

下列文件对于本标准的应用是必不可少的。凡是注日期的引用文件,仅所注日期的版本适用于本标准。凡是不注日期的引用文件,其最新版本(包括所有的修改单)适用于本标准。

GB/T 148　印刷、书写和绘图纸幅面尺寸

GB 3100　国际单位制及其应用

GB 3101　有关量、单位和符号的一般原则

GB 3102(所有部分)　量和单位

GB/T 15834　标点符号用法

GB/T 15835　出版物上数字用法

3 术语和定义

下列术语和定义适用于本标准。

3.1 字　word

标示公文中横向距离的长度单位。在本标准中,一字指一个汉字宽度的距离。

3.2 行　line

标示公文中纵向距离的长度单位。在本标准中,一行指一个汉字的高度加3号汉字高度的7/8的距离。

4 公文用纸主要技术指标

公文用纸一般使用纸张定量为 $60g/m^2$ ~ $80g/m^2$ 的胶版印刷纸或复印纸。纸张白度80%~90%,横向耐折度≥15次,不透明度≥85%,pH值为7.5~9.5。

5 公文用纸幅面尺寸及版面要求

5.1 幅面尺寸

公文用纸采用GB/T 148中规定的A4型纸,其成品幅面尺寸为:210mm×297mm。

GB/T 9704—2012

5.2 版面

5.2.1 页边与版心尺寸

公文用纸天头（上白边）为37mm±1mm，公文用纸订口（左白边）为28mm±1mm，版心尺寸为156mm×225mm。

5.2.2 字体和字号

如无特殊说明，公文格式各要素一般用3号仿宋体字。特定情况可以作适当调整。

5.2.3 行数和字数

一般每面排22行，每行排28个字，并撑满版心。特定情况可以作适当调整。

5.2.4 文字的颜色

如无特殊说明，公文中文字的颜色均为黑色。

6 印制装订要求

6.1 制版要求

版面干净无底灰，字迹清楚无断划，尺寸标准，版心不斜，误差不超过1mm。

6.2 印刷要求

双面印刷；页码套正，两面误差不超过2mm。黑色油墨应当达到色谱所标BL100%，红色油墨应当达到色谱所标Y80%、M80%。印品着墨实、均匀；字面不花、不白、无断划。

6.3 装订要求

公文应当左侧装订，不掉页，两页页码之间误差不超过4mm，裁切后的成品尺寸允许误差±2mm，四角成90º，无毛茬或缺损。

骑马订或平订的公文应当：

a）订位为两钉外订眼距版面上下边缘各70mm处，允许误差±4mm；

b）无坏钉、漏钉、重钉，钉脚平伏牢固；

c）骑马订钉锯均订在折缝线上，平订钉锯与书脊间的距离为3mm～5mm。

包本装订公文的封皮（封面、书脊、封底）与书芯应吻合、包紧、包平、不脱落。

7 公文格式各要素编排规则

7.1 公文格式各要素的划分

本标准将版心内的公文格式各要素划分为版头、主体、版记三部分。公文首页红色分隔线以上的部分称为版头；公文首页红色分隔线（不含）以下、公文末页首条分隔线（不含）以上的部分称为主体；公文末页首条分隔线以下、末条分隔线以上的部分称为版记。

页码位于版心外。

7.2 版头

7.2.1 份号

如需标注份号，一般用6位3号阿拉伯数字，顶格编排在版心左上角第一行。

7.2.2 密级和保密期限

如需标注密级和保密期限，一般用3号黑体字，顶格编排在版心左上角第二行；保密期限中的数字用阿拉伯数字标注。

7.2.3 紧急程度

如需标注紧急程度，一般用3号黑体字，顶格编排在版心左上角；如需同时标注份号、密级和保密期限、紧急程度，按照份号、密级和保密期限、紧急程度的顺序自上而下分行排列。

7.2.4 发文机关标志

由发文机关全称或者规范化简称加"文件"二字组成，也可以使用发文机关全称或者规范化简称。

发文机关标志居中排布，上边缘至版心上边缘为35mm，推荐使用小标宋体字，颜色为红色，以醒目、美观、庄重为原则。

联合行文时，如需同时标注联署发文机关名称，一般应当将主办机关名称排列在前；如有"文件"二字，应当置于发文机关名称右侧，以联署发文机关名称为准上下居中排布。

7.2.5 发文字号

编排在发文机关标志下空二行位置，居中排布。年份、发文顺序号用阿拉伯数字标注；年份应标全称，用六角括号"〔〕"括入；发文顺序号不加"第"字，不编虚位（即1不编为01），在阿拉伯数字后加"号"字。

上行文的发文字号居左空一字编排，与最后一个签发人姓名处在同一行。

7.2.6 签发人

由"签发人"三字加全角冒号和签发人姓名组成，居右空一字，编排在发文机关标志下空二行位置。"签发人"三字用3号仿宋体字，签发人姓名用3号楷体字。

如有多个签发人，签发人姓名按照发文机关的排列顺序从左到右、自上而下依次均匀编排，一般每行排两个姓名，回行时与上一行第一个签发人姓名对齐。

7.2.7 版头中的分隔线

发文字号之下4mm处居中印一条与版心等宽的红色分隔线。

7.3 主体

7.3.1 标题

一般用2号小标宋体字，编排于红色分隔线下空二行位置，分一行或多行居中排布；回行时，要做到词意完整，排列对称，长短适宜，间距恰当，标题排列应当使用梯形或菱形。

7.3.2 主送机关

编排于标题下空一行位置，居左顶格，回行时仍顶格，最后一个机关名称后标全角冒号。如主送机关名称过多导致公文首页不能显示正文时，应当将主送机关名称移至版记，标注方法见7.4.2。

7.3.3 正文

公文首页必须显示正文。一般用3号仿宋体字，编排于主送机关名称下一行，每个自然段左空二字，回行顶格。文中结构层次序数依次可以用"一、""（一）""1.""（1）"标注；一般第一层用黑体字、第二层用楷体字、第三层和第四层用仿宋体字标注。

7.3.4 附件说明

如有附件，在正文下空一行左空二字编排"附件"二字，后标全角冒号和附件名称。如有多个附件，使用阿拉伯数字标注附件顺序号（如"附件：1.××××××"）；附件名称后不加标点符号。附件名称较长需回行时，应当与上一行附件名称的首字对齐。

7.3.5 发文机关署名、成文日期和印章

7.3.5.1 加盖印章的公文

成文日期一般右空四字编排，印章用红色，不得出现空白印章。

单一机关行文时，一般在成文日期之上、以成文日期为准居中编排发文机关署名，印章端正、居中下压发文机关署名和成文日期，使发文机关署名和成文日期居印章中心偏下位置，印章顶端应当上距正文（或附件说明）一行之内。

联合行文时，一般将各发文机关署名按照发文机关顺序整齐排列在相应位置，并将印章一一对应、端正、居中下压发文机关署名，最后一个印章端正、居中下压发文机关署名和成文日期，印章之间排列整齐、互不相交或相切，每排印章两端不得超出版心，首排印章顶端应当上距正文（或附件说明）一行之内。

7.3.5.2 不加盖印章的公文

单一机关行文时，在正文（或附件说明）下空一行右空二字编排发文机关署名，在发文机关署名下一行编排成文日期，首字比发文机关署名首字右移二字，如成文日期长于发文机关署名，应当使成文日期右

空二字编排，并相应增加发文机关署名右空字数。

联合行文时，应当先编排主办机关署名，其余发文机关署名依次向下编排。

7.3.5.3　加盖签发人签名章的公文

单一机关制发的公文加盖签发人签名章时，在正文（或附件说明）下空二行右空四字加盖签发人签名章，签名章左空二字标注签发人职务，以签名章为准上下居中排布。在签发人签名章下空一行右空四字编排成文日期。

联合行文时，应当先编排主办机关签发人职务、签名章，其余机关签发人职务、签名章依次向下编排，与主办机关签发人职务、签名章上下对齐；每行只编排一个机关的签发人职务、签名章；签发人职务应当标注全称。

签名章一般用红色。

7.3.5.4　成文日期中的数字

用阿拉伯数字将年、月、日标全，年份应标全称，月、日不编虚位（即1不编为01）。

7.3.5.5　特殊情况说明

当公文排版后所剩空白处不能容下印章或签发人签名章、成文日期时，可以采取调整行距、字距的措施解决。

7.3.6　附注

如有附注，居左空二字加圆括号编排在成文日期下一行。

7.3.7　附件

附件应当另面编排，并在版记之前，与公文正文一起装订。"附件"二字及附件顺序号用3号黑体字顶格编排在版心左上角第一行。附件标题居中编排在版心第三行。附件顺序号和附件标题应当与附件说明的表述一致。附件格式要求同正文。

如附件与正文不能一起装订，应当在附件左上角第一行顶格编排公文的发文字号并在其后标注"附件"二字及附件顺序号。

7.4　版记

7.4.1　版记中的分隔线

版记中的分隔线与版心等宽，首条分隔线和末条分隔线用粗线（推荐高度为0.35mm），中间的分隔线用细线（推荐高度为0.25mm）。首条分隔线位于版记中第一个要素之上，末条分隔线与公文最后一面的版心下边缘重合。

7.4.2　抄送机关

如有抄送机关，一般用4号仿宋体字，在印发机关和印发日期之上一行、左右各空一字编排。"抄送"二字后加全角冒号和抄送机关名称，回行时与冒号后的首字对齐，最后一个抄送机关名称后标句号。

如需把主送机关移至版记，除将"抄送"二字改为"主送"外，编排方法同抄送机关。既有主送机关又有抄送机关时，应当将主送机关置于抄送机关之上一行，之间不加分隔线。

7.4.3　印发机关和印发日期

印发机关和印发日期一般用4号仿宋体字，编排在末条分隔线之上，印发机关左空一字，印发日期右空一字，用阿拉伯数字将年、月、日标全，年份应标全称，月、日不编虚位（即1不编为01），后加"印发"二字。

版记中如有其他要素，应当将其与印发机关和印发日期用一条细分隔线隔开。

7.5　页码

一般用4号半角宋体阿拉伯数字，编排在公文版心下边缘之下，数字左右各放一条一字线；一字线上距版心下边缘7mm。单页码居右空一字，双页码居左空一字。公文的版记页前有空白页的，空白页和版记页均不编排页码。公文的附件与正文一起装订时，页码应当连续编排。

8 公文中的横排表格

A4纸型的表格横排时,页码位置与公文其他页码保持一致,单页码表头在订口一边,双页码表头在切口一边。

9 公文中计量单位、标点符号和数字的用法

公文中计量单位的用法应当符合GB 3100、GB 3101和GB 3102（所有部分），标点符号的用法应当符合GB/T 15834，数字用法应当符合GB/T 15835。

10 公文的特定格式

10.1 信函格式

发文机关标志使用发文机关全称或者规范化简称,居中排布,上边缘至上页边为30mm,推荐使用红色小标宋体字。联合行文时,使用主办机关标志。

发文机关标志下4mm处印一条红色双线（上粗下细），距下页边20mm处印一条红色双线（上细下粗），线长均为170mm,居中排布。

如需标注份号、密级和保密期限、紧急程度,应当顶格居版心左边缘编排在第一条红色双线下,按照份号、密级和保密期限、紧急程度的顺序自上而下分行排列,第一个要素与该线的距离为3号汉字高度的7/8。

发文字号顶格居版心右边缘编排在第一条红色双线下,与该线的距离为3号汉字高度的7/8。

标题居中编排,与其上最后一个要素相距二行。

第二条红色双线上一行如有文字,与该线的距离为3号汉字高度的7/8。

首页不显示页码。

版记不加印发机关和印发日期、分隔线,位于公文最后一面版心内最下方。

10.2 命令（令）格式

发文机关标志由发文机关全称加"命令"或"令"字组成,居中排布,上边缘至版心上边缘为20mm,推荐使用红色小标宋体字。

发文机关标志下空二行居中编排令号,令号下空二行编排正文。

签发人职务、签名章和成文日期的编排见7.3.5.3。

10.3 纪要格式

纪要标志由"×××××纪要"组成,居中排布,上边缘至版心上边缘为35mm,推荐使用红色小标宋体字。

标注出席人员名单,一般用3号黑体字,在正文或附件说明下空一行左空二字编排"出席"二字,后标全角冒号,冒号后用3号仿宋体字标注出席人单位、姓名,回行时与冒号后的首字对齐。

标注请假和列席人员名单,除依次另起一行并将"出席"二字改为"请假"或"列席"外,编排方法同出席人员名单。

纪要格式可以根据实际制定。

11 式样

A4型公文用纸页边及版心尺寸见图1；公文首页版式见图2；联合行文公文首页版式1见图3；联合行文公文首页版式2见图4；公文末页版式1见图5；公文末页版式2见图6；联合行文公文末页版式1见图7；联合行文公文末页版式2见图8；附件说明页版式见图9；带附件公文末页版式见图10；信函格式首页版式见图11；命令（令）格式首页版式见图12。

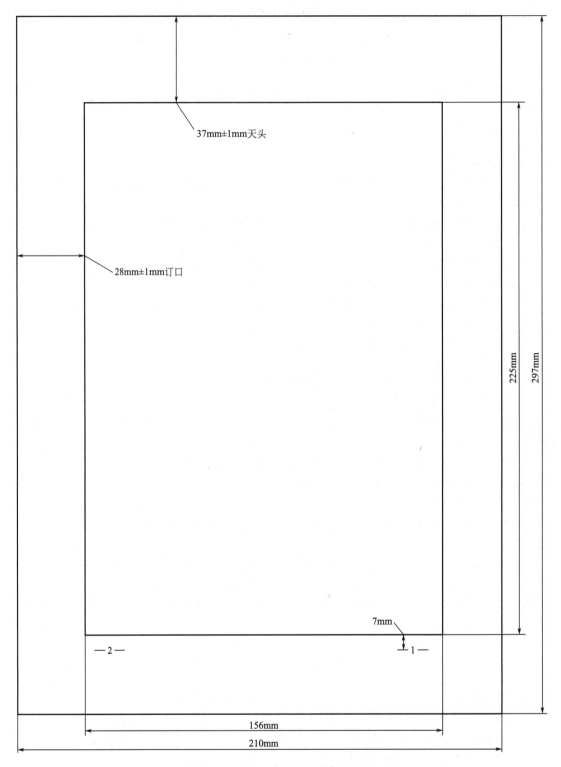

图1　A4型公文用纸页边及版心尺寸

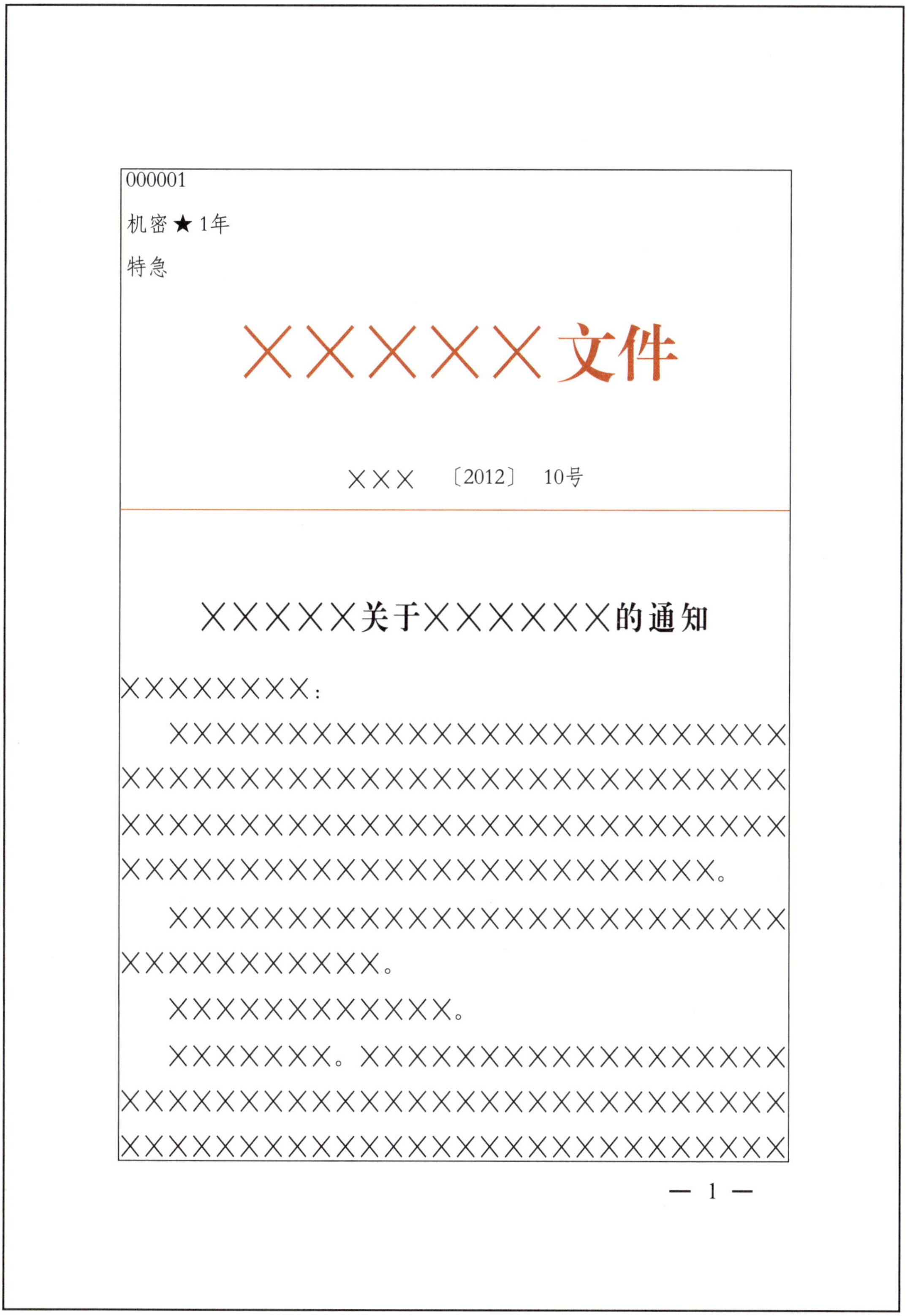
000001

机密★1年

特急

XXXXX文件

XXX 〔2012〕 10号

XXXXX关于XXXXXX的通知

XXXXXXXX：

XXXXXXXXXXXXXXXXXXXXXXXXXX
XXXXXXXXXXXXXXXXXXXXXXXXXXXX
XXXXXXXXXXXXXXXXXXXXXXXXXXXX
XXXXXXXXXXXXXXXXXXXXXXXXX。

XXXXXXXXXXXXXXXXXXXXXXXXXX
XXXXXXXXXXX。

XXXXXXXXXXXX。

XXXXXXX。XXXXXXXXXXXXXXXXXX
XXXXXXXXXXXXXXXXXXXXXXXXXXXX
XXXXXXXXXXXXXXXXXXXXXXXXXXXX

— 1 —

图2　公文首页版式

注：版心实线框仅为示意，在印制公文时并不印出。

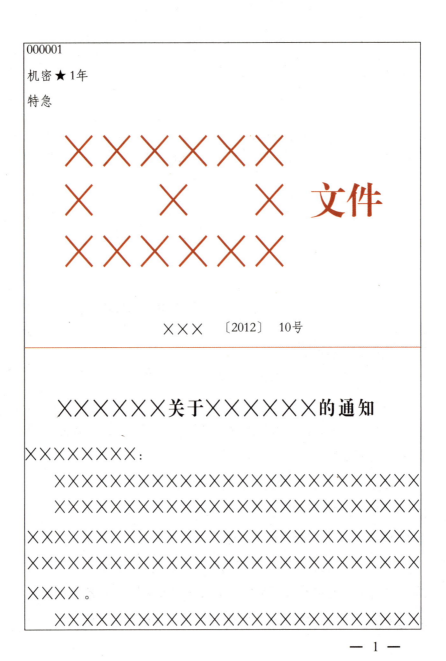

图3 联合行文公文首页版式1

注：版心实线框仅为示意，在印制公文时并不印出。

图4 联合行文公文首页版式2

注:版心实线框仅为示意,在印制公文时并不印出。

×××××××××××××××××。
　×××。

2012年7月1日

（×××××）

抄送：×××××××，×××××，×××××，×××××，×××××。

×××××××××　　　　　　　　　　2012年7月1日印发

— 2 —

图5　公文末页版式1

注：版心实线框仅为示意，在印制公文时并不印出。

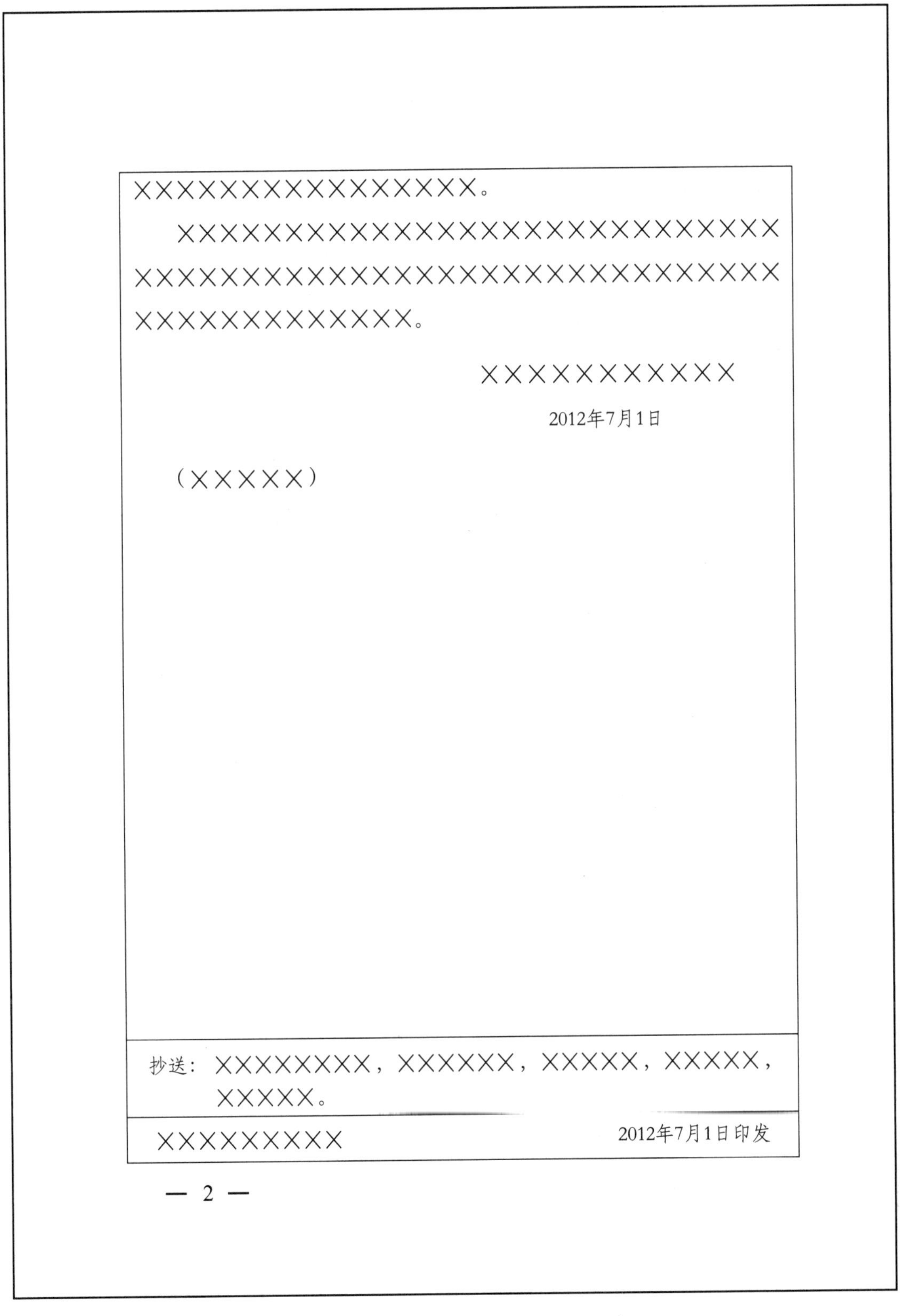

XXXXXXXXXXXXXXXX。

XXXXXXXXXXXXXXXXXXXXXXXXXXXX
XXXXXXXXXXXXXXXXXXXXXXXXXXXXXX
XXXXXXXXXXXXX。

XXXXXXXXXXX

2012年7月1日

（XXXXX）

抄送：XXXXXXXX，XXXXXX，XXXXX，XXXXX，
XXXXX。

XXXXXXXXX　　2012年7月1日印发

— 2 —

图6　公文末页版式2

注：版心实线框仅为示意，在印制公文时并不印出。

×××××××××××××××。
　　××。

2012 年 7 月 1 日

（×××××）

抄送：×××××××，×××××，×××××，×××××，×××××。

××××××××× 　　　　　　　　2012年7月1日印发

— 2 —

图7　联合行文公文末页版式1

注：版心实线框仅为示意，在印制公文时并不印出。

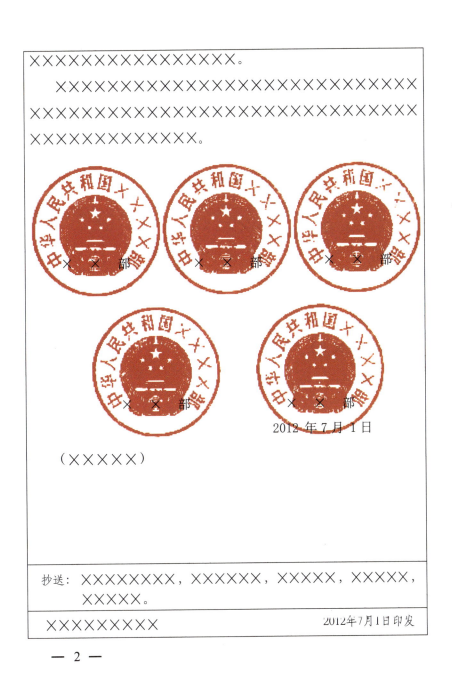

图8 联合行文公文末页版式2

注：版心实线框仅为示意，在印制公文时并不印出。

```
×××××××××××××
    ××××××××××××××××××××××××
××××××××××××××××××××××××××
××××××××××××。

    附件：1. ××××××××××××××××××
          ×××××
       2. ××××××××××××

                    ×××××××
                    ×  ×  ×  ×
                         2012年7月1日

（×××××）
```

— 2 —

图9　附件说明页版式

注：版心实线框仅为示意，在印制公文时并不印出。

图 10 带附件公文末页版式

注：版心实线框仅为示意，在印制公文时并不印出。

中华人民共和国×××××部

000001　　　　　　　　　　　　　　×××〔2012〕10号

机　密
特　急

×××××关于×××××××的通知

××××××××：
　　××。
　　××。
　　××。

图11　信函格式首页版式

注：版心实线框仅为示意，在印制公文时并不印出。

图12 命令（令）格式首页版式

注：版心实线框仅为示意，在印制公文时并不印出。

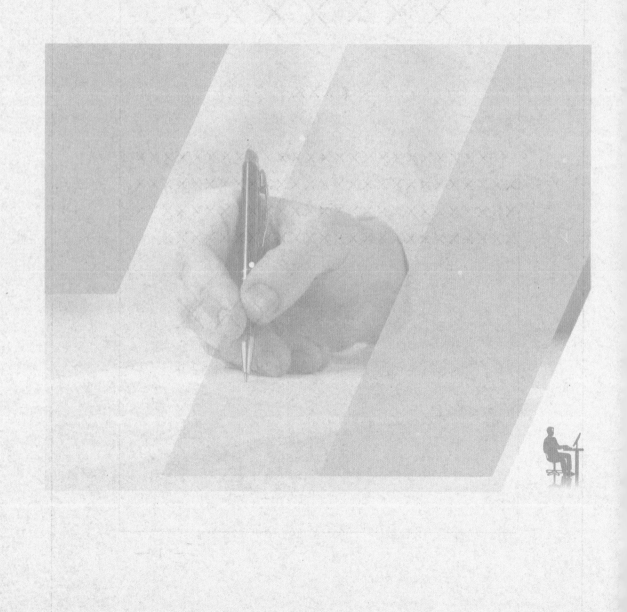

附录三

《标点符号用法》

（GB/T 15834—2011）（摘录）

4 标点符号的定义、形式和用法

4.1 句号

4.1.1 定义

句末点号的一种，主要表示句子的陈述语气。

4.1.2 形式

句号的形式是"。"。

4.1.3 基本用法

4.1.3.1 用于句子末尾，表示陈述语气。使用句号主要根据语段前后有较大停顿、带有陈述语气和语调，并不取决于句子的长短。

示例1：北京是中华人民共和国的首都。

示例2：(甲：咱们走着去吧？) 乙：好。

4.1.3.2 有时也可表示较缓和的祈使语气和感叹语气。

示例1：请您稍等一下。

示例2：我不由地感到，这些普通劳动者也同样是很值得尊敬的。

4.2 问号

4.2.1 定义

句末点号的一种，主要表示句子的疑问语气。

4.2.2 形式

问号的形式是"？"。

4.2.3 基本用法

4.2.3.1 用于句子末尾，表示疑问语气（包括反问、设问等疑问类型）。使用问号主要根据语段前后有较大停顿、带有疑问语气和语调，并不取决于句子的长短。

示例1：你怎么还不回家去呢？

示例2：难道这些普通的战士不值得歌颂吗？

4.2.3.2 选择问句中，通常只在最后一个选项的末尾用问号，各个选项之间一般用逗号隔开。当选项较短且选项之间几乎没有停顿时，选项之间可不用逗号。当选项较多或较长，或有意突出每个选项的独立性时，也可每个选项之后都用问号。

示例1：诗中记述的这场战争究竟是真实的历史描述，还是诗人的虚构？

示例2：这是巧合还是有意安排？

示例3：要一个什么样的结尾：现实主义的？传统的？大团圆的？荒诞的？民族形式的？有象征意义的？

4.2.3.3 在多个问句连用或表达疑问语气加重时，可叠用问号。通常应先单用，再叠用，最多叠用三个问号。在没有异常强烈的情感表达需要时不宜叠用问号。

示例：这就是你的做法吗？你这个总经理是怎么当的？？你怎么竟敢这样欺骗消费者？？？

4.2.3.3.4　问号也有标号的用法，即用于句内，表示存疑或不详。

示例1：马致远（1250？—1321），大都人，元代戏曲家、散曲家。

示例2：出现这样的文字错误，说明作者（编者？校者？）很不认真。

4.3　叹号

4.3.1　定义

句末点号的一种，主要表示句子的感叹语气。

4.3.2　形式

叹号的形式是"！"。

4.3.3　基本用法

4.3.3.1　用于句子末尾，主要表示感叹语气，有时也可表示强烈的祈使语气、反问语气等。使用叹号主要根据语段前后有较大停顿、带有感叹语气和语调或带有强烈的祈使、反问语气和语调，并不取决于句子的长短。

示例1：才一年不见，这孩子都长这么高啦！

示例2：你给我住嘴！

4.3.3.2　用于拟声词后，表示声音短促或突然。

示例1：咔嚓！　一道闪电划破了夜空。

示例2：咚！　咚咚！　突然传来一阵急促的敲门声。

4.3.3.3　表示声音巨大或声音不断加大时，可叠用叹号；表达强烈语气时，也可叠用叹号，最多叠用三个叹号。在没有异常强烈的情感表达需要时不宜叠用叹号。

示例1：轰！！在这天崩地塌的声音中，女娲猛然醒来。

示例2：我要揭露！我要控诉！！我要以死抗争！！！

4.3.3.4　当句子包含疑问、感叹两种语气且都比较强烈时（如带有强烈感情的反问句和带有惊愕语气的疑问句），可在问号后再加叹号（问号、叹号各一）。

示例1：这么点困难就能把我们吓倒吗？！

示例2：他连这些最起码的常识都不懂，还敢说自己是高科技人才？！

4.4　逗号

4.4.1　定义

句内点号的一种，表示句子或语段内部的一般性停顿。

4.4.2　形式

逗号的形式是"，"。

4.4.3　基本用法

4.4.3.1　复句内各分句之间的停顿，除了有时用分号（见4.6.3.1），一般都用逗号。

示例1：不是人们的意识决定人们的存在，而是人们的社会存在决定人们的意识。

示例2：学历史使人更明智，学文学使人更聪慧，学数学使人更精细，学考古使人更深沉。

4.4.3.2　用于下列各种语法位置：

a）较长的主语之后。

示例1：苏州园林建筑各种门窗的精美设计和雕镂功夫，都令人叹为观止。

b）句首的状语之后。

示例2：在苍茫的大海上，狂风卷集着乌云。

c）较长的宾语之前。

示例3：有的考古工作者认为，南方古猿生存于上新世至更新世的初期和中期。

d) 带句内语气词的主语（或其他成分）之后，或带句内语气词的并列成分之间。

示例4：他呢，倒是很乐意地、全神贯注地干起来了。

示例5：（那是个没有月亮的夜晚。）可是整个村子——白房顶啦，白树木啦，雪堆啦，全看得见。

e) 较长的主语中间、谓语中间或宾语中间。

示例6：母亲沉痛的诉说，以及亲眼见到的事实，都启发了我幼年时期追求真理的思想。

示例7：那姑娘头戴一顶草帽，身穿一条绿色的裙子，腰间还系着一根橙色的腰带。

示例8：必须懂得，对于文化传统，既不能不分青红皂白统统抛弃，也不能不管精华糟粕全盘继承。

f) 前置的谓语之后或后置的状语、定语之前。

示例9：真美啊，这条蜿蜒的林间小路。

示例10：她吃力地站了起来，慢慢地。

4.4.3.3 用于下列各种停顿处：

a) 复指成分或插说成分前后。

示例1：老张，就是原来的办公室主任，上星期已经调走了。

示例2：车，不用说，当然是头等。

b) 语气缓和的感叹语、称谓语或呼唤语之后。

示例3：哎哟，这儿，快给我揉揉。

示例4：大娘，您到哪儿去啊?

示例5：喂，你是哪个单位的?

c) 某些序次语（"第"字头、"其"字头及"首先"类序次语）之后。

示例6：为什么许多人都有长不大的感觉呢？原因有三：第一，父母总认为自己比孩子成熟；第二，父母总要以自己的标准来衡量孩子；第三，父母出于爱心而总不想让孩子在成长的过程中走弯路。

示例7：《玄秘塔碑》所以成为书法的范本，不外乎以下几方面的因素：其一，具有楷书点画、构体的典范性；其二，承上启下，成为唐楷的极致；其三，字如其人，爱人及字，柳公权高尚的书品、人品为后人所崇仰。

4.5 顿号

4.5.1 定义

句内点号的一种，表示语段中并列词语之间或某些序次语之后的停顿。

4.5.2 形式

顿号的形式是"、"。

4.5.3 基本用法

4.5.3.1 用于并列词语之间。

示例1：这里有自由、民主、平等、开放的风气和氛围。

示例2：造型科学、技艺精湛、气韵生动，是盛唐石雕的特色。

4.5.3.2 用于需要停顿的重复词语之间。

示例：他几次三番、几次三番地辩解着。

4.5.3.3 用于某些序次语（不带括号的汉字数字或"天干地支"类序次语）之后。

示例1：我准备讲两个问题：一、逻辑学是什么？ 二、怎样学好逻辑学？

示例2：风格的具体内容主要有以下四点：甲、题材；乙、用字；丙、表达；丁、色彩。

4.5.3.4 相邻或相近两数字连用表示概数通常不用顿号。若相邻两数字连用为缩略形式，宜用顿号。

示例1：飞机在6000米高空水平飞行时，只能看到两侧八九公里和前方一二十公里范围内的地面。

示例2：这种凶猛的动物常常三五成群地外出觅食和活动。

示例3：农业是国民经济的基础，也是二、三产业的基础。

4.5.3.5　标有引号的并列成分之间、标有书名号的并列成分之间通常不用顿号。若有其他成分插在并列的引号之间或并列的书名号之间（如引语或书名号之后还有括注），宜用顿号。

示例1："日""月"构成"明"字。

示例2：店里挂着"顾客就是上帝""质量就是生命"等横幅。

示例3：《红楼梦》《三国演义》《西游记》《水浒传》，是我国长篇小说的四大名著。

示例4：李白的"白发三千丈"（《秋浦歌》）、"朝如青丝暮成雪"（《将进酒》）都是脍炙人口的诗句。

示例5：办公室里订有《人民日报》（海外版）、《光明日报》和《时代周刊》等报刊。

4.6　分号

4.6.1　定义

句内点号的一种，表示复句内部并列关系分句之间的停顿，以及非并列关系的多重复句中第一层分句之间的停顿。

4.6.2　形式

分号的形式是"；"。

4.6.3　基本用法

4.6.3.1　表示复句内部并列关系的分句（尤其当分句内部还有逗号时）之间的停顿。

示例1：语言的学习，就理解方面说，是得到一种知识；就运用方面说，是养成一种习惯。

示例2：内容有分量，尽管文章短小，也是有分量的；内容没有分量，即使写得再长也没用。

4.6.3.2　表示非并列关系的多重复句中第一层分句（主要是选择、转折等关系）之间的停顿。

示例1：人还没看见，已经先听见歌声了；或者人已经转过山头望不见了，歌声还余音袅袅。

示例2：尽管人民革命的力量在开始时总是弱小的，所以总是受压的；但是由于革命的力量代表历史发展的方向，因此本质上又是不可战胜的。

示例3：不管一个人如何伟大，也总是生活在一定的环境和条件下；因此，个人的见解总难免带有某种局限性。

示例4：昨天夜里下了一场雨，以为可以凉快些；谁知没有凉快下来，反而更热了。

4.6.3.3　用于分项列举的各项之间。

示例：特聘教授的岗位职责为：一、讲授本学科的主干基础课程；二、主持本学科的重大科研项目；三、领导本学科的学术队伍建设；四、带领本学科赶超或保持世界先进水平。

4.7　冒号

4.7.1　定义

句内点号的一种，表示语段中提示下文或总结上文的停顿。

4.7.2　形式

冒号的形式是"："。

4.7.3　基本用法

4.7.3.1　用于总说性或提示性词语（如"说""例如""证明"等）之后，表示提示下文。

示例1：北京紫禁城有四座城门：午门、神武门、东华门和西华门。

示例2：她高兴地说："咱们去好好庆祝一下吧！"

示例3：小王笑着点了点头："我就是这么想的。"

示例4：这一事实证明：人能创造环境，环境同样也能创造人。

4.7.3.2　表示总结上文。

示例：张华上了大学，李萍进了技校，我当了工人；我们都有美好的前途。

4.7.3.3　用在需要说明的词语之后，表示注释和说明。

示例1：（本市将举办首届大型书市。）主办单位：市文化局；承办单位：市图书进出口公司；时间：8月15日—20日；

地点：市体育馆观众休息厅。

示例2：（做阅读理解题有两个办法。）办法之一：先读题干，再读原文，带着问题有针对性地读课文。办法之二：直接读原文，读完再做题，减少先入为主的干扰。

4.7.3.4　用于书信、讲话稿中称谓语或称呼语之后。

示例1：广平先生：……

示例2：同志们、朋友们：……

4.7.3.5　一个句子内部一般不应套用冒号。在列举式或条文式表述中，如不得不套用冒号时，宜另起段落来显示各个层次。

示例：第十条　遗产按照下列顺序继承：

第一顺序：配偶、子女、父母。

第二顺序：兄弟姐妹、祖父母、外祖父母。

4.8　引号

4.8.1　定义

标号的一种，标示语段中直接引用的内容或需要特别指出的成分。

4.8.2　形式

引号的形式有双引号""""和单引号"''"两种。左侧的为前引号，右侧的为后引号。

4.8.3　基本用法

4.8.3.1　标示语段中直接引用的内容。

示例：李白诗中就有"白发三千丈"这样极尽夸张的语句。

4.8.3.2　标示需要着重论述或强调的内容。

示例：这里所谓的"文"，并不是指文字，而是指文采。

4.8.3.3　标示语段中具有特殊含义而需要特别指出的成分，如别称、简称、反语等。

示例1：电视被称作"第九艺术"。

示例2：人类学上常把古人化石统称为尼安德特人，简称"尼人"。

4.8.3.4　当引号中还需要使用引号时，外面一层用双引号，里面一层用单引号。

示例：他问："老师，'七月流火'是什么意思？"

4.8.3.5　独立成段的引文如果只有一段，段首和段尾都用引号；不止一段时，每段开头仅用前引号，只在最后一段末尾用后引号。

示例：我曾在报纸上看到有人这样谈幸福：

"幸福是知道自己喜欢什么和不喜欢什么。……

"幸福是知道自己擅长什么和不擅长什么。……

"幸福是在正确的时间做了正确的选择。……"

4.8.3.6　在书写带月、日的事件、节日或其他特定意义的短语（含简称）时，通常只标引其中的月和日；需要突出和强调该事件或节日本身时，也可连同事件或节日一起标引。

示例1："5·12"汶川大地震

示例2："五四"以来的话剧，是我国戏剧中的新形式。

示例3：纪念"五四运动"90周年

4.9　括号

4.9.1　定义

标号的一种，标示语段中的注释内容、补充说明或其他特定意义的语句。

4.9.2 形式

括号的主要形式是圆括号"（ ）"，其他形式还有方括号"[ ]"、六角括号"〔 〕"和方头括号"【 】"等。

4.9.3 基本用法

4.9.3.1 标示下列各种情况，均用圆括号：

a） 标示注释内容或补充说明。

示例1：我校拥有特级教师（含已退休的）17人。

示例2：我们不但善于破坏一个旧世界，我们还将善于建设一个新世界！（热烈鼓掌）

b） 标示订正或补加的文字。

示例3：信纸上用稚嫩的字体写着："阿夷（姨），你好！"。

示例4：该建筑公司负责的建设工程全部达到优良工程（的标准）。

c） 标示序次语。

示例5：语言有三个要素：（1）声音；（2）结构；（3）意义。

示例6：思想有三个条件：（一）事理；（二）心理；（三）伦理。

d） 标示引语的出处。

示例7：他说得好："未画之前，不立一格；既画之后，不留一格。"（《板桥集·题画》）

e） 标示汉语拼音注音。

示例8："的（de）"这个字在现代汉语中最常用。

4.9.3.2 标示作者国籍或所属朝代时，可用方括号或六角括号。

示例1：[英]赫胥黎《进化论与伦理学》

示例2：〔唐〕杜甫著

4.9.3.3 报刊标示电讯、报道的开头，可用方头括号。

示例：【新华社南京消息】

4.9.3.4 标示公文发文字号中的发文年份时，可用六角括号。

示例：国发〔2011〕3号文件

4.9.3.5 标示被注释的词语时，可用六角括号或方头括号。

示例1：〔奇观〕奇伟的景象。

示例2：【爱因斯坦】物理学家。生于德国，1933年因受纳粹政权迫害，移居美国。

4.9.3.6 除科技书刊中的数学、逻辑公式外，所有括号（特别是同一形式的括号）应尽量避免套用。必须套用括号时，宜采用不同的括号形式配合使用。

示例：〔茸（róng）毛〕很细很细的毛。

4.10 破折号

4.10.1 定义

标号的一种，标示语段中某些成分的注释、补充说明或语音、意义的变化。

4.10.2 形式

破折号的形式是"——"。

4.10.3 基本用法

4.10.3.1 标示注释内容或补充说明（也可用括号，见4.9.3.1；二者的区别另见 B.1.7）。

示例1：一个矮小而结实的日本中年人——内山老板走了过来。

示例2：我一直坚持读书，想借此唤起弟妹对生活的希望——无论环境多么困难。

4.10.3.2 标示插入语（也可用逗号，见4.4.3.3）。

示例：这简直就是——说得不客气点——无耻的勾当！

4.10.3.3 标示总结上文或提示下文（也可用冒号，见4.7.3.1、4.7.3.2）。

示例1：坚强，纯洁，严于律己，客观公正——这一切都难得地集中在一个人身上。

示例2：画家开始娓娓道来——

数年前的一个寒冬，……

4.10.3.4 标示话题的转换。

示例："好香的干菜，——听到风声了吗？"赵七爷低声说道。

4.10.3.5 标示声音的延长。

示例："嘎——"传过来一声水禽被惊动的鸣叫。

4.10.3.6 标示话语的中断或间隔。

示例1："班长他牺——"小马话没说完就大哭起来。

示例2："亲爱的妈妈，你不知道我多爱您。——还有你，我的孩子！"

4.10.3.7 标示引出对话。

示例：——你长大后想成为科学家吗？

——当然想了！

4.10.3.8 标示事项列举分承。

示例：根据研究对象的不同，环境物理学分为以下五个分支学科：

——环境声学；

——环境光学；

——环境热学；

——环境电磁学；

——环境空气动力学。

4.10.3.9 用于副标题之前。

示例：飞向太平洋

——我国新型号运载火箭发射目击记

4.10.3.10 用于引文、注文后，标示作者、出处或注释者。

示例1：先天下之忧而忧，后天下之乐而乐。

——范仲淹

示例2：乐浪海中有倭人，分为百余国。

——《汉书》

示例3：很多人写好信后把信笺折成方胜形，我看大可不必。（方胜，指古代妇女戴的方形首饰，用彩绸等制作，由两个斜方部分叠合而成。——编者注）

4.11 省略号

4.11.1 定义

标号的一种，标示语段中某些内容的省略及意义的断续等。

4.11.2 形式

省略号的形式是"……"。

4.11.3 基本用法

4.11.3.1 标示引文的省略。

示例：我们齐声朗诵起来："……俱往矣，数风流人物，还看今朝。"

4.11.3.2 标示列举或重复词语的省略。

示例1：对政治的敏感，对生活的敏感，对性格的敏感，……这都是作家必备的素质。

示例2：他气得连声说："好，好……算我没说。"

4.11.3.3 标示语意未尽。

示例1：在人迹罕至的深山密林里，假如突然看见一缕炊烟，……

示例2：你这样干，未免太……！

4.11.3.4 标示说话时断断续续。

示例：她磕磕巴巴地说："可是……太太……我不知道……你一定是认错了。"

4.11.3.5 标示对话中的沉默不语。

示例："还没结婚吧？"

"……"他飞红了脸，更加忸怩起来。

4.11.3.6 标示特定的成分虚缺。

示例：只要……就……

4.11.3.7 在标示诗行、段落的省略时，可连用两个省略号（即相当于十二连点）。

示例1：从隔壁房间传来缓缓而抑扬顿挫的吟咏声——

　　　床前明月光，疑是地上霜。

　　　……………

示例2：该刊根据工作质量、上稿数量、参与程度等方面的表现，评选出了高校十佳记者站。还根据发稿数量、提供新闻线索情况以及对刊物的关注度等，评选出了十佳通讯员。

　　　……………

4.12 着重号

4.12.1 定义

标号的一种，标示语段中某些重要的或需要指明的文字。

4.12.2 形式

着重号的形式是"．"标注在相应文字的下方。

4.12.3 基本用法

4.12.3.1 标示语段中重要的文字。

示例1：诗人需要表现，而不是证明。

示例2：下面对本文的理解，不正确的一项是：

4.12.3.2 标示语段中需要指明的文字。

示例：下边加点的字，除了在词中的读法外，还有哪些读法？

着急　　子弹　　强调

4.13 连接号

4.13.1 定义

标号的一种，标示某些相关联成分之间的连接。

4.13.2 形式

连接号的形式有短横线"-"、一字线"—"和浪纹线"～"三种。

4.13.3 基本用法

4.13.3.1 标示下列各种情况，均用短横线：

a）化合物的名称或表格、插图的编号。

示例1：3-戊酮为无色液体，对眼及皮肤有强烈刺激性。

示例2：参见下页表2-8、表2-9。

b）连接号码，包括门牌号码、电话号码，以及用阿拉伯数字表示年月日等。

示例3：安宁里东路26号院3-2-11室

示例4：联系电话：010-88842603

示例5：2011-02-15

c) 在复合名词中起连接作用。

示例6：吐鲁番-哈密盆地

d) 某些产品的名称和型号。

示例7：WZ-10直升机具有复杂天气和夜间作战的能力。

e) 汉语拼音、外来语内部的分合。

示例8：shuōshuō-×iào×iào（说说笑笑）

示例9：盎格鲁-撒克逊人

示例10：让-雅克·卢梭（"让-雅克"为双名）

示例11：皮埃尔·孟戴斯-弗朗斯（"孟戴斯-弗朗斯"为复姓）

4.13.3.2 标示下列各种情况，一般用一字线，有时也可用浪纹线：

a) 标示相关项目（如时间、地域等）的起止。

示例1：沈括（1031—1095），宋朝人。

示例2：2011年2月3日—10日

示例3：北京—上海特别旅客快车

b) 标示数值范围（由阿拉伯数字或汉字数字构成）的起止。

示例4：25～30g

示例5：第五～八课

4.14 间隔号

4.14.1 定义

标号的一种，标示某些相关联成分之间的分界。

4.14.2 形式

间隔号的形式是"·"。

4.14.3 基本用法

4.14.3.1 标示外国人名或少数民族人名内部的分界。

示例1：克里丝蒂娜·罗塞蒂

示例2：阿依古丽·买买提

4.14.3.2 标示书名与篇（章、卷）名之间的分界。

示例：《淮南子·本经训》

4.14.3.3 标示词牌、曲牌、诗体名等和题名之间的分界。

示例1：《沁园春·雪》

示例2：《天净沙·秋思》

示例3：《七律·冬云》

4.14.3.4 用在构成标题或栏目名称的并列词语之间。

示例：《天·地·人》

4.14.3.5 以月、日为标志的事件或节日，用汉字数字表示时，只在一、十一和十二月后用间隔号；当直接用阿拉伯数字表示时，月、日之间均用间隔号（半角字符）。

示例1："九一八"事变　"五四"运动

示例2："一·二八"事变　"一二·九"运动

示例3："3·15"消费者权益日　"9·11"恐怖袭击事件

4.15 书名号

4.15.1 定义

标号的一种，标示语段中出现的各种作品的名称。

4.15.2　形式

书名号的形式有双书名号"《　》"和单书名号"<　>"两种。

4.15.3　基本用法

4.15.3.1　标示书名、卷名、篇名、刊物名、报纸名、文件名等。

示例1：《红楼梦》（书名）

示例2：《史记·项羽本纪》（卷名）

示例3：《论雷峰塔的倒掉》（篇名）

示例4：《每周关注》（刊物名）

示例5：《人民日报》（报纸名）

示例6：《全国农村工作会议纪要》（文件名）

4.15.3.2　标示电影、电视、音乐、诗歌、雕塑等各类用文字、声音、图像等表现的作品的名称。

示例1：《渔光曲》（电影名）

示例2：《追梦录》（电视剧名）

示例3：《勿忘我》（歌曲名）

示例4：《沁园春·雪》（诗词名）

示例5：《东方欲晓》（雕塑名）

示例6：《光与影》（电视节目名）

示例7：《社会广角镜》（栏目名）

示例8：《庄子研究文献数据库》（光盘名）

示例9：《植物生理学系列挂图》（图片名）

4.15.3.3　标示全中文或中文在名称中占主导地位的软件名。

示例：科研人员正在研制《电脑卫士》杀毒软件。

4.15.3.4　标示作品名的简称。

示例：我读了《念青唐古拉山脉纪行》一文（以下简称《念》），收获很大。

4.15.3.5　当书名号中还需要书名号时，里面一层用单书名号，外面一层用双书名号。

示例：《教育部关于提请审议<高等教育自学考试试行办法>的报告》

4.16　专名号

4.16.1　定义

标号的一种，标示古籍和某些文史类著作中出现的特定类专有名词。

4.16.2　形式

专名号的形式是一条直线，标注在相应文字的下方。

4.16.3　基本用法

4.16.3.1　标示古籍、古籍引文或某些文史类著作中出现的专有名词，主要包括人名、地名、国名、民族名、朝代名、年号、宗教名、官署名、组织名等。

示例1：孙坚人马被刘表率军围得水泄不通。（人名）

示例2：于是聚集冀、青、幽、并四州兵马七十多万准备决一死战。（地名）

示例3：当时乌孙及西域各国都向汉派遣了使节。（国名、朝代名）

示例4：从咸宁二年到太康十年，匈奴、鲜卑、乌桓等族人徙居塞内。（年号、民族名）

4.16.3.2　现代汉语文本中的上述专有名词，以及古籍和现代文本中的单位名、官职名、事件名、会议名、书名等不应使用专名号。必须使用标号标示时，宜使用其他相应标号（如引号、书名号等）。

4.17　分隔号

4.17.1 定义

标号的一种,标示诗行、节拍及某些相关文字的分隔。

4.17.2 形式

分隔号的形式是"/"。

4.17.3 基本用法

4.17.3.1 诗歌接排时分隔诗行(也可使用逗号和分号,见4.4.3.1／4.6.3.1)。

示例:春眠不觉晓／处处闻啼鸟／夜来风雨声／花落知多少。

4.17.3.2 标示诗文中的音节节拍。

示例:横眉／冷对/千夫指,俯首／甘为／孺子牛。

4.17.3.3 分隔供选择或可转换的两项,表示"或"。

示例:动词短语中除了作为主体成分的述语动词之外,还包括述语动词所带的宾语和/或补语。

4.17.3.4 分隔组成一对的两项,表示"和"。

示例1:13／14次特别快车

示例2:羽毛球女双决赛中国组合杜婧／于洋两局完胜韩国名将李孝贞／李敬元。

4.17.3.5 分隔层级或类别。

示例:我国的行政区划分为:省(直辖市、自治区)/省辖市(地级市)／县(县级市、区、自治州)／乡(镇)／村(居委会)。

5 标点符号的位置和书写形式

5.1 横排文稿标点符号的位置和书写形式

5.1.1 句号、逗号、顿号、分号、冒号均置于相应文字之后,占一个字位置,居左下,不出现在一行之首。

5.1.2 问号、叹号均置于相应文字之后,占一个字位置,居左,不出现在一行之首。两个问号(或叹号)叠用时,占一个字位置;三个问号(或叹号)叠用时,占两个字位置;问号和叹号连用时,占一个字位置。

5.1.3 引号、括号、书名号中的两部分标在相应项目的两端,各占一个字位置。其中前一半不出现在一行之末,后一半不出现在一行之首。

5.1.4 破折号标在相应项目之间,占两个字位置,上下居中,不能中间断开分处上行之末和下行之首。

5.1.5 省略号占两个字位置,两个省略号连用时占四个字位置并须单独占一行。省略号不能中间断开分处上行之末和下行之首。

5.1.6 连接号中的短横线比汉字"一"略短,占半个字位置;一字线比汉字"一"略长,占一个字位置;浪纹线占一个字位置。连接号上下居中,不出现在一行之首。

5.1.7 间隔号标在需要隔开的项目之间,占半个字位置,上下居中,不出现在一行之首。

5.1.8 着重号和专名号标在相应文字的下边。

5.1.9 分隔号占半个字位置,不出现在一行之首或一行之末。

5.1.10 标点符号排在一行末尾时,若为全角字符则应占半角字符的宽度(即半个字位置),以使视觉效果更美观。

5.1.11 在实际编辑出版工作中,为排版美观、方便阅读等需要,或为避免某一小节最后一个汉字转行或出现在另外一页开头等情况(浪费版面及视觉效果差),可适当压缩标点符号所占用的空间。

5.2 竖排文稿标点符号的位置和书写形式

5.2.1 句号、问号、叹号、逗号、顿号、分号和冒号均置于相应文字之下偏右。

5.2.2 破折号、省略号、连接号、间隔号和分隔号置于相应文字之下居中,上下方向排列。

5.2.3 引号改用双引号"﹃""﹄"和单引号"﹁""﹂",括号改用"︵""︶",标在相应项目的上下。

5.2.4 竖排文稿中使用浪线式书名号"＿",标在相应文字的左侧。

5.2.5 着重号标在相应文字的右侧,专名号标在相应文字的左侧。

5.2.6 横排文稿中关于某些标点不能居行首或行末的要求,同样适用于竖排文稿。

(节选自中国语言文字网)

附录四

《出版物上数字用法》

（GB/T 15835—2011）（摘录）

4 数字形式的选用

4.1 选用阿拉伯数字

4.1.1 用于计量的数字

在使用数字进行计量的场合，为达到醒目、易于辨识的效果，应采用阿拉伯数字。

示例1：-125.03　　　34.05%　　　63%～68%　　　1：500　　　97/108

当数值伴随有计量单位时，如：长度、容积、面积、体积、质量、温度、经纬度、音量、频率等等，特别是当计量单位以字母表达时，应采用阿拉伯数字。

示例2：523.56km（523.56千米）　　　346.87L（346.87升）　　　5.34m2（5.34平方米）

567mm3（567立方毫米）　　　605g（605克）　　　100～150kg（100～150千克）

34～39℃（34～39摄氏度）　　　北纬40°（40度）　　　120dB（120分贝）

4.1.2 用于编号的数字

在使用数字进行编号的场合，为达到醒目、易于辨识的效果，应采用阿拉伯数字。

示例：电话号码：98888

邮政编码：100871

通信地址：北京市海淀区复兴路11号

电子邮件地址：×186@186.net

网页地址：http：//127.0.0.1

汽车号牌：京A00001

公交车号：302路公交车

道路编号：101国道

公文编号：国办发〔1987〕9号

图书编号：ISBN978-7-80184-224-4

刊物编号：CN11-1399

章节编号：4.1.2

产品型号：PH-3000型计算机

产品序列号：C84×B-JYVFD-P7HC4-6×KRJ-7M6×H

单位注册号：02050214

行政许可登记编号：0684D10004-828

4.1.3 已定型的含阿拉伯数字的词语

现代社会生活中出现的事物、现象、事件，其名称的书写形式中包含阿拉伯数字，已经广泛使用而稳定下来，应采用阿拉伯数字。

示例：3G手机　　MP3播放器　　G8峰会　　维生素B12　　97号汽油　　"5·27"事件　　"12·5"枪击案

附录　253

4.2 选用汉字数字

4.2.1 非公历纪年

干支纪年、农历月日、历史朝代纪年及其他传统上采用汉字形式的非公历纪年等等，应采用汉字数字。

示例：丙寅年十月十五日　　庚辰年八月五日　　腊月二十三　　正月初五　　八月十五中秋
　　　秦文公四十四年　　太平天国庚申十年九月二十四日　　清咸丰十年九月二十日
　　　藏历阳木龙年八月二十六日　　日本庆应三年

4.2.2 概数

数字连用表示的概数、含"几"的概数，应采用汉字数字。

示例：三四个月　　一二十个　　四十五六岁　　五六万套　　五六十年前
　　　几千　　二十几　　一百几十　　几万分之一

4.2.3 已定型的含汉字数字的词语

汉语中长期使用已经稳定下来的包含汉字数字形式的词语，应采用汉字数字。

示例：万一　　一律　　一旦　　三叶虫　　四书五经　　星期五　　四氧化三铁　　八国联军
　　　七上八下　　一心一意　　不管三七二十一　　一方面　　二百五　　半斤八两
　　　五省一市　　五讲四美　　相差十万八千里　　八九不离十　　白发三千丈
　　　不二法门　　二八年华　　五四运动　　"一·二八"事变　　"一二·九"运动

4.3 选用阿拉伯数字与汉字数字均可

如果表达计量或编号所需要用到的数字个数不多，选择汉字数字还是阿拉伯数字在书写的简洁性和辨识的清晰性两方面没有明显差异时，两种形式均可使用。

示例1：17号楼（十七号楼）　　3倍（三倍）　　第5个工作日（第五个工作日）
　　　100多件（一百多件）　　20余次（二十余次）　　约300人（约三百人）
　　　40左右（四十左右）　　50上下（五十上下）　　50多人（五十多人）
　　　第25页（第二十五页）　　第8天（第八天）　　第4季度（第四季度）
　　　第45份（第四十五份）　　共235位同学（共二百三十五位同学）　　0.5（零点五）
　　　76岁（七十六岁）　　120周年（一百二十周年）　　1/3（三分之一）
　　　公元前8世纪（公元前八世纪）　　20世纪80年代（二十世纪八十年代）
　　　公元253年（公元二五三年）　　1997年7月1日（一九九七年七月一日）
　　　下午4点40分（下午四点四十分）　　4个月（四个月）　　12天（十二天）

如果要突出简洁醒目的表达效果，应使用阿拉伯数字；如果要突出庄重典雅的表达效果，应使用汉字数字。

示例2：北京时间2008年5月12日14时28分
　　　十一届全国人大一次会议（不写为"11届全国人大1次会议"）
　　　六方会谈（不写为"6方会谈"）

在同一场合出现的数字，应遵循"同类别同形式"原则来选择数字的书写形式。如果两数字的表达功能类别相同（比如都是表达年月日时间的数字），或者两数字在上下文中所处的层级相同（比如文章目录中同级标题的编号），应选用相同的形式。反之，如果两数字的表达功能不同，或所处层级不同，可以选用不同的形式。

示例3：2008年8月8日　　二〇〇八年八月八日（不写为"二〇〇八年8月8日"）
　　　第一章　　第二章……第十二章（不写为"第一章　　第二章……第12章"）
　　　第二章的下一级标题可以用阿拉伯数字编号：2.1，2.2，……

应避免相邻的两个阿拉伯数字造成歧义的情况。

示例4：高三3个班　　高三三个班　（不写为"高33个班"）

高三2班　　　　　高三（2）班　（不写为"高32班"）

有法律效力的文件、公告文件或财务文件中可同时采用汉字数字和阿拉伯数字。

示例5：2008年4月保险账户结算日利率为万分之一点五七五零（0.015750%）

　　　　　35.5元（35元5角　　三十五元五角　　叁拾伍圆伍角）

5　数字形式的使用

5.1　阿拉伯数字的使用

5.1.1　多位数

为便于阅读，四位以上的整数或小数，可采用以下两种方式分节：

——第一种方式：千分撇

整数部分每三位一组，以","分节。小数部分不分节。四位以内的整数可以不分节。

示例1：624,000　92,300,000　19,351,235.235767　1256

——第二种方式：千分空

从小数点起，向左和向右每三位数字一组，组间空四分之一个汉字，即二分之一个阿拉伯数字的位置。四位以内的整数可以不加千分空。

示例2：55 235 367.346 23　　　98 235 358.238 368

注：各科学技术领域的多位数分节方式参照GB3101—1993的规定执行。

5.1.2　纯小数

纯小数必须写出小数点前定位的"0"，小数点是齐阿拉伯数字底线的实心点"."。

示例：0.46不写为.46或0。46

5.1.3　数值范围

在表示数值的范围时，可采用浪纹式连接号"～"或一字线连接号"—"。前后两个数值的附加符号或计量单位相同时，在不造成歧义的情况下，前一个数值的附加符号或计量单位可省略。如果省略数值的附加符号或计量单位会造成歧义，则不应省略。

示例：-36 ～ -8℃　　　　400—429页　　　　100—150kg　　　12500 ～ 20000元

9亿 ～ 16亿（不写为9 ～ 16亿）　　　13万元 ～ 17万元（不写为13 ～ 17万元）

15% ～ 30%（不写为15 ～ 30%）　　　$4.3×10^6$ ～ $5.7×10^6$（不写为4.3 ～ $5.7×10^6$）

5.1.4　年月日

年月日的表达顺序应按照口语中年月日的自然顺序书写。

示例1：2008年8月8日　　　1997年7月1日

"年""月"可按照GB/T7408—2005的5.2.1.1中的扩展格式，用"-"替代，但年月日不完整时不能替代。

示例2：2008-8-8　　　1997-7-1　　　8月8日（不写为8-8）　　　2008年8月（不写为2008-8）

四位数字表示的年份不应简写为两位数字。

示例3："1990年"不写为"90年"

月和日是一位数时，可在数字前补"0"。

示例4：2008-08-08　　　1997-07-01

5.1.5　时分秒

计时方式既可采用12小时制，也可采用24小时制。

示例1：11时40分（上午11时40分）　　21时12分36秒（晚上9时12分36秒）

时分秒的表达顺序应按照口语中时、分、秒的自然顺序书写。

示例2：15时40分　　　14时12分36秒

"时""分"也可按照 GB/T7408—2005 的 5.3.1.1 和 5.3.1.2 中的扩展格式，用"："替代。

示例 3：15：40　　　　　　14：12：36

5.1.6　含有月日的专名

含有月日的专名采用阿拉伯数字表示时，应采用间隔号"·"将月、日分开，并在数字前后加引号。

示例："3·15"消费者权益日

5.1.7　书写格式

5.1.7.1　字体

出版物中的阿拉伯数字，一般应使用正体二分字身，即占半个汉字位置。

示例：234　57.236

5.1.7.2　换行

一个用阿拉伯数字书写的数值应在同一行中，避免被断开。

5.1.7.3　竖排文本中的数字方向

竖排文字中的阿拉伯数字按顺时针方向转 90 度。旋转后要保证同一个词语单位的文字方向相同。

示例：

> 示例一
> 雪花牌 BCD188 型家用电冰箱容量是一百八十八升，功率喂一百二十五瓦，市场售价两千零五十元，返修率仅为百分之零点一五。
>
> 示例二
> 海军 J12 号打捞救生船在太平洋上航行了十三天，于一九九〇年八月六日零时三十分返回基地。

5.2　汉字数字的使用

5.2.1　概数

两个数字连用表示概数时，两数之间不用顿号"、"隔开。

示例：二三米　　一两个小时　　三五天　　一二十个　　四十五六岁

5.2.2　年份

年份简写后的数字可以理解为概数时，一般不简写。

示例："一九七八年"不写为"七八年"

5.2.3　含有月日的专名

含有月日的专名采用汉字数字表示时，如果涉及一月、十一月、十二月，应用间隔号"·"将表示月和日的数字隔开，涉及其他月份时，不用间隔号。

示例："一·二八"事变　　"一二·九"运动　　五一国际劳动节

5.2.4　大写汉字数字

——大写汉字数字的书写形式

零、壹、贰、叁、肆、伍、陆、柒、捌、玖、拾、佰、仟、万、亿

————大写汉字数字的适用场合

法律文书和财务票据上，应采用大写汉字数字形式记数。

示例：3，504元（叁仟伍佰零肆圆）　　　39，148元（叁万玖仟壹佰肆拾捌圆）

5.2.5　"零"和"〇"

阿拉伯数字"0"有"零"和"〇"两种汉字书写形式。一个数字用作计量时，其中"0"的汉字书写形式为"零"，用作编号时，"0"的汉字书写形式为"〇"。

示例："3052（个）"的汉字数字形式为"三千零五十二"（不写为"三千〇五十二"）

"95.06"的汉字数字形式为"九十五点零六"（不写为"九十五点〇六"）

"公元2012（年）"的汉字数字形式为"二〇一二"（不写为"二零一二"）

5.3　阿拉伯数字与汉字数字同时使用

如果一个数值很大，数值中的"万""亿"单位可以采用汉字数字，其余部分采用阿拉伯数字。

示例1：我国1982年人口普查人数为10亿零817万5288人

除上面情况之外的一般数值，不能同时采用阿拉伯数字与汉字数字。

示例2：108可以写作"一百零八"，但不应写作"1百零8""一百08"

4000可以写作"四千"，但不应写作"4千"

（节选自中国语言文字网）

参 考 文 献

[1] 彭海河.新编经济应用文读写教程[M].北京：北京理工大学出版社，2021.

[2] 强金国，梁抒曦.新编应用文写作教程[M].武汉：华中科学技术大学出版社，2021.

[3] 冯鲜作.新编应用文写作教程[M].北京：中国纺织出版社，2021.

[4] 谭靖仪.应用文写作[M].北京：北京理工大学出版社，2019.

[5] 李依晴.新编应用文写作[M].天津：天津科学技术出版社，2019.

[6] 朱淑萍，邹旗辉.应用文写作[M].北京：北京理工大学出版社，2019.

[7] 夏京春.应用文读写教程[M].北京：人民日报出版社，2013.

[8] 张家恕，郑敬东，林心治.现代应用写作教程[M].重庆：重庆出版社，2013.

[9] 毛燕敏，李永宏.应用文写作[M].北京：高等教育出版社，2012